浙江理工大学哲学社会科学科研繁荣计划2020年度学术著作出版资助
国家社会科学基金重点项目“反垄断法制裁的现代化研究”（项目编号：18AFX019）阶段性研究成果

王健
方翔
著

Study on Antitrust Fine System

反垄断罚款制度研究

法律出版社 LAW PRESS·CHINA
北京

图书在版编目(CIP)数据

反垄断罚款制度研究 / 王健, 方翔著. -- 北京 : 法律出版社, 2022

ISBN 978 - 7 - 5197 - 6368 - 8

Ⅰ. ①反… Ⅱ. ①王… ②方… Ⅲ. ①反垄断－罚金－司法制度－研究－中国 Ⅳ. ①D922.294.4

中国版本图书馆 CIP 数据核字(2022)第 008571 号

反垄断罚款制度研究
FANLONGDUAN FAKUAN ZHIDU YANJIU

王 健 方 翔 著

策划编辑 沈小英
责任编辑 沈小英 刘雪莲
装帧设计 李 瞻

出版发行 法律出版社
编辑统筹 法治与经济出版分社
责任校对 王 丰 裴 黎 王语童
责任印制 吕亚莉
经 销 新华书店

开本 710 毫米×1000 毫米 1/16
印张 19 **字数** 347 千
版本 2022 年 8 月第 1 版
印次 2022 年 8 月第 1 次印刷
印刷 固安华明印业有限公司

地址:北京市丰台区莲花池西里 7 号(100073)
网址:www.lawpress.com.cn
投稿邮箱:info@lawpress.com.cn
举报盗版邮箱:jbwq@lawpress.com.cn
销售电话:010 - 83938349
客服电话:010 - 83938350
咨询电话:010 - 63939796

书号:ISBN 978 - 7 - 5197 - 6368 - 8
定价:96.00 元

凡购买本社图书,如有印装错误,我社负责退换。电话:010 - 83938349

简称表

全称	简称
《中华人民共和国反垄断法》	《反垄断法》
《中华人民共和国反不正当竞争法》	《反不正当竞争法》
《中华人民共和国行政诉讼法》	《行政诉讼法》
《中华人民共和国行政处罚法》	《行政处罚法》
《中华人民共和国侵权责任法》	《侵权责任法》
《中华人民共和国产品质量法》	《产品质量法》
《中华人民共和国公司法》	《公司法》
《中华人民共和国食品安全法》	《食品安全法》
《中华人民共和国证券法》	《证券法》
《国务院反垄断委员会关于认定经营者垄断行为违法所得和确定罚款的指南(征求意见稿)》	《没收违法所得和罚款指南(征求意见稿)》
《关于违反成员国和欧盟竞争法条款的国内法损害赔偿诉讼若干规则》	《反垄断损害赔偿诉讼指令》
《关于实施条约第 81 条和第 82 条制定的竞争规则的第 1/2003 号理事会条例》	第 1/2003 号条例
《卡特尔违法行为行政处理程序中确定罚款的指南》	德国罚款指南
《关于根据〈第 287/90 号法律〉第 15 条第 1 款规定确定行政罚款方法的指南》	意大利罚款指南
《英国竞争和市场局关于确定适当罚款金额的指南》	英国罚款指南

续表

全称	简称
《南非关于竞争法禁止行为行政处罚决定的指南》	南非罚款指南
《关于根据第 17 号条例第 15 条第 2 款与欧共体条约第 65 条第 5 款征收罚款的方法指南》	1998 年罚款指南
《根据〈1/2003 号条例〉第 23(2)(a)条规定处以罚款的确定方法的指南》	2006 年罚款指南
《新加坡竞争与消费者委员会关于在竞争案件中确定适当罚款金额的指南》	新加坡罚款指南
《竞争保护办公室根据修正后的〈竞争保护法〉(第 143/2001 号法令)第 22(2)条规定处以罚款的确定方法的指南》	捷克罚款指南
《禁止私人垄断及确保公平交易法》	日本《禁止垄断法》
《独占规制及公正交易法》	韩国《独占规制法》
《波兰竞争和消费者保护办公室关于确定限制竞争行为罚款的指南》	波兰罚款指南
《瑞士对非法限制竞争行为处以罚款的法令》	瑞士罚款指南
《匈牙利竞争管理局局长和匈牙利竞争管理局竞争理事会主席关于违反禁止限制竞争协议、协同行为、滥用市场支配地位和滥用显著市场势力规定的罚款确定方法》	匈牙利罚款指南
《比利时竞争理事会关于罚款计算方法的公告》	比利时罚款指南
匈牙利竞争办公室	GVH
国际竞争网络	ICN
英国竞争上诉法庭	CAT
英国竞争和市场局	CMA
美国联邦司法部	DOJ
美国联邦贸易委员会	FTC
澳大利亚竞争与消费者保护委员会	ACCC

续表

全称	简称
西班牙国家竞争市场管理局	CNMC
新加坡竞争与消费者委员会	CCCS
荷兰消费者和市场管理局	ACM
加拿大竞争局	CB
意大利竞争和市场管理局	AGCM
经济合作与发展组织	OECD
捷克竞争保护办公室	OPC
波兰竞争和消费者保护办公室	OCCP
英国公平贸易办公室	OFT

Contents

目录

绪论　我国反垄断罚款的现状

“徒法不足以自行。”法的生命贵在实施。反垄断法的实施可以通过执法与司法来进行，也可以通过守法（合规）来实现。

自2008年8月1日我国《反垄断法》正式实施以来，反垄断执法和反垄断司法相继展开，并通过各自的努力促进了反垄断法的有效实施。截至2019年8月30日，我国反垄断执法机关查处垄断协议案件179件，滥用市场支配地位案件61件，累计罚款金额超过120亿元人民币；审结经营者集中案件2792件，交易总金额超过50万亿元，其中附条件批准41件，禁止2件；查处滥用行政权力排除限制竞争案件229件，有力保护了市场公平竞争。[①] 反垄断执法机构查办了美国高通垄断案、瑞士利乐垄断案、日本企业汽车零部件垄断案、德国奔驰垄断案等一系列具有国际影响力的反垄断案件，涉及半导体、电信、包装材料、交通、医药、医疗器械、造纸、工业原料、保险、汽车及零配件、零售食品等多个行业和领域。反垄断法实施10余年，我国人民法院受理的反垄断民事诉讼一审案件约有700件，审结约630件。案件涉及交通、保险、医药、食品、家用电器、供电、信息网络等多个行业领域。人民法院成功审理了一批社会关注

① 参见李晶：《市场监管总局晒出反垄断十一年成绩单》，载中国市场监管报网，http://www.cicn.com.cn/2019-09/04/cms120444article.shtml。

度高的疑难复杂案件,包括奇虎公司诉腾讯公司滥用市场支配地位案、华为公司诉国际数据公司(IDC公司)标准必要专利滥用案等。① 2018年,人民法院新受理反垄断民事案件66件。② 根据公开信息统计,2019年,全国法院系统通过中国裁判文书网、中国庭审公开网以及官方微信公众号公开了共计77件案由为"垄断纠纷"的民事案件的受理和审理情况。③ 目前,我国已经成为国际公认的三大反垄断司法辖区之一。

此外,反垄断守法(合规)也于2019年提上议事日程。2019年7月9日,浙江省市场监督管理局发布了《浙江省企业竞争合规指引》,拉开了中国竞争合规的大幕。同年11月28日,国家市场监管总局公布《经营者反垄断合规指南(公开征求意见稿)》;同年12月26日,上海市市场监督管理局发布了《上海市经营者反垄断合规指引》。2020年4月2日,山东省市场监督管理局颁布了《山东省经营者反垄断合规指引》和《山东省行业协会反垄断合规指引》。2020年4月27日,河南省市场监督管理局颁布了《河南省经营者反垄断合规指引》和《河南省行业协会反垄断合规指引》。自此,我国反垄断法的实施步入良性发展轨道。

国际上,有的国家及地区反垄断法实施主要依赖反垄断执法,如欧盟及其成员国、日本、韩国等;有的国家反垄断法实施则依靠反垄断执法与司法并举,如美国。进入21世纪以后,反垄断法的实施呈现另一种趋势,即原来主要依赖反垄断执法的国家和地区也逐渐重视并积极引导、推动反垄断司法的发展。这其中的重要标志是欧洲议会和欧盟理事会在2014年11月26日公布的第2014/104/EU号《反垄断损害赔偿诉讼指令》,④规定成员国应确保任何因违反竞争法而受到损害的自然人或法人能够提出索赔并获得充分赔偿,该赔偿包括实际损失和利润损失,加上从损害发生之日起至支付赔偿金止的利息,并要求各成员国须在2016年12月27日前将该指令转化为国家法律。从统计数据和

---

① 参见《最高人民法院召开纪念反垄断法实施十周年座谈会》,载中国法院网2018年11月16日,https://www.chinacourt.org/article/detail/2018/11/id/3577622.shtml。

② 参见最高人民法院知识产权审判庭编:《中国人民法院知识产权司法保护状况(2018)》,人民法院出版社2019年版,第2~3页。

③ 参见《2019反垄断年度盘点系列(四)——中国反垄断民事诉讼案件盘点》,载立方律师事务所网2020年3月11日,http://www.lifanglaw.com/plus/view.php? aid=1873。

④ See Directive 2014/104/EU of the European Parliament and of the Council of 26 November 2014 on Certain Rules Governing Actions for Damages under National Law for Infringements of the Competition Law Provisions of the Member States and of the European Union.

实施效果来看,我国反垄断法的实施符合国际反垄断法主流发展趋势,反垄断执法和反垄断司法齐头并进,在各自领域发挥了积极的作用。

在反垄断执法领域,反垄断执法机构经历反垄断调查,按照法律规定要作出最终的处理决定。如果存在违法行为,根据我国《反垄断法》第 46 ~ 48 条的规定,反垄断执法机构可以作出责令停止违法行为、没收违法所得和罚款的决定。其中,反垄断执法机构作出罚款决定最常见,对当事人利益的影响也最大。在我国,反垄断执法机构经调查后处以罚款的案件,垄断协议案件要多于滥用市场支配地位案件,但滥用市场支配地位案件的罚款金额是最高的。其中,高通公司滥用市场支配地位被罚款 60. 88 亿元,利乐公司滥用市场支配地位被罚款 6. 6772417688 亿元,高居中国单个公司反垄断罚款榜前二位。我国反垄断法实施 10 余年来的反垄断罚款特点主要有:第一,大多数案件是由省一级反垄断执法机构作出处罚决定,由国家反垄断执法机构予以处罚的案件偏少;第二,有重大影响的反垄断罚款案件为数不多,大多数反垄断案件的罚款金额偏小;第三,罚款对象以区域性的中小企业或行业协会为主,难免有“抓小放大”之嫌;第四,反垄断罚款指南或者反垄断罚款裁量基准缺失。

此外,我国反垄断法对罚款制度仅作了原则性的规定,操作弹性较大,反垄断执法机关拥有一定的自由裁量权。基于现有反垄断罚款样本的分析(容后详述),笔者发现,我国反垄断罚款制度在实践中还存在一些问题,本书将围绕我国反垄断罚款的现状展开研究,并试图提供可行的解决方案。

第一章　反垄断罚款的设定方式与发展态势

第一节　反垄断罚款的设定方式

一、反垄断罚款的概念和种类

（一）反垄断罚款的概念

反垄断罚款，是反垄断执法机关对从事违法垄断行为的经营者或个人予以经济制裁的一种金钱处罚方式。这是反垄断法为预防和制止违法行为所采取的最重要的制裁方式，也是最常用的法律手段，不少国家和地区甚至以罚款为中心构筑反垄断制裁体系。[①] 我国《反垄断法》第 46 ~ 49 条对罚款制度作了规定。根据这些条款的规定，反垄断罚款的对象主要有垄断协议、滥用市场支配地位和违法经营者集中 3 类。对于经营者达成并实施垄断协议的或滥用市场支配地位的，反垄断执法机构责令停止违法行为，没收违法所得，并处上一年度销售额 1% 以上 10% 以下的罚款；尚未实施所达成的垄断协议的，可以处 50 万元以下的罚款；经营者违反本法规定实施集中的，由国务院反垄断执法机构责令停止实施集中、限期处分股份或者资产、限期转让营业以及采取其他必要措施恢复到集中前的状态，可以处 50 万元

---

① 李国海教授将这种情形称为"奉行行政罚款中心主义"。参见李国海：《反垄断法制裁手段研究》，载漆多俊主编：《经济法论丛》第 10 卷，中国方正出版社 2005 年版，第 200 ~ 202 页。

以下的罚款。反垄断执法机构确定具体罚款数额时，应当考虑违法行为的性质、程度和持续的时间等因素。

反垄断罚款不同于没收违法所得，其本身并不以惩罚为主要目的，更在意通过罚款威慑、抑制将来发生的违法垄断行为，促使经营者遵守反垄断法。除此之外，罚款还具有剥夺所得之功能。① 我国反垄断法同时规定了罚款和没收违法所得两种行政处罚方式，在实践中已经产生一些问题，需要将来确立整合没收违法所得功能的罚款制度。在性质上，罚款和没收违法所得都属于金钱处罚，但我国反垄断法还规定了责令停止违法行为、限期处分股份或者资产、限期转让营业等非金钱处罚方式，英国、澳大利亚等国甚至还规定了取消董事资格令这种非金钱处罚方式。就目前而言，金钱处罚是主流，但非金钱处罚的重要性也日益凸显。

（二）反垄断罚款的种类

根据罚款所针对行为的不同，可以将反垄断罚款分为一般罚款和特殊罚款两种。一般罚款主要针对的是 3 种违法行为（垄断协议、滥用市场支配地位和违法经营者集中），而特殊罚款主要针对的是不遵守反垄断执法机关的禁令行为而作出的处罚。我们所说的反垄断罚款通常指的是一般罚款。

从各国反垄断法的规定来看，一般罚款主要有两种：一是以具体的货币数额确定罚款数额，二是按照百分比确定罚款数额。例如，美国《2004 年反托拉斯刑事制裁强化及改革法》（Antitrust Criminal Penalty Enhancement and Reform Act of 2004）规定对企业违法者最高处罚金 1 亿美元，对个人最高处罚金 100 万美元。欧盟第 1/2003 号条例第 23 条第 2 款规定，对每一家企业或企业集团，罚款额不应超过上一营业年度全球销售额的 10%。我国传统上以具体的货币数额确定罚款数额较为常见。《反垄断法》制定后，改为按照百分比计算罚款数额，处以"上一年度销售额百分之一以上百分之十以下"的罚款。这是一个比较严厉的规定，主要出于如下考虑：第一，我国原来的罚款额度普遍比较低，实施效果不好，应该加大罚款处罚力度；第二，只有处于足够大的处罚，才能够起到有效的威慑作用，防止类似行为发生。国外的反垄断立法如果按照百分比确定罚款数额的，一般没有规定罚款下限，我国反垄断法在二审时曾经也这样规定，但在最后通过时，考虑到我国的立法习惯，对于必须处以罚款的案件，应当同时

① 参见翁岳生编：《行政法》（上册），中国法制出版社 2009 年版，第 805 页。

规定罚款额度的上下限,因而将该下限定为上一年度销售额 1% 。

特殊罚款有日罚款和次罚款之分。如欧盟第 1/2003 号条例第 24 条规定,如果有关违法企业未能在欧盟委员会限定的期限内停止违法协议或经营行为,则将从决定发布之日起,以每天不超过上一营业年度平均每日营业额 5% 的罚款累计至违法协议或经营行为停止之日止。我国反垄断法尚未规定日罚款或次罚款制度,但《行政处罚法》第 51 条规定,到期不缴纳罚款的,每日按罚款数额的 3% 加处罚款。

我国反垄断法还规定了一种针对不配合调查的罚款制度。这种罚款对象既包括单位,也包括个人。《反垄断法》第 52 条规定,对反垄断执法机构依法实施的审查和调查,拒绝提供有关材料、信息,或者提供虚假材料、信息,或者隐匿、销毁、转移证据,或者有其他拒绝、阻碍调查行为的,由反垄断执法机构责令改正,对个人可以处 2 万元以下的罚款,对单位可以处 20 万元以下的罚款;情节严重的,对个人处 2 万元以上 10 万元以下的罚款,对单位处 20 万元以上 100 万元以下的罚款;构成犯罪的,依法追究刑事责任。可见,当出现不配合调查的行为时,如果责任主体是个人,则被罚款对象是个人;如果责任主体是单位,则被罚款对象是单位;如果个人和单位同时是责任主体,则罚款可以同时针对个人和单位。例如,信雅达系统工程股份有限公司因不配合反垄断调查,被安徽省工商局处 20 万元的罚款。① 广州庆丰丰田总经理叶某某因不配合调查,被广东省发改委处 8000 元的罚款。②

二、反垄断罚款的设定方式

(一)反垄断罚款设定的通常方式

一般意义的罚款主要采用 8 种罚款数额设定方式和 4 类罚款数额组合形式,其中包括单独使用固定数值式、固定倍率式、数值数距式、倍率数距式、数值封顶式、倍率封顶式、数值保底式、概括式等方式,以及将若干种设定方式并用、选用和复用的组合形式。③ 从各国反垄断法的规定来看,各国主要采取了数值封顶式、数值数距式、倍率封顶式、固定倍率式 4 种罚款设定方式,同时存在独

---

① 参见皖工商公处字〔2015〕2 号行政处罚决定书。

② 参见粤发改价监处〔2018〕8 号行政处罚决定书。

③ 参见徐向华、郭清梅:《行政处罚中罚款数额的处罚方式——以上海市地方性法规为例》,载《法学研究》2006 年第 6 期。

用、并用、复用、选用4种组合形式。美国《2004年反托拉斯刑事制裁强化及改革法》规定，违反《谢尔曼法》构成轻罪，对于企业违法者最高可处1亿美元以下的罚金；对于个人，则处100万美元以下的罚金。[①] 这就是数值封顶式罚款。倍率封顶式罚款设定方式的典型代表是欧盟及其大多数成员国。欧盟第1/2003号条例第23条第2款规定，对每一个企业或企业集团，罚款额不应超过上一营业年度全球销售额的10%。日本《反垄断法》则采用了固定倍率式罚款设定方式，其第7条规定，课征金数额为自该事业人实行符合上述行为的商业活动之日起到该商业活动结束之日止的期间内上述商品或服务的销售额乘以10%（零售业为3%，批发业为2%）。关于反垄断罚款数额的组合方式，欧盟和日本采取独用形式，分别是倍率封顶式罚款和固定倍率式罚款。德国采用并用方式，其《反限制竞争法》第81条第4款规定，于本条第1项、第2项第1款、第2款a目、第5款及第3项所定的秩序违反案件中，最高可以科处100万欧元的罚款。于前句之违反案件中，对于每一参与违法行为的事业或事业团体可以科以不超过其上一营业年度总销售额10%的罚款，不受前句所定额度的限制。澳大利亚2010年《竞争与消费者保护法》第76(1A)条规定，企业的罚款不超过下列规定的数额，以最高者为准：(1)1000万澳元；(2)如果能够确定违法所得，则是违法所得的3倍；(3)如果违法所得不能确定，则是企业结束违法之月起前12个月期间年销售额的10%。这就是典型的反垄断罚款数额选用形式。

从各国规定来看，很少有国家采用单纯的数值式罚款。纯粹的数值式罚款有很大的弊端：一是罚款数额可能远远低于违法行为人的获利或损害程度，二是不能反映通货膨胀的实际情况，这最终会导致罚款的威慑目标无法有效实现。美国的数值式反垄断罚款实行较久远，而且数值式罚款在实施中变更过多次。按照美国学者的说法，这些数额定期进行修订是为了反映通货膨胀情况。[②] 为弥补单纯的数值式罚款的弊端，美国在1984年《刑事罚金改进法》（Criminal Fine Enforcement Act of 1984，1987年再次修订）引入了"两倍收益/损失"罚金

---

① 美国《谢尔曼法》因为把反竞争行为视为严重的犯罪行为，该法规定的罚金性质上是刑事罚金。但是不管是行政罚款还是刑事罚金，它们的功能是一样的，即一方面惩罚违法行为，另一方面将罚款作为一种威慑的手段，以预防和减少违法行为。参见王晓晔：《反垄断法》，法律出版社2011年版，第358页。

② 参见［美］赫伯特·霍温坎普：《联邦反托拉斯政策：竞争法律及其实践》（第3版），许光耀、江山、王晨译，法律出版社2009年版，第649页。

条款,它基于犯罪行为人的收益或社会损失的两倍予以处罚。[①] 法院在确定罚金时,可以比较反托拉斯法规定的上限金额、违法收益或所受损失金额的两倍,选其中的最高金额,作为上限处以罚金。[②] 相比而言,倍率式罚款更具弹性、灵活性和效率,在反垄断罚款设定中受到较多青睐。现在大多数国家反垄断法规定的是倍率式罚款设定方式,其中,采用倍率封顶式罚款的国家又占绝大多数,尤其是"征收销售额 10% 的最高罚款已经成为各国反垄断立法的普遍做法"[③]。还有一些国家采用了固定倍率式罚款设定方式。此外,组合式的罚款设定方式也呈上升趋势。例如,德国、澳大利亚、新西兰等国家采取了数值式罚款和倍率式罚款组合的罚款设定方式。[④]

(二)我国反垄断罚款的设定

我国《反垄断法》第 46 条和第 47 条规定,对于违反本法规定,达成并实施垄断协议的或滥用市场支配地位的,由反垄断执法机构责令停止违法行为,没收违法所得,并处上一年度销售额 1% 以上 10% 以下的罚款。对于尚未实施所达成的垄断协议的、经营者违反本法规定实施集中的以及行业协会违法组织本行业的经营者达成垄断协议的,可以处 50 万元以下的罚款。从上述规定来看,我国主要采用的是倍率数距式罚款设定方式。另外,对于一些特殊情况,我国则采用数值封顶式罚款设定方式。总体来说,我国反垄断罚款是以倍率数距式为主,数值封顶式为辅的组合方式。有学者认为我国的"处上一年度销售额 1% 以上 10% 以下的罚款"的规定比较合理,也有利于对那些性质严重的违法行为施以有效的制裁。[⑤]

---

① See Donald C. Klawiter, *After the Deluge: The Powerful Effect of Substantial Criminal Fines, Imprisonment, and Other Penalties in the Age of International Cartel Enforcement*, 69 George Washington Law Review 745(2001).

② 参见颜廷栋:《竞争法宽恕政策之研究》,载《经济法论丛》2008 年第 2 期。

③ 王晓晔:《反垄断法》,法律出版社 2011 年版,第 362 页。

④ 欧盟是个例外。最初,欧盟对限制竞争协议征收罚款时,罚款下限额为 1000 欧元,上限额为 100 万欧元,或者参加违法行为的各经营者之前的经营年度的销售额的 10%,两者相较,取金额大的。2003 年时修订为单一百分比的罚款数额。参见王玉辉:《垄断协议规制制度》,法律出版社 2010 年版,第 244 页。

⑤ 参见王先林:《竞争法学》,中国人民大学出版社 2009 年版,第 284 页。

第二节 反垄断罚款的发展态势

一、反垄断罚款立法的发展态势

(一)反垄断罚款指南的普遍化

世界上大多数国家反垄断法规定反垄断执法机关享有准立法权,可以制定包括罚款指南在内的一系列具有可操作性的规定。例如,新加坡《竞争法》第61条规定,竞争委员会在执法时可以制定指南。南非《竞争法》第79条规定,竞争委员会可以就本法授权范围内的任何事项制定指南,以表明其对本法规定的政策和态度。还有些国家或地区的竞争法甚至明确要求制定罚款指南。例如,德国《反限制竞争法》第81条第7款规定,联邦卡特尔局得就裁处罚款特别是罚款数额时其裁量权之行使及与外国竞争法主管机关的合作等事项,制定一般性之行政原则。德国罚款指南第1条规定,为了行使自由裁量权和贯彻第81条第7款要求制定罚款的一般性原则,德国联邦卡特尔局制定了本指南。英国1998年《竞争法》第38条第1款规定,OFT① 必须制定并公布关于罚款合适数额的指南。现在,美国、欧盟、德国、法国、英国、西班牙、意大利、瑞典、瑞士、比利时、荷兰、捷克、匈牙利、乌克兰、斯洛文尼亚、阿尔巴尼亚、格鲁吉亚、新加坡、韩国、我国香港特别行政区、马来西亚、越南、南非、赞比亚、塞舌尔、毛里求斯等国家和地区均已经颁布了相应的罚款指南,制定罚款指南已经成为较普遍的做法。

由于罚款指南是对以往罚款经验和典型案例的总结,表明了执法机关的态度。因此,反垄断罚款指南的制定不是一蹴而就的,都是经过了多年的执法以后才予以落实的。各国反垄断法刚开始实施时,是没有反垄断罚款指南的。例如,欧盟直到1998年才制定罚款指南,历经30年左右的时间;美国《联邦量刑指南》②的产生经过了相当谨慎的程序,自1972年开始至1987年,历经15年左右的时间。③ 德国《反限制竞争法》早在1957年就已经制定,但到2013年6月

---

① 2014年4月,OFT与竞争委员会(Competition Commission,CC)合并,组建了统一的CMA。

② 美国没有行政罚款制度,其将反托拉斯违法行为认定为犯罪行为,要处以刑事罚金。因此,反托拉斯违法行为的刑事罚金如何计算要纳入到《联邦量刑指南》中解决。

③ 参见郭志远、赵琳琳:《美国联邦量刑指南实施效果——兼论对我国量刑规范化改革的启示》,载《政法论坛》2013年第1期。

25 日才公布实施罚款指南;意大利《竞争与公平交易法》1990 年开始实施,但罚款指南 2014 年 10 月 31 日才公布;英国 1998 年制定《竞争法》,但到 2012 年 9 月 1 日才公布实施其罚款指南;南非《竞争法》制定于 1998 年,但到 2015 年 5 月 1 日才颁布实施其罚款指南。有些国家和地区还根据罚款执行中所出现的问题修正了其罚款指南,以进一步强化反垄断罚款的确定性。例如,欧盟于 2006 年修正了其 1998 年罚款指南,英国 2018 年修正了其 2012 年罚款指南,比利时 2014 年修正了其 2011 年罚款指南,新加坡 2016 年修正了其 2007 年的罚款指南。

然而,罚款指南并不对反垄断罚款实践中的所有问题作出规定。对于典型的反垄断案件,罚款指南可以有效控制罚款裁量的随意性,反垄断罚款应该是相对比较确定的。对于一些非典型的反垄断案件,罚款指南的适用就有一定的局限性,反垄断执法机关罚款裁量的空间就比较大。罚款指南的制定也不能事无巨细,太过复杂,更不能规定详细的罚款计算公式,否则可能导致行政裁量的僵化,甚至复杂得像蜘蛛网一样而徒劳无功。① 英国竞争上诉法庭声明,尽管罚款指南的每一个步骤从形式上来看都是清楚的,但不能将罚款指南认为是根据数学公式机械计算罚款。指南包括了一些主观和相互关联的判断,这在 OFT 最终确定罚款时发挥了重要作用。②

我国曾于 2016 年 6 月 17 日公布了《没收违法所得和罚款指南(征求意见稿)》,但至今尚未颁布实施。

(二)反垄断罚款立法的基本政策是实现最优化威慑目标

在反垄断法中,威慑(deterrence)是一个极其重要的概念。无论是美国的刑事制裁、欧盟的行政罚款,还是其他国家的反垄断法制裁手段,主要目的均在于构筑一个有效的威慑体系。③ 威慑理论认为,反垄断罚款既要避免威慑不足,更要防范过度威慑,反垄断罚款也不可能实现完全威慑。从资源有效配置的角度来分析,反垄断罚款所追求的应是最优化威慑(optimal deterrence,亦可翻译为"最适威慑")。这种最优化威慑要求反垄断罚款政策制定者需要对有限的资

---

① 参见王敬波:《行政裁量基准的应用与发展——从郑州市行政罚款裁量阶次制度谈起》,载《行政管理改革》2011 年第 7 期。

② See Elizabeth O'Neill & Zmma Sauclers, *UK Competition Procedure: The Modernised Regime*, Oxford University Press, 2007, p. 399.

③ 参见王健:《威慑理念下的反垄断法刑事制裁制度——兼评〈中华人民共和国反垄断法(修改稿)〉的相关规定》,载《法商研究》2006 年第 1 期。

源加以配置,争取以最少的成本实现有效威慑目标。为了获得有效的威慑效果,理论上反垄断罚款的数额应该高于违法行为所获得的收益除以惩罚概率或者说违法所得收益乘以惩罚概率的倒数。

威慑理论对于各国反垄断罚款立法产生了深远的影响,同时也是各国制定反垄断罚款指南的理论来源和贯穿始终的主线。从20世纪80年代开始,不少国家已经将威慑作为反垄断罚款的指导思想。其中,最早接受威慑理论的是美国1987年《联邦量刑指南》。尽管欧洲接受法经济学威慑理论的过程非常缓慢,但欧盟委员会明确将最优化威慑原则作为制定1999年和2006年卡特尔罚款指南的指导思想。20世纪90年代以后特别是21世纪以来,优化反垄断罚款制度以实现最优化威慑目标已经成为各国反垄断法的基本政策,并取得了显著效果。ICN调查了18个最大成员国,它们均将最优化威慑作为反垄断法执行的目标。2005年,一项针对17个世界上最重要的反垄断执法机构的调查显示,这些机构一致支持将最优化威慑作为包括罚款在内的卡特尔制裁的主要目标。①

首先,为了实现最优化威慑目标,各国罚款指南一般都会规定,罚款的政策目标在于追求有效威慑效果,同时将威慑分为一般威慑和特别威慑两类。欧盟在其2006年罚款指南中规定,罚款应该具有充分的威慑效果,不仅是制裁违法企业(特别威慑),而且是威慑其他企业从事违法行为(一般威慑)。2012年英国罚款指南明确将威慑作为罚款的政策目标,即确保罚款政策对违法企业和其他欲实施反竞争行为的企业形成威慑,以防止其实施违法行为。这种威慑目标包含了特别威慑和一般威慑两层含义。2013年德国罚款指南在其"原则"部分规定,罚款的惩罚必须足以威慑将来要发生的违法行为和违法行为人,从而获得一般威慑和特别威慑效果。2016年新加坡罚款指南规定,施加罚款处罚有两个政策目标,惩罚违法企业以反映违法的严重性,同时确保罚款将威慑违法企业和其他意欲违法的企业。2014年马来西亚罚款指南规定,马来西亚竞争委员会基于以下两个目标做出罚款决定:反映违法行为的严重性,威慑违反法律规定的反竞争行为。2015年南非罚款指南规定,行政罚款的基本目的是威慑,其中包括针对违法企业将来反竞争行为的特别威慑,以及针对其他意欲从事反竞争行为的企业的一般威慑。

---

① See John M. Connor & Douglas J. Miller, *The Predictability of Global Cartel Fines*, 2 Review of Competition Law 2(2010).

其次,不少国家和地区的罚款指南将威慑理论贯穿罚款的每一个步骤或者在罚款指南中明确规定基于特别威慑的调整或者威慑乘数。例如,欧盟 2006 年罚款指南在计算基础罚款数额时,为了威慑违法行为持续时间较长的公司规定了"持续时间乘数",即基础罚款金额乘以持续时间的年数;为了威慑卡特尔行为,规定参与卡特尔的企业要另外加处 15% ~25% 年销售额的罚款,这个附加的罚款称为"进入费"(Entry Fee);在基础罚款金额的调整阶段,为了加大对大企业(有着特别巨大销售额的违法企业)的威慑力度,规定了"以威慑为目的特殊增加的罚款",这也是众所周知的"威慑乘数"。当根据严重性计算了罚款的基础金额后,委员会为了确保罚款有充分的威慑效果,会基于企业的规模和资源来决定是否提高每个企业或集团的罚款数额。当这个企业是大型的跨国公司时,委员会通常将适用威慑乘数。委员会认为,之所以这么做,是因为这些大企业可以更好地利用法律和经济知识来避免自己违反反托拉斯法。相应地,它将毫不犹豫地提高罚款的基础金额——一般是提高 150%,有时也会提高 200%,目的是确保充分的威慑效果。① 英国罚款指南在罚款计算方法部分明确规定可以根据特别威慑目标和比例原则调整罚款数额。在确定罚款基数的百分比时,反垄断执法机构也有必要考虑对其他欲在将来实施特定违法行为的企业的威慑作用。

最后,为了强化反垄断罚款的有效威慑效果,追寻罚款的确定性是极其重要的环节。至于如何实现确定性,威慑理论认为离不开透明度和可预见性这两个重要的判断指标。为此,很多国家和地区的罚款指南都规定了透明度原则,并且通过总体上规定罚款的裁量方法来实现罚款的透明度,从而提高企业对罚款的可预见性。② 欧盟 2006 年罚款指南规定,为了确保其罚款决定的透明度和公正性,委员会公布了确定罚款的指南。南非罚款指南规定,指南制定的基本目的是提高行政罚款决定的客观性和透明度。法国、波兰、捷克和印度等国家的罚款指南均规定,指南制定的目的是提高罚款计算的透明度。"裁罚透明化

---

① See ÉricBarbier de La Serre & CharlotteWinckler, *A Landmark Year for the Law on Fines Imposed in EU Competition Proceedings*, 3 Journal of European Competition Law & Practice 362 (2012).

② See International Competition Network Cartels Working Group Subgroup 1, *Setting of Fines for Cartels in ICN Jurisdictions*, ICN (May 2017), https://www.internationalcompetitionnetwork.org/portfolio/setting-fines/.

趋势渐为各国共识。”[①]关于罚款的裁量方法，各国规定不尽相同，包括二步法、三步法和六步法等裁量方法。欧盟及部分成员国是“二步裁量法”的典型代表。欧盟2006年罚款指南给出了一种“两步走”的计算罚款数额的方法：第一步是计算基础罚款金额；第二步是根据案件具体情节，增加或减少基础罚款金数额，以确定最终的罚款金额。与欧盟相似，2014年意大利罚款指南也规定了二步裁量法，决定基础罚款金额和根据从重或从轻情节向上或向下调整罚款金额。[②]捷克罚款指南也采用了二步裁量法。德国的罚款裁量采纳的是“三步裁量法”模式。德国在其罚款指南中规定了计算罚款数额的三步法，包括确定罚款基数、确定罚款倍数和罚款金额的调整。[③] 美国和瑞士也采纳三步裁量法。英国的罚款裁量方法与众不同，它的罚款指南第2.1条明确规定采用六步法计算1998年《竞争法》第36条项下的罚款金额。第一步，根据违法行为的严重性和企业的相关营业额计算罚款的起点金额；第二步，根据违法行为的持续时间调整罚款；第三步，根据从重或从轻因素进行调整罚款；第四步，根据特定威慑和比例原则调整罚款；第五步，如果最高罚款金额超过了企业全球营业额的10%和为了避免双重风险则要调整罚款；第六步，根据宽恕和/或和解折扣调整罚款。受英国影响，新加坡、南非和印度等国家在其罚款指南中也规定了六步法。

二、反垄断罚款实践的发展态势

（一）一些国家和地区反垄断罚款的实践

2000年可以说是全球反垄断罚款实践的分水岭。2000年以前，由于各国反垄断法规定的罚款金额普遍较低，反垄断执法也不是很严厉，因此，反垄断罚款案件数量不是很多，罚款金额也比较少。2000年以来，反垄断大案要案频频曝光，各国不约而同提高了罚款金额，而且对于一些国际卡特尔几乎是全球联

---

① 许永钦：《违反公平交易法行为制裁制度之研究》，台北大学2004年博士学位论文，第89页。

② See Veronica Pinotti & Martino Sforza, *Italian Competition Authority Issues Guidelines on Antitrust Infringement Fines*, McDermott Will & Emery (Nov. 4, 2014), https://s3.amazonaws.com/documents.lexology.com/834d3415 - f3dd - 425f-a435 - 87e995a17493.pdf? AWSAccessKeyId = AKIAVYILUYJ754JTDY6T&Expires = 1643791717&Signature = 1E%2BPRT5rtf%2BBTeWRWGEHlytgwac%3D =.

③ 关于德国的三步裁量法，参见袁嘉、郝俊淇：《国际反垄断行政罚款制度评析及其对我国的启示》，载《价格理论与实践》2015年第5期。

动调查处理,反垄断罚款的处罚力度明显加大。

从全球范围来看,尽管20世纪80年代以来,各国反垄断执法力度均有所提高,但罚款达上亿美元的案件并不是很多。进入21世纪以来,各国反垄断罚款金额不断攀升,罚款力度明显加大,全球反垄断执法活动也日趋活跃。表1-1揭示了2000年1月1日至2014年7月31日全球排名位列前25名的反垄断罚款榜单,这些案件的罚款金额都超过了10亿元人民币。[①] 数据显示,2011年全球主要竞争管理机构的反垄断案件罚款总额达31亿欧元,2012年达到45亿欧元。美国自2008年后,反垄断执法积极活跃,2012年更是刷新《谢尔曼法》颁布122年来罚款年度之最。[②] 表1-2揭示了截至2019年12月6日美国十大反托拉斯罚款企业名单及金额,[③]表1-3则是美国2009年至2018年反托拉斯案件罚款金额的统计数据。[④] 数据显示,美国十大被反托拉斯罚款公司主要从事的行业是外汇交易、LCD面板和汽车零部件。美国反托拉斯法实行双罚制度,对公司和个人均要施加罚款。从数据来看,10年间,美国对于个人的罚款增加了将近18倍。10年间,美国对于企业的罚款总额最高峰值发生在2017年,达到了27.84839亿美元。除此之外,法国、日本、意大利、西班牙、墨西哥、印度、巴基斯坦等国家也开出创纪录的高额反垄断罚单。例如,2012年欧盟反垄断罚款达到14.7亿欧元,印度则是10亿欧元。[⑤] 另诺顿罗氏(Norton Rose Fulbright)律师事务所编制的数据显示,2014年亚洲反垄断罚款总额创下纪录,征收的反垄断罚款约为17亿美元,较2013年增加了47%,较过去5年的平均水平上升了45%。[⑥] 2016年12月,韩国公平交易委员会对美国芯片制造商高

---

① 需要说明的是,以上统计数据源于人民网。由于该数据不是由专业人士统计,也未经官方认可,因此与实际情况有所出入,只能参考使用。参见《全球反垄断罚单排行榜:欧盟最高罚142亿元》,载人民网,http://it.people.com.cn/n/2014/0801/c1009-25383840.html。

② 参见刘武:《全球反垄断罚单屡创新高　中国手段仍有欠缺》,载新浪财经网,http://finance.sina.com.cn/review/jcgc/20140818/111120042252.shtml。

③ See *Sherman Act Violations Yielding a Corporate Fine of $10 Million or More*, U.S. Departartment of Justice (July. 21, 2021), https://www.justice.gov/atr/sherman-act-violations-yielding-corporate-fine-10-million-or-more.

④ See *Antitrust Division Workload Statistics FY* 2009-2018, U.S. Departartment of Justice (Feb. 2, 2020), https://www.justice.gov/atr/file/788426/download.

⑤ 参见刘武:《全球反垄断罚单屡创新高　中国手段仍有欠缺》,载新浪财经网,http://finance.sina.com.cn/review/jcgc/20140818/111120042252.shtml。

⑥ 参见米歇尔·普莱斯:《2014年亚洲反垄断罚单金额创历史新高》,载新浪财经网,http://finance.sina.com.cn/world/yzjj/20150109/174521263943.shtml。

通公司(Goodcomm Inc)的垄断行为罚款1.03万亿韩元(约为8.54亿美元),这也创造了该国企业罚款的历史新高。①

表1-1　全球反垄断罚单榜

(2000年1月1日至2014年7月31日)

排名	处罚金额/亿元	公司	处罚时间	处罚方
1	141	花旗等6家投行	2013.12	欧盟
2	122	飞利浦等6家公司	2012.12	欧盟
3	115	法国圣戈班等4家汽车制造商	2008.11	欧盟
4	88	英特尔	2009.05	欧盟
5	83	日本三菱电机等5家电梯企业	2007.02	欧盟
6	74	微软	2012.06	欧盟
7	66	日本航空、新加坡航空等11家航空公司	2010.11	欧盟
8	65	8家维生素生产企业	2001.11	欧盟
9	62	德国西门子等10家电气设备制造企业	2007.01	欧盟
10	56	埃克森美孚等10家企业	2008.01	欧盟
11	54	韩国LG、中国台湾奇美电子、友达光电、中华映管、瀚宇彩晶等5家液晶厂商	2010.12	欧盟
12	43	多家合成橡胶生产商和交易商	2006.11	欧盟
13	41	微软	2004.03	欧盟
14	40	法国圣戈班等4家平板玻璃生产企业	2007.11	欧盟
15	33	三星电子、夏普以及其他5家液晶面板制造商	2011.12	美国
16	32	荷兰阿克苏诺贝尔等9家化工企业	2006.05	欧盟
17	31	中国台湾友达光电(2名高管被判刑3年)	2012.09	美国

① 参见《韩国反垄断机构重罚高通8.54亿美元　刷新该国历史记录》,载新浪财经网,http://finance.sina.com.cn/roll/2016-12-28/doc-ifxyxvcr7839802.shtml。

续表

排名	处罚金额/亿元	公司	处罚时间	处罚方
18	28	5 家丙烯酸玻璃生产企业	2006.05	欧盟
19	27	韩国三星等 10 家芯片制造商	2014.07	欧盟
20	27	日本 YKK 集团等 7 家链接用品市场企业	2007.09	欧盟
21	26	宝洁和联合利华	2011.04	欧盟
22	23	喜力啤酒等 3 家荷兰酿酒公司	2007.04	欧盟
23	20	美国杜邦等 6 家化工企业	2007.12	欧盟
24	13	美国高通	2009.07	韩国
25	10	华北制药及其下属河北维尔康制药等维生素 C 生产企业	2013.03	美国

注:处罚金额按 2014 年 7 月 31 日汇率折算,保留至整数位。

表 1－2　美国十大反托拉斯罚款企业名单及金额

(截至 2019 年 12 月 6 日)

序号	被告	年度	产品	罚款/百万元	区域	国家/地区
1	花旗	2017	外汇交易	925	国际	美国
2	巴克莱	2017	外汇交易	650	国际	英国
3	JP 摩根	2017	外汇交易	550	国际	美国
4	霍夫曼－罗氏	1999	维他命	500	国际	瑞士
5	友达光电	2012	LCD 面板	500	国际	中国台湾地区
6	矢崎公司	2012	汽车零部件	470	国际	日本
7	普利司通	2014	汽车防震橡胶制品	425	国际	日本
8	LG&LG 美国	2009	LCD 面板	400	国际	韩国
9	皇家苏格兰银行	2017	外汇交易	395	国际	苏格兰
10	法航/荷航	2008	航空货运	350	国际	法国/荷兰

表 1－3　美国 2009～2018 年反托拉斯案件罚款金额

罚款	2009 年	2010 年	2011 年	2012 年	2013 年	2014 年	2015 年	2016 年	2017 年	2018 年
个人:总的个人罚款/千美元	605	4373	1522	2141	3069	2016	369	5245	1017	10, 795
被罚款的个人数量/个	27	19	25	31	29	24	15	31	34	53
公司:总的公司罚款/千美元	973, 740	338, 645	380, 032	1, 472, 968	272, 214	1, 904, 714	985, 706	452, 935	2, 784, 839	188, 527
被罚款的公司数量/个	16	11	11	33	24	25	15	14	11	9
总的罚款金额/千美元	974, 345	343, 018	381, 554	1, 475, 109	275, 283	1, 906, 730	986, 075	458, 180	2, 785, 856	199, 322

2016年以来,欧盟的罚款金额屡创新高。2016年7月19日,欧盟委员会对曼(MAN)、沃尔沃/雷诺、戴姆勒、依维柯和达夫5家卡车制造商开出了创当时记录的总计29.3亿欧元(约217亿元人民币)的反垄断罚单。[①] 但该记录很快被谷歌反垄断案打破,谷歌公司在两年内因垄断问题被欧盟开出3张巨额罚单,总计82亿欧元。其中,2017年6月,谷歌因为操纵购物搜索结果,令自己的购物服务优先于竞争对手,被欧盟判处24亿欧元罚款。2018年6月,谷歌因滥用其安卓操作系统在移动领域的市场支配地位,被欧盟罚了破纪录的43亿欧元。2019年3月,谷歌因扼杀在线广告领域的行业竞争,被欧盟反垄断机构命令缴纳了14.9亿欧元罚款。[②]

2021年12月,欧盟官方公布了卡特尔案件(不包括滥用市场支配地位和违法经营者集中案件)罚款的一系列最新统计数据,笔者选择了其中3组统计数据,即1990年至2021年卡特尔案件罚款金额(未经法院调整)(表1-4)、欧盟十大卡特尔罚款案(表1-5)、欧盟十大卡特尔罚款企业(表1-6)。[③] 从这3张表格可以明显看到,欧盟自2000年以来反垄断(卡特尔)罚款金额快速增长,且增长幅度还很大,欧盟十大反垄断(卡特尔)罚款案件和企业也基本上发生在最近10年。

表1-4 欧盟1990~2021年卡特尔案件罚款金额(未经法院调整)
(截至2021年12月10日)

单位:欧元

期间	金额
1990~1994	537, 491, 550
1995~1999	292, 838, 000
2000~2004	3, 458, 421, 100
2005~2009	9, 355, 867, 500
2010~2014	7, 917, 218, 674

① *Antitrust: Commission Fines Truck Producers* € 2. 93 *Billion for Participating in a Cartel*, European Commission (July 19, 2016), http://europa.eu/rapid/press-release_IP-16-2582_en.htm.

② 承天蒙:《两年内三张罚单,罚金82亿欧元!欧盟为什么追着谷歌反垄断》,载澎湃新闻网2019年3月21日,https://m.thepaper.cn/newsDetail_forward_3171287。

③ See *EU Cartel Statistics Since* 1969, EU (Dec. 10, 2021), https://ec.europa.eu/competition-policy/system/files/2021-12/cartels_cases_statistics_0.pdf.

续表

期间	金额
2015～2019	8, 274, 222, 000
2020～2021	2, 034, 334, 000
总计	31, 870, 392, 824

表1－5　欧盟十大卡特尔罚款案
（1969年至2021年12月2日）

单位：欧元

排序	案件名称	处罚年份	金额
1	重型卡车垄断案	2016	3, 807, 022, 000
2	操纵外汇汇率垄断案	2019/2021	1, 413, 274, 000
3	电视机和显示器阴极射线管价格垄断案	2012	1, 409, 588, 000
4	欧盟利率和汇率衍生品（EIRD）垄断案	2013/2016	1, 276, 433, 000
5	汽车玻璃垄断案	2008	1, 185, 500, 000
6	巴克莱等五家银行汇率垄断案	2019	1, 068, 879, 000
7	汽车轴承价格垄断案	2014	953, 306, 000
8	电梯垄断案	2007	832, 422, 250
9	维他命垄断案	2001	790, 515, 000
10	航空货运垄断案	2010/2017	785, 345, 000

表1－6　欧盟十大卡特尔罚款企业
（1969年至2021年7月8日）

单位：欧元

排序	公司名称	案件名称	处罚年份	金额
1	戴姆勒	重型卡车垄断案	2016	1, 008, 766, 000
2	斯堪尼亚	重型卡车垄断案	2017	880, 523, 000
3	达夫	重型卡车垄断案	2016	752, 679, 000
4	圣戈班	汽车玻璃垄断案	2008	715, 000, 000

续表

排序	公司名称	案件名称	处罚年份	金额
5	飞利浦	电视机和显示器阴极射线管价格垄断案	2012	705,296,000(其中391,940,000欧元与LG电子承担连带责任)
6	LG电子	电视机和显示器阴极射线管价格垄断案	2012	687,537,000(其中391,940,000欧元与飞利浦承担连带责任)
7	沃尔沃/雷诺	重型卡车垄断案	2016	670,448,000
8	大众集团	汽车尾气排放垄断案	2021	502,362,000
9	依维柯	重型卡车垄断案	2016	494,606,000
10	德意志银行	欧盟利率和汇率衍生品(EIRD)垄断案	2013	465,861,000

2000年之前,绝大多数全球卡特尔仅在欧美地区受到了制裁,而在其他地区没有得到有效管制。例如,维生素卡特尔案是近20年来最著名的国际卡特尔案件之一,其影响范围之广、涉案金额之大前所未有。对于这一案件中的卡特尔参与者,美国、加拿大和欧盟的竞争管理机构分别处以9亿1500万美元、8310万美元和8亿4760万美元罚款,其他国家和地区竞争管理机构的罚款仅为1700万美元。受维他命卡特尔影响的很多亚洲国家和拉丁美洲国家没有对卡特尔处以任何罚款。① 然而,进入21世纪以后,随着越来越多国家制定和实施反垄断法,以及反垄断国际合作的日益增强,反垄断调查和处罚的国际化越来越明显。对于一个跨国公司而言,可能面临在一国被处罚后,接二连三受到其他国家的反垄断调查处理。如此,一家公司可能被罚款多次,罚款的威慑力因此大大增强。例如,国家发展和改革委员会(以下简称国家发改委)根据国内企业2006年12月书面举报后进行立案调查,历时6年,于2013年1月4日对韩国三星、LG,中国台湾地区奇美、友达、中华映管和瀚宇彩晶等6家国际大型液晶面板生产企业开出价格垄断罚单,包括责令退还、没收违法所得和罚款,总金额达3.53亿元人民币。同样的案件在美国被处罚金12.15亿美元,欧盟则罚

① 参见金美蓉:《核心卡特尔规制制度研究》,对外经济贸易大学出版社2009年版,第103~104页。

款6.48亿欧元、韩国罚款1940亿韩元。① 2014年8月15日,国家发改委认定12家生产汽车零部件和汽车轴承的日本企业实施了价格垄断,除日立、不二越两家自首并提供垄断存在的违法证据,从而得到免予处罚的宽恕之外,另外10家企业总共收到了12.354亿元人民币的罚单。美国、日本、欧盟等国家和地区也已经开展同样的反垄断调查和处罚。在国家发改委启动反垄断调查前,美国为期4年的对汽车零部件企业的反垄断调查已经进入最后阶段,不少企业已经受到严厉处罚,其中绝大部分涉案企业为日本企业。2013年9月,查清9家总部设在日本的零部件供应商以及其两名高管曾参与价格操纵后,美国司法部就对这些公司开出了总计7.45亿美元的罚单。这些公司包括日立汽车系统公司、捷太格特、三叶电机、三菱电机、三菱重工、日本精工、T. RAD公司、法雷奥日本公司、山下橡胶。② 在2010年与2011年,日本反垄断机构就对日本汽车零部件企业进行了反垄断调查。2013年,4家生产商由于价格垄断行为而被欧盟委员会处罚。③ 此外,日本精工分别于2014年2月、3月和5月在加拿大、欧盟、新加坡和澳大利亚因垄断轴承市场、操控价格而受到处罚。④ 可以预见的是,随着主要反垄断司法辖区之间的合作和信息交流更加密切,对于这些国际卡特尔的调查和处罚将形成有效的联动机制,反垄断处罚的威慑力将越来越大。

(二)我国反垄断罚款的实践

我国反垄断法自2008年8月1日实施以来,一开始反垄断调查处理的案件数量并不多,罚款数额也很有限。2013年,我国反垄断调查和处罚的力度开始增大。2013年1月4日,国家发改委对LG、三星、奇美、友达、中华映管和瀚宇彩晶等6家彩电企业处罚3.53亿元。2013年3月19日,国家发改委对茅台和五粮液处罚了4.49亿元。2013年8月7日,国家发改委对美赞臣、多美滋、合生元、雅培、富仕兰和恒天然等6家奶粉企业处罚6.69亿元。2014年8月20日,国家发改委对住友、矢崎、精工、电装、NTN和捷太格特等12家日本汽车零部件和轴承企业处罚12.35亿元。2014年9月2日,国家发改委对浙江保险行

---

① 参见郎朗:《六年秘密调查突然结案　面板反垄断轻判引争议》,载《21世纪经济报道》2013年1月7日,第11版。

② 参见周开平:《日本零部件欧美早有案底:中国反垄断要打破"封闭王国"》,载《21世纪经济报道》2014年8月13日,第21～22版。

③ 参见翟巍:《史上最大反垄断罚单缘何受关注》,载《法制日报》2014年8月26日,第10版。

④ 参见《两日系轴承企业涉垄断罚2.9亿　客户几乎囊括所有日本车企》,载人民网,http://japan.people.com.cn/n/2014/0821/c35463-25508333-2.html。

业协会和23家省级保险企业处罚1.1亿元。①

此后，反垄断调查和处罚继续加大力度。2015年2月9日，美国高通公司被发改委罚款60.88亿元，创下中国反垄断罚款新记录；2015年12月15日，8家滚装货物国际海运企业被发改委罚款4.06707亿元；2016年11月19日，瑞士利乐公司被国家工商总局罚款6.6772417688亿元。2017年12月，国家发改委对18家实施价格垄断的聚氯乙烯树脂（以下简称PVC）企业处以2016年度相关市场销售额1%至2%的罚款，共计4.57亿元人民币。② 这是中国反垄断法实施以来，执法部门对国内企业开出的最大一笔罚单。截至2019年8月30日，我国反垄断执法机关累计罚款金额超过120亿元人民币。③

表1－7和表1－8是笔者统计的截至2020年4月14日，中国反垄断处罚（罚款）上亿元的案件和中国反垄断处罚（罚款）金额上亿元公司名录。其中，上亿元的案件共17件，被处罚上亿元的公司共21家，均为2013年以后发生的案件，且主要集中在2013～2016年。2017年以后，我国反垄断大案数量有所下降，上榜的只有2017年的PVC垄断案、2019年的长安福特垄断案和2020年的注射用葡萄糖酸钙原料药垄断案。笔者认为，2019年新的反垄断执法机构——国家市场监管总局反垄断局成立后，反垄断调查将继续保持高压态势，这将成为我国垄断执法的新常态，这种执法威力必将持续释放。

表1－7　中国反垄断处罚（罚款）上亿元案件

（截至2020年4月14日）

单位：亿元

排序	案件名称	处罚年份	金额
1	高通公司垄断案	2015	60.88
2	汽车零部件垄断案	2014	8.32
3	奶粉企业垄断案	2013	6.69

① 参见《中国反垄断扩围开6张上亿罚单　专家：会更频繁》，载腾讯新闻网，http://news.qq.com/a/20140911/000156.htm? tu_biz=1.114.1.0。

② 参见周锐：《中国国内企业最大反垄断罚单出炉　18家PVC企业遭罚4.57亿元》，载央广网，http://finance.cnr.cn/gundong/20170927/t20170927_523967734.shtml。

③ 参见李晶：《市场监管总局晒出反垄断十一年成绩单》，载中国市场监管报，http://www.cicn.com.cn/2019－09/04/cms120444article.shtml。

续表

排序	案件名称	处罚年份	金额
4	利乐公司垄断案	2016	6.68
5	PVC 企业垄断案	2017	4.57
6	滚装货物国际海运企业垄断案	2015	4.07
7	汽车轴承垄断案	2014	4.03
8	奔驰公司垄断案	2014	3.51
9	注射用葡萄糖酸钙原料药垄断案	2020	3.26
10	一汽大众垄断案	2014	2.49
11	茅台公司垄断案	2013	2.47
12	五粮液公司垄断案	2013	2.02
13	通用汽车垄断案	2016	2.02
14	长安福特汽车垄断案	2019	1.63
15	东风日产垄断案	2015	1.23
16	美敦力垄断案	2016	1.19
17	浙江保险行业垄断案	2013	1.10

表 1－8　中国反垄断处罚(罚款)上亿元公司名录

(截至 2020 年 4 月 14 日)

单位:亿元

排序	公司名称	案件名称	处罚年份	金额
1	高通公司	高通公司垄断案	2015	60.88
2	利乐公司	利乐公司垄断案	2016	6.68
3	奔驰公司	奔驰公司垄断案	2014	3.51
4	住友株式会社	汽车零部件垄断案	2014	2.90
5	威克船务公司	滚装货物国际海运企业垄断案	2015	2.84
6	山东康惠公司	注射用葡萄糖酸钙原料药垄断案	2020	2.53
7	一汽大众	一汽大众垄断案	2014	2.49

续表

排序	公司名称	案件名称	处罚年份	金额
8	茅台公司	茅台公司垄断案	2013	2.47
9	矢崎株式会社	汽车零部件垄断案	2014	2.41
10	美赞臣公司	奶粉企业垄断案	2013	2.04
11	五粮液公司	五粮液公司垄断案	2013	2.02
12	上汽通用公司	通用汽车垄断案	2016	2.02
13	精工株式会社	汽车轴承垄断案	2014	1.75
14	多美滋公司	奶粉企业垄断案	2013	1.72
15	合生元公司	奶粉企业垄断案	2013	1.63
16	长安福特公司	长安福特汽车垄断案	2019	1.63
17	电装株式会社	汽车零部件垄断案	2014	1.51
18	东风日产公司	东方日产垄断案	2015	1.23
19	NTN 株式会社	汽车轴承垄断案	2014	1.19
20	美敦力公司	美敦力垄断案	2016	1.19
21	捷太格特公司	汽车轴承垄断案	2014	1.09

第二章　反垄断罚款的威慑理论及其应用

我国反垄断法的实施已经10多年了，总体来说，执法力度在不断加强，执法领域包括汽车、奶粉、医药、软件、芯片、包材、保险、酒类、黄金、汽车及零部件、燃气、建材、自然水、食品等诸多行业和领域，反垄断罚款额度也屡创新高。2015年，国家发改委对高通公司开出了高额罚单，创下了单个案件罚款最高纪录。在这些已经作出处罚的反垄断案件中，反垄断罚款是最主要的处罚方式。法经济学的研究表明，威慑是各国反垄断罚款制度的主要目标。其中，影响罚款威慑效果的两个主要因素是罚款的严厉性和确定性（惩罚概率）。[①] 为实现有效威慑目标，各国反垄断罚款制度不断革新，不约而同提高了罚款（惩罚）的严厉性，而罚款（惩罚）的确定性也是各国着力解决的问题。总体而言，我国反垄断罚款制度的法律规定比较抽象，相关的配套措施也不够完善。实践中，反垄断罚款的威慑效果虽然有所提高但仍然存在威慑不足的问题。因此，对反垄断罚款的威慑理论进行系统研究，并以此为基础优化我国反垄断罚款制度，从而达到有效威慑效果，有重要的理论价值和实践

---

① 惩罚概率越高，惩罚确定性越高，两者高度正相关。因此，在不少文献表述中，将惩罚确定性和惩罚概率（可能性）两个概念互换使用。

意义。

第一节　法经济学中的威慑理论与反垄断罚款的设定

一、威慑理论的演进

(一)传统刑罚理论中的威慑思想

威慑原来是传统刑罚理论中非常重要的一个概念。在传统刑罚理论中,威慑被认为是刑罚的主要目的。[①] 贝卡利亚关于刑罚以及威慑的部分论述可以视为是现代威慑理论的最早思想起源。他提出,犯罪行为与人们的日常行为一样,追求快乐而避免痛苦。人们之所以愿意从事犯罪,是因为可以从犯罪中获得收益。依照贝卡利亚的观点,法律要通过惩罚犯罪来增加其犯罪行为的成本并进而减少犯罪。这种功利主义的犯罪学思想,按照沃尔德等人的评价是,"贝卡利亚提出了一种认为人们会依据成本收益的理性计算做出选择的简单模型"。[②] 贝卡利亚接着提出,法律存在的目的不是惩罚犯罪,而是威慑再犯,而法律制裁的对象,应该是对社会整体具有"净损害"的行为。引申而论,法律制裁违法行为,并不是因为违法行为获得了不法利益,而是因为该行为对社会具有"净损害"。此外,贝卡利亚还对刑罚的确定性、严厉性和及时性的威慑力做了研究,认为确定性比严厉性更具有威慑力,而惩罚越及时,威慑效果越好。边沁最早将经济学的方法引入威慑理论分析中。作为功利主义的倡导者,他对法律制裁的理解则更带有功利主义色彩,提出法律制裁的目标至少应当包括以下几项:(1)在资源许可的范围内,法律上的处罚应具有消弭所有违法行为的功能,而处罚的强度也应大于违法利得;(2)若因资源的限制使社会必须容忍某些不法行为的存在,则制裁的设计应以提供行为人选择对社会伤害较少的不法行为的诱因为出发点;(3)就容忍的不法行为,法律须具有将该不法行为局限在必要范围内的功能;(4)不论所欲威慑的不法行为类型为何,威慑应以成本最低的方式实施。[③] 边沁的这些观点已经包含了经济学的思想,强调了应以成本收益

---

① 参见王健:《威慑理念下的反垄断法刑事制裁制度——兼评〈中华人民共和国反垄断法(修改稿)〉的相关规定》,载《法商研究》2006 年第 1 期。

② 参见陈屹立、陈刚:《威慑效应的理论与实证研究:过去、现在与未来》,载《制度经济学研究》2009 年第 3 期。

③ 参见陈志民:《"吓阻"(deterrence)概念下之反托拉斯法私人诉讼——"最适损害赔偿"理论之政策启示》,载《人文及社会科学集刊》2002 年第 1 期。

分析来确定法律威慑的范围,为后来的犯罪经济学的发展奠定了思想基础。然而,边沁只是给出了刑罚威慑的一个简单构想,没有进行更加深入和细致的分析。①

(二)现代威慑理论

贝克尔在《犯罪与刑罚:一种经济学进路》一文中认为,人们的犯罪行为与其他行为一样,都是理性的,都是为了追求利益/效用的最大化。当某人从事违法行为的预期效用超过将时间及另外的资源用于从事其他活动所带来的效用时,此人便会违法。由此,一些人成为"罪犯"不是因为他们的基本动机与别人有什么不同,而是因为他们的利益同成本之间存在差异。② 受科斯交易成本理论的影响,贝克尔不同于传统的功利主义经济理论。他通过实证经济模型论证了犯罪是不可能完全消除的。社会应当将犯罪率降低到社会打击犯罪所投入的资源同减少犯罪给社会带来的收益相均衡的水平,社会资本投入如果超过这一均衡点,将是不经济的。③ 贝克尔指出,传统或古典意义上的威慑是完全威慑,刑罚的目的是剥夺犯罪人之犯罪利得,而现代意义上的威慑则是最优化威慑,法律制裁的目的并非在于达到完全威慑,而是在于求得威慑的效果维持在对社会之边际利益的贡献,等于其对社会所产生之额外的边际成本。④ 这种最优化的威慑效应并不是铲除所有的犯罪,因为这样做的代价很高,而且社会效益不断下降。政策制定者需要对有限的资源加以配置,争取以最少的成本实现威慑目标;也就是说,要力求有效率地实现这一目标。⑤ 在此基础上,贝克尔针对刑法提出了"最适执法量"理论,也就是说最妥适的犯罪处罚量,应发生于当社会因处罚犯罪所需额外支付的边际成本等于社会因犯罪减少所可获得的额外的边际收益时。

贝克尔还利用违法的供给函数模型分析了惩罚的确定性(α)、严厉程度

---

① 参见魏建、宋艳锴:《刑罚威慑理论:过去、现在和未来——刑罚的经济学分析》,载《学习与探索》2006 年第 4 期。

② 参见[美]加里・S. 贝克尔:《人类行为的经济分析》,王业宇、陈琪译,上海三联书店出版社 1993 年版,第 63 页。

③ 参见李锌:《法经济学视野下的惩罚性赔偿研究》,复旦大学 2008 年硕士学位论文,第 12 页。

④ 参见陈志民:《"吓阻"(deterrence)概念下之反托拉斯法私人诉讼——"最适损害赔偿"理论之政策启示》,载《人文及社会科学集刊》2002 年第 1 期。

⑤ 参见[美]罗伯特・考特、托马斯・尤伦:《法和经济学》(第 6 版),史晋川等译,格致出版社 2012 年版,第 739 ~ 741 页。

(f)以及其他可能影响违法的混合变量(u)与违法数量(O)之间的关系:O = O(α,f,u),该函数同α与f负相关。斯米基尔和伊里奇用联邦调查局公布的数据,对7种犯罪进行了估算发现,正如相关数据显示的那样,O、α和f之间的关系相当稳定,α与f对O有显著的负效应。在其他条件不变的情况下,惩罚严厉程度f越大,违法数量O越小;惩罚可能性α越高,则犯罪数量O也越少。[①] 大量实证研究的结论也几乎一致地认为,惩罚概率和惩罚严厉程度的提高具有非常显著的威慑效应。[②] 惩罚概率和惩罚的严厉程度的乘积构成了犯罪者的预期成本,进而影响其是否从事犯罪的决策。贝克尔的分析,使刑罚威慑理论更加精细化。

在美国和德国,威慑虽是刑法的主要功能,但具有威慑效果的并不仅仅限于刑法。行政法上的处罚如高额罚款、民法上的制裁如3倍损害赔偿也具有威慑效果。

(三)反垄断法中的威慑理论

在贝克尔之后,以波斯纳(Posner)为代表的法经济学家将威慑理论引入反托拉斯法中,进行了许多卓有成效的研究。波斯纳曾指出:反托拉斯救济系统的主要目的在于威慑违法。[③] 同属芝加哥学派的伊斯特布鲁克(Easterbrook)法官也持同样的看法,认为"威慑是反托拉斯法最优先,甚至于可能是唯一的目标"。[④] 波斯纳对威慑理论的研究重点在罚金上,认为当威慑水平既定时,惩罚概率和惩罚严厉程度之间存在替代性。比如,以一定的概率进行惩罚,同时给以一定数额的罚金,如果加大罚金的数量,那么就可以降低惩罚的概率。[⑤] 由于罚金相较于监禁的执法成本低很多,因此在相同的威慑水平下,波斯纳更倾向于支持适用更多的罚金刑。

19世纪80年代以来,威慑理论逐渐被借鉴到各国反垄断制裁体系和制度

---

① 参见[美]加里·S.贝克尔:《人类行为的经济分析》,王业宇、陈琪译,上海三联书店出版社1993年版,第66页。

② 参见陈屹立、张卫国:《惩罚对犯罪的威慑效应:基于中国数据的实证研究》,载《南方经济》2010年第8期。

③ See Richard A. Posner, *Antitrust Law: An Economic Perspective*, University of Chicago press, 1976, p.221.

④ 参见陈志民:《吓阻概念下之反垄断法私人诉讼》,载《人文及社会科学集刊》2002年第1期。

⑤ 参见陈屹立、陈刚:《威慑效应的理论与实证研究:过去、现在与未来》,载《制度经济学研究》2009年第3期。

设计中，并且发挥了积极的作用。国际社会普遍将“威慑”作为包括罚款在内的反垄断制裁的最重要目标，目的是阻止违法者再次从事同样的非法行为（具体威慑），以及劝阻其他潜在的经营者从事非法行为（一般威慑）。在欧盟，为什么对违反反托拉斯法的行为处以罚款？通常的答案是，既是为了对违法者予以惩罚（具体威慑），又是为了威慑违法者和其他人以避免相同的违法行为的再次发生（一般威慑），或是为了上述二者兼而有之的目的。[①] 根据法经济学的观点，此种“威慑”并非旨在达到完全威慑，而是建立在执法成本和执法收益比较分析的基础上形成的“最优化威慑”。事实上，最优化威慑的理念早已被大多数国家的反垄断执法机构采纳运用。美国 1987 年《联邦量刑指南》吸收了贝克尔的犯罪经济学理论，并明确惩罚应遵循最优化威慑的理念。欧盟委员会在其 1999 年和 2006 年罚款指南中也确立了最优化威慑原则。20 世纪 90 年代末，世界主要反垄断执法机构均致力于将最优化威慑作为其执法活动的首要目标。[②]

贝克尔的最优威慑理论认为，通过罚款可以消除违法行为的预期净利润，有效遏制企业参与卡特尔等犯罪活动。罚款因而成为当今世界主流的反垄断制裁方式，几乎所有国家的反垄断法都规定了罚款的制裁方式，在部分国家甚至是唯一的制裁方式。[③] 理论上，仅仅通过对企业的罚款就可以形成足够的威慑，但实践中由于最优化威慑的罚款数额可能过大，企业或因无力承担而退出市场，所以，在大多数情况下为避免出现此种不利后果，罚款往往低于最优化威慑的水平。[④] 因此，一些国家规定了对参与垄断行为的个人进行罚款制裁，以期实现额外的威慑。这主要是因为公司是否实施垄断终究是由人决策的，如果高管认为可以通过卡特尔活动获得更快的晋升、更高的奖金或利润，即使公司最终可能因此而被罚款，他们仍将倾向于实施垄断行为。但对个人罚款的制裁方式所能产生的威慑效果值得怀疑，因为公司很容易对个人的金钱制裁提供

---

① 参见[荷]伍特·威尔思：《欧洲共同体竞争法中的罚款处罚》，李国海译，载漆多俊主编：《经济法论丛》第 5 卷，中国方正出版社 1999 年版，第 252 页。

② See Douglas J. Miller & John M. Connor, *The Predictability of Global Cartel Fines*, 2 Review of Competition Law 14(2010).

③ See International Competition Network Cartels Working Group Subgroup 1, *Setting of Fines for Cartels in ICN Jurisdictions*(2017), ICN(May 2017), https://www.internationalcompetitionnetwork.org/portfolio/setting-fines/.

④ See Organisation for Economic Co-operation and Development, *Report on the Nature and Impact of Hard Core Cartels and Sanctions against Cartels under National Competition Laws*, OECD (June 27, 2018), http://www.oecd.org/competition/cartels/2081831.pdf.

补偿。

相较而言,服刑的威胁则有着特殊的威慑力量,因为公司不能回报给他们的高管和员工在监狱里度过的时间,监禁能够以罚款无法做到的方式重新调整个人的犯罪动机。同时,监禁还可以更好地激励个人和公司使用宽大处理方案并配合调查。因而,刑事监禁也成为部分国家反垄断法的制裁方式。根据2017年ICN年会的一份调查报告,目前对参与卡特尔的个人可以判处监禁刑的已有19个国家,①刑期从最长3年(如奥地利、爱沙尼亚、韩国、波兰)到5年(如巴西、希腊、匈牙利、爱尔兰、日本、赞比亚)再到14年(加拿大)。但调查同时显示,在其中一些国家从来没有判处过监禁刑或者很少适用。这不仅与反垄断法上的慎刑原则有关,也与监禁刑本身所能起到的威慑效果有关。美国《谢尔曼法》最早规定了个人监禁刑,但贝克尔1968年就曾强烈主张,对公司使用罚款的制裁方式比刑事监禁更有效。罚款可以在社会成本相对较少的情况下实施,相当于将资源从被认定违法的公司转移到政府,同时,政府可以用来补偿受害者。而监禁判决则会给社会造成负担:一是监禁刑本身所产生的费用将消耗社会征税,二是被定罪的公司代理人通常在本行业富有经验,与其把他们关在牢房,不如让他们继续劳动。② 这显然不符合最优化威慑的目标。此外,把一个金钱数目转化成多少年、多少个月、多少个星期或者多少天的监禁这样一个非金钱的成本是很困难的,这样做可能导致监禁的适用过于宽泛。③ 尽管美国自1990年以来对卡特尔参与者的定罪数量和平均刑期不断提高,但现有证据显示,被发现卡特尔的数量、规模和对消费者的损害同样也在增加。批评者认为,现有的实证研究并不能支持监禁对卡特尔活动具有强大威慑作用的观点。④

另一项重要的反垄断制裁手段,是民事损害赔偿制度。该制度除了具有补偿受害者、激励私人参与实施反托拉斯法的效果,其更重要的目标在于制裁违

---

① 主要有澳大利亚、奥地利(仅限于操纵投标)、巴西、加拿大、哥伦比亚(仅限于操纵投标)、德国(仅限于操纵投标)、爱沙尼亚、希腊、匈牙利(仅限于操纵投标)、爱尔兰、以色列、日本、韩国、墨西哥、波兰(仅限于操纵投标)、俄罗斯、南非、美国和赞比亚等19个国家。

② See Keith N. Hylton, *Deterrence and Antitrust Punishment: Firms Versus Agents*, 100 Iowa Law Review 2069(2015).

③ 参见[美]理查德·A.波斯纳:《反托拉斯法》,孙秋宁译,中国政法大学出版社2003年版,第313页。

④ See Jeremy West, *Are We Winning the Fight Against Cartels?*, CPI Antitrust Chronicle, February 2012(2).

法者并形成有效威慑。[①] 贝克尔和施蒂格勒认为,竞争性的私人执行通过源于赔偿金的激励,能够取得最佳的执法效果,并且有效地制止违法行为。[②] 由于执法资源的稀缺性和垄断行为的隐蔽性,具有获取信息优势的私人通过反垄断民事诉讼,不仅可以弥补竞争主管机关执法能力的缺口,同时也能弥补公共机构的信息缺乏,增加违法行为被发现的可能性,从而形成威慑。

二、威慑理论与反垄断罚款的设定

现代各国反垄断法均以威慑理论为指导来设定罚款制度,并且希望通过提高反垄断罚款的严厉程度和惩罚概率来实现有效威慑目标,这样既可以对违法者予以惩罚,又可以威慑违法者和其他人,以避免相同违法行为的再次发生,从而节省执法成本,提高社会福利水平。法经济学的研究表明,在威慑理论指导下,反垄断罚款可以基于获利或者损害两种方式设定。

(一)基于获利的反垄断罚款

法经济学认为,一个人之所以从事违法行为,是因为其在违法行为中可以获得某种经济或非经济利益。因此,潜在违法者是否从事违法行为取决于其在违法行为中所获得的预期收益是否大于预期成本,以及该预期净收益(预期收益减去预期成本的差额)是否大于合法行为所获得的预期净收益。只有违法行为所获得的预期净收益大于零且大于合法行为中所获得的预期净收益,违法者才会实施违法行为。

为使反垄断罚款达到有效的威慑效果,对违法者的惩罚,即使不高于他们的预期所得,也至少等于他们的预期所得,以使违法者在违法行为中无利可图。[③] 这就是以获利为基础的反垄断罚款的设定水平,即将违法者在垄断行为中所获利益全部剥夺。齐姆林(Zimring)、霍金斯(Hawkins)、威尔森(Wilson)和赫恩斯坦(Herrnstein)分别从引起违法的原因、控制违法行为的法律威慑效

① 参见李国海:《论反垄断法制裁手段及其范围》,载《中南大学学报(社会科学版)》2005 年第 2 期。

② See Becker & Stigler, *Law Enforcement Malfeasance, and Compensation of Enforcers*, 3 Journal of Legal Studies 1 (1974).

③ 参见白艳:《美国反托拉斯法/欧盟竞争法平行论:理论与实践》,法律出版社 2010 年版,第 241 页。

果等角度论证了,违法收益越大,惩罚也应该越大。[①] 在这种惩罚机制下,潜在违法者如果意识到在垄断行为中的净收益为零甚至为负,就不会采取进一步行动,因为违法成为得不偿失的行为,从而有效制止了违法行为。

法经济学的研究还表明,反垄断违法行为的惩罚概率会影响违法者的预期成本和预期收益,因此,基于获利的反垄断罚款要同时考虑不同惩罚概率的影响。假设执法成本很小,以至于执法机关可以发现并惩罚所有的违法行为,此时违法者被惩罚的概率为1。为有效威慑违法行为,反垄断罚款(惩罚的严厉程度)应该设定在违法所得收益的水平,方可达到有效威慑的标准。在实际的生活中,因执法资源的有限性,执法部门并不可能发现并处罚所有的违法行为,即惩罚概率一般会小于1。为了达到有效威慑目标,此时反垄断罚款的设定(惩罚的严厉程度)应做适当调整,即违法所得收益除以惩罚概率或者说违法所得收益乘以惩罚概率的倒数。

综上所述,无论惩罚概率为多少,为实现有效威慑目标,以获利为基础的反垄断罚款(惩罚的严厉程度)应该设定在预期收益/惩罚概率的水平。当惩罚概率等于1时,该数额等于预期收益的大小;当惩罚概率小于1时,该数额等于预期收益×惩罚概率的倒数。

(二)基于损害的反垄断罚款

法律一般通过使从事违法行为变得成本高昂来阻止违法行为的发生,这是对违法行为构成威慑的有效方式。[②] 这种方式是基于违法者的成本收益角度,以剥夺违法者的全部违法收益以达到有效威慑的目的。但惩罚及制止违法行为本质上并不是因违法行为给违法者带来了收益,而是违法行为损害了他人、社会,因此,执法本质是为了降低或避免违法损害或违法成本。[③] 贝卡利亚也早已指出,法律制裁的对象,应该是对社会整体具有“净损害”的行为。垄断行为导致个人成本与社会成本之间出现不平衡,给他人、社会带来了损害,导致社会整体福利下降,因此,针对违法行为制定合理有效的惩罚标准的核心应该是使

① 参见杨晓维、张云辉:《从威慑到最优执法理论:经济学的视角》,载《南京社会科学》2010年第12期。

② 参见刘岩、于左:《对国际卡特尔的有效威慑机制研究》,中国社会科学出版社2009年版,第169页。

③ 参见杨晓维、张云辉:《从威慑到最优执法理论:经济学的视角》,载《南京社会科学》2010年第12期。

违法者承担违法行为给社会带来的全部成本。[①] 该成本不仅包括违法者为实施违法行为所支付的个人成本，还应包括违法行为对他人、社会的损害。这在有关最佳威慑的经济学著作中，也已经讨论过：罚款应当等于违法行为对社会造成的损害。[②]

垄断者在实施垄断行为时，不仅使消费者剩余减少、带来社会无谓损失（dead-weight loss），[③]还会伴随其他成本的产生，比如执法机构调查、诉讼成本以及对其进行惩罚和制裁的成本等。所以，当发现并制裁违法行为的执法成本等于零或者极微小以至于可以忽略不计时，社会总成本是无谓损失和垄断利润的总和，[④]也就是垄断者所需承担的总成本。但实际上，发现并制裁违法行为的执法成本不可能等于零或者是小到可以忽略不计，甚至于该部分执法成本很大。政府通常需要设立专门的机构对违法行为进行监管、调查、起诉等，这是违法行为导致的社会成本增加的一部分，理应由违法者承担。

基于贝克尔的最优化威慑理论，威廉·兰德斯（William Landes）开创性地进行了最优反垄断罚款的经济分析，提出了让人普遍接受的用来阻止垄断行为的最优威慑罚款。他证明了垄断行为的罚款（F）应等于实施垄断行为而产生的"对他人的净损害"（net harm to others）（H）除以垄断行为被发现和证明的概率（p），即 $F = H/p$。[⑤] 对该罚款模式中垄断行为被发现和证明的概率（p）的理解与上述基于获利下的惩罚概率小于1的情形的理解是一致的。

依据上述对垄断损害的分析，我们知道，社会损害 = 社会无谓损失 + 垄断利润 + 执法成本。所以，为有效制裁违法行为，实现威慑效果，以损害为基础的反垄断罚款应设定在社会损害除以惩罚概率的水平上。

（三）两种罚款基准的比较

无论是以获利为基础的反垄断罚款还是以损害为基础的反垄断罚款，二者都是为了惩罚违法者，威慑潜在违法者以避免违法损害的再次发生，从而实现

---

① 参见刘岩、于左：《对国际卡特尔的有效威慑机制研究》，中国社会科学出版社2009年版，第169页。

② See F. M. Scherer & D. Ross, *Industrial Market Structure and Economic Performance*, Houghton Mifflin, 1990, p. 661 – 667.

③ 无谓损失，是指它对消费者造成了损失但并没有同时增加生产者的收益。

④ 参见卢现祥、刘大洪主编：《法经济学》，北京大学出版社2007年版，第185页。

⑤ See William M. Landes, *Optimal Sanctions for Antitrust Violations*, 50 University of Chicago Law Review 652（1983）.

反垄断罚款的有效威慑。但二者的威慑效果是否相同？如果不同，何者处于优先考虑的地位？在此需要说明的是，在比较两种罚款基准时，我们将不考虑惩罚概率对最终罚款额的影响问题，直接将其假设为 1。在理论研究中将有两个理由被提出来说明为什么以损害为基础的罚款要比以获利为基础的罚款更需优先考虑。①

1. 威慑过度(over-deterrence)

假设垄断者实施垄断行为的损害小于其获得的非法利得。当罚款的设定以损害为基础时，违法者在被处以罚款后仍然会继续从事这样的行为，因为此时非法利得大于所受的惩罚；执法者也不会禁止这种行为，因为此时该行为对社会的净损害为负(损害减去利得)，其可以增加社会的福利；②反之，如果罚款的设定是以获利为基础的，就可能会产生威慑过度的问题，因为此时的罚款制度将可能给社会带来福利增加的行为也一并威慑了。

2. 威慑不足(under-deterrence)

假设垄断者实施垄断行为的损害大于其获得的非法利得。当罚款的设定是以损害为基础时，可对违法者处以额度等于损害的罚款，由于该罚款大于违法者所获得的非法利得，垄断者将不会继续从事该行为，而且潜在违法者在得知该种情形下的净收益为负时也不会实施违法行为，从而实现了有效的威慑；反之，如果此时罚款的设定是以获利为基础的，对违法者处以罚款的额度将小于其对社会的损害，就可能会产生威慑不足的问题。进一步说，即使不考虑获利与损害的大小关系，在以获利为基础的罚款制度下，对获利的任何低估都可能促使违法者继续从事违法行为，因为其有利可图。而且，普林斯盖(Polinsky)和沙维尔(Shavell)也已经证明，在出现估算错误的假定条件下，以损害为基础的处罚要比以获利为基础的处罚先进。③

不论是威慑过度还是威慑不足，都可以视为是社会资源配置低效率的状态，这背离了经济理论所追求的效率。所以，在威慑理论的指导下，以损害为基

---

① 参见[荷]伍特·威尔斯：《欧洲共同竞争法中的罚款处罚》，李国海译，载漆多俊：《经济法论丛》第 5 卷，中国方正出版社 1999 年版，第 261 页。

② 经济学中以生产者剩余和消费者剩余的总和作为社会福利的衡量标准，违法行为一方面增加了生产者剩余(非法利得)，另一方面减少了消费者剩余(损害)，但总剩余仍是增加的。故这种违法行为可以提高社会福利。

③ See A. M. Polinsky & S. Shavell, *Should Liability Be Based on the Harm to the Victim or the Gain to the Injure?*, 10 Journal of Law, Economics and Organization 427(1994).

础的罚款比以获利为基础的罚款更具有被优先考虑的优势。而且,基于获利的反垄断罚款,并没有考虑违法行为对被害人以外的人可能产生的反竞争效果。

但任何情况都不是绝对的。我们知道,执法成本的大小是计算以损害为基础的罚款时应考虑的因素,但并不影响以获利为基础的罚款额度。如果某种违法行为需要付出高额的执法成本,比如秘密卡特尔或是违法者为防止违法行为被查处而制定了严密的措施,此时对违法者处以损害为基础的高额罚款就显得不那么可取了。因为违法者可能因无力支付高额罚款而破产,这偏离了反垄断罚款制度的威慑目标。此时,解决办法是转而以获利为基础,但要对其进行修正:把处罚建立在违法者获利的基础上,再加上一个额外的数字,使其足以保证即使在违法者的获利被低估的情况下威慑效果出现的比率也会维持在较高水平上。①

所以,为实现反垄断罚款有效的威慑效果,以获利为基础的罚款和以损害为基础的罚款都有在不同的情形下优先考虑的优势,即没有绝对的优先考虑之分,两种计算基准都存在一定的合理性。

第二节 威慑理论在反垄断罚款制度中的应用

一、反垄断罚款规定体现威慑理论

在反垄断罚款设立之初,执法机关都以谨慎的态度适用该制度,而且对违法者处罚的金额也比较低,威慑力明显不足。比如欧盟委员会直至 1969 年 7 月在奎宁卡特尔案(quinine cartel)和燃料卡特尔案(dyestuffs cartel)中才首次使用罚款,而且罚款金额从 1 万 ~21 万会计单位②不等。③ OECD 于 1998 年发布的《理事会关于打击核心卡特尔的有效行动建议》可以看作是促进各国竞争法改革和加强相关实施措施的催化剂,各国纷纷采用更为严厉的竞争制度和实施手段。④

---

① 参见[荷]伍特·威尔斯:《欧洲共同竞争法中的罚款处罚》,李国海译,载漆多俊:《经济法论丛》第 5 卷,中国方正出版社 1999 年版,第 264 页。

② 到 20 世纪 70 年代末为止,罚款一直用会计单位来表示,从 20 世纪 80 年代才开始用欧洲货币单位(ECU)。

③ 参见[荷]伍特·威尔斯:《欧洲共同竞争法中的罚款处罚》,李国海译,载漆多俊:《经济法论丛》第 5 卷,中国方正出版社 1999 年版,第 249 页。

④ 参见金美蓉:《核心卡特尔规制制度研究》,对外经济贸易大学出版社 2009 年版,第 41 页。

贝克尔的最优化威慑理论已经揭示社会不可能也不应该不计成本的投入执法资源,以发现并惩罚所有的违法行为。社会的最适执法量应发生在当社会因处罚犯罪所需额外支付的边际成本等于社会因犯罪减少所可获得的额外的边际收益时。贝克尔还曾提出,理性的公共政策可以通过α(垄断行为被发现和证明的概率)和f(罚款)的不同取值间接地为"违法不合算"提供保证。[①] 政策制定者为使反垄断罚款制度达到有效威慑效果而不断对其相关的法律法规进行修正,其修正的方向主要围绕惩罚的严厉程度和罚款的确定性(惩罚概率)两条主线展开。提高惩罚的严厉程度可以加大违法成本、减少违法收益,而提升垄断行为被发现和证明的概率则有助于罚款确定性的提升。

(一)惩罚严厉程度

1. 美国

美国反垄断法称为反托拉斯法,其执法部门是DOJ和FTC。但无论是DOJ还是FTC对违法企业都无权直接执行罚款,任何罚款都需要法院裁决,且没有行政罚款这一行政处罚措施,只有刑事罚金(criminal fine)和民事罚款(civil penalty),分别适用于反垄断刑事和民事案件。[②] 在制度设计上,刑事罚金和民事罚款均体现了威慑理论,但本书仅以刑事罚金制度为例进行讨论。

美国于1890年颁布的《谢尔曼法》是世界上第一部规制垄断行为的成文立法,该法规定,执法机关根据违反本法第1条的规定,可以对违法企业和个人实施刑事追诉——对企业处以罚金、对个人处以罚金或监禁。为了更有效地实施《谢尔曼法》,美国于1984年《刑事罚金改进法》,同时执法机关在计算罚金数额时还可以依据联邦判决委员会发布的《联邦量刑指南》,[③]该指南规定了刑事罚金的计算方法。为有效打击违法行为,《谢尔曼法》不断提高罚金惩罚的严厉程度,如表2-1所示。2004年6月,美国颁布的《2004年反托拉斯刑事制裁强化及改革法》甚至将企业违法者的最高处罚金额提高至1亿美元,对个人的最高罚金也提高到了100万美元,其处罚力度不可谓不严厉。

---

① 参见[美]加里·S.贝克尔:《人类行为的经济分析》,王业宇、陈琪译,上海三联书店出版社1993年版,第72页。

② 参见黄勇、刘燕南:《垄断违法行为行政罚款计算标准研究》,载《价格理论与实践》2013年第8期。

③ 《联邦量刑指南》是联邦判决委员会向法院和相关部门提供的指导性文件,虽然不具有法律效力,但对案件的判决具有非常重要的影响。委员会根据相关立法和司法实践的变化及需要,每隔一段时间对其内容进行修订,目前使用的是2007年11月发布的版本。

表2－1　1890年以来美国《谢尔曼法》对违法行为的处罚标准

法律颁布时间	对企业的最高罚金	对个人的最高罚金
1890年	5000美元	5000美元
1955年	5万美元	5万美元
1974年	100万美元	10万美元
1987年	最高100万美元或违法行为所受利益/造成他人损害的2倍	最高10万美元或违法行为所受利益/造成他人损害的5%
1990年	最高1000万美元或违法行为所受利益/造成他人损害的2倍	最高35万美元或违法行为所受利益/造成他人损害的5%
2004年	最高1亿美元或违法行为所受利益/造成他人损害的2倍	最高100万美元或违法行为所受利益/造成他人损害的5%

资料来源：部分内容转引自刘岩、于左：《对国际卡特尔的有效威慑机制研究》，中国社会科学出版社2009年版。其余根据相关资料整理。

分析表2－1我们看到，美国《谢尔曼法》在修法的过程中不仅不断提高罚款的严厉程度，而且1987年还引入了“违法行为所受利益/造成他人损害的两倍”这一罚金条款。这是一种可替代的罚金，它基于犯罪行为人的收益或对他人损害的两倍予以处罚。从这一点可以看出，美国刑事罚金制度逐渐朝向有效威慑的方向发展，在设定罚金水平时不仅考量违法行为的获利，而且还考量违法行为对社会、他人造成的损害。至于为什么将最高限额设定在“违法行为所受利益/造成他人损害的两倍”而不是其他的倍数，一种可能是基于两倍收益/损害的罚款金额具有一定的惩罚性；另一种可能是立法者将违法行为被惩罚的概率假设为1/2，从而将最高额设定在“违法行为所受利益/造成他人损害”乘以该概率的倒数。

美国刑事罚金严厉程度的提高在刑事罚金的计算以及法院的判决标准中也均有所体现。在计算违法企业的罚金数额时，由于“违法收益/所受损害”的标准不易执行，故“联邦判决指南”规定，刑事罚金的基础数额以美国境内“受影响交易量”（the volume of affected commerce）的20%来计算。从法经济学角度考虑，之所以选择20%而不是其他百分比的原因主要是考虑了损害因素。一般认为，垄断行为的平均获利为10%；消费者因垄断高价而放弃购买所受的损害(无谓损失)为10%,总共为20%。[①] 在司法实践中,法院在决定对限制竞争行为处罚与否以及处罚的标准时,还考察违法企业获得的不法利益、造成社会的无谓损失、违规被发现并惩罚的机率以及执法成本的大小等因素。[②] 这与前文分析有效威慑罚款的设定理论相一致。

2. 欧盟

欧盟竞争法的实体规范主要是《欧盟运行条约》(其前身是《欧共体条约》)第101条(禁止限制竞争的协议)和第102条(限制滥用市场支配地位)。[③] 为有效实施《欧共体条约》,欧共体理事会于1962年颁布了"第17号条例"。该条例第15条第2款规定,企业因故意或过失违反条约第85条或第86条,委员会可以处以1000到100万会计单位的罚款,罚款数额可以高于前款规定,但不得超过该企业上一营业年度销售额的10%。1998年,欧共体委员会发布了1998年罚款指南,规定了罚款计算的步骤。

在竞争法实施40多年后,作为欧体竞争政策变革的基础,第1/2003号条例于2004年5月1日开始生效,并以此取代第17号条例。第1/2003号条例第23条第2款规定,对于故意或过失违反《欧共体条约》第81条、第82条规定的违法企业,处以上一年度全球营业额10%以下的罚款。可以看出,第1/2003号条例在惩罚严厉性方面有了较大提高,删除了原来的固定额度的限制额,改为仅以百分比作为上限,而且是上一年度全球营业额的百分比。也就是说执委会在这一限度下可以处以违法企业任意高的罚款,如果其认为有必要的话。2006年6月,欧盟委员会又发布了2006年罚款指南。该指南是对1998年罚款指南的修订,细化了实施罚款的详细步骤,增强了罚款的确定性及可预测性,不仅对委员会裁处罚款具有指导作用,限制其自由裁量权,对企业预测垄断行为的违法成本也提供了明确的依据,增强了反垄断罚款的威慑力。

欧盟2006年罚款指南对基本数额的确定与1998年罚款指南通过违法行为的"严重程度"和"持续时间"来确定有所不同,而是给出了一个计算公式:基本数额=销售价值×比例数(0~30%)×年数。从该公式可以看出,违法行为的

① 参见颜廷栋:《宽恕政策实施子法之研究》,载《公平交易季刊》2008年第4期。

② 参见张丽卿:《公平交易委员会裁处罚款额度之研究》,载《公平交易季刊》2007年第2期。

③ 《欧共体条约》第85条、第86条经1997年《阿姆斯特丹条约》将条次改为第81条、第82条;《欧共体条约》于2008年又更名为《欧盟运行条约》,将第81条、第82条的条次改为第101条和第102条。

持续时间已作为基本数额的倍数而不是原来的根据持续时间调增百分比，这种做法显然是为了加大对长期违法行为的处罚力度。同时，2006 年罚款指南与 1998 年罚款指南的一个最大的不同是提高了对水平价格卡特尔、划分市场卡特尔等核心卡特尔的罚款幅度，2006 年罚款指南要求这些核心卡特尔支付“进入费”，这一费用不考虑年销售额和持续时间因素，只要公司参与了核心卡特尔行为就要另外缴纳 15% ~25% 年销售额的罚款。[①]

对于重复违法行为，1998 年罚款指南规定的加重因素是“企业反复违反同一类行为”，且对于该加重情节委员会可以自由裁量增加的罚款数额；而 2006 年罚款指南的规定是“实施相同或类似违法行为”，且每次最多加计基础额 100% 的罚款金额。可以看出 2006 年罚款指南对重复违法行为的要求更为宽松，且处罚力度也有大幅度提高。之所以要提高对重复违法者的处罚力度，是因为违法者的再一次违法说明其在上一次违法中仍有净收益，即在上一次违法中所获得的收益扣除罚款后仍有非法剩余，故其仍要再一次违法，隐藏的含义是上一次罚款的威慑力不足，故为了提高威慑力，理应对重复违法者加重处罚。

2006 年罚款指南针对那些在相关产品市场中销售额不大但却因经营多种产品而整体销售额巨大的企业还规定了“以威慑为目的特殊增加的罚款”。这种规定不同于 1998 年罚款指南的差别待遇（differential treatment）。差别待遇是本着有必要设定一个具有制裁效果的罚款数额的目的，考量违法企业的经济能力。其设立的出发点是大型企业有充分的法律及经济知识，可以明确了解其违法行为产生的结果，所以应该依据企业的不同规模而给予不同的惩罚。而“以威慑为目的的特殊增加的罚款”的规定是以相关产品市场的销售额不大而企业整体销售额巨大为前提的，也就是说，如果企业在相关产品市场中的销售额很大，那么就不会适用该条规定，但却仍可能适用差别待遇。

3. 新西兰和澳大利亚

近年来，新西兰为提高违法的惩罚力度也在不断地努力。新西兰 1986 年《商业法》第 80 条规定，企业罚款最高不超过下列两项规定的数额，以高者为准：（1）1000 万新西兰元；（2）或者如果能确定违法所得（商业利润，commercial gain），则是违法所得的 3 倍，如果违法所得不能确定，则是企业销售额或全部关联企业销售额（the turnover of the corporate and all of its interconnected bodies

---

① 参见金美蓉：《核心卡特尔规制制度研究》，对外经济贸易大学出版社 2009 年版，第 98 页。

corporate)的10%。澳大利亚2010年《竞争和消费者保护法》第76(1A)条规定,企业的罚款不超过下列规定的数额,以最高者为准:(1)1000万澳元;(2)如果能够确定违法所得(已经获得的利益总价值,the total value of the benefits that have been obtained),则是违法所得的3倍;(3)如果违法所得不能确定,则是企业结束违法之月起前12个月期间年销售额的10%。可以看出,新西兰和澳大利亚对违法企业的罚款最高额的规定相似,都考虑了企业在违法行为中所获得的利益,或者是当所获利益不能确定时,以销售额的百分比作为估算额,突出了罚款惩罚的严厉性。

(二)罚款的确定性(惩罚概率)

自反垄断罚款制度实施以来,违法者采取的规避措施越来越多元化,传统的调查取证方式存在很大困难,一度降低了执法机关对违法者的惩罚概率。实际上没有人可以确切告诉我们一个垄断行为被发现和证明的确定的百分比。1986年,时任美国司法部长助理格拉斯·金斯伯格认为,反垄断执法人员能发现垄断行为的概率不超过10%,其他专家认为其概率应该在10%~33%。[①] 一项基于美国1961~1988年案例样本的研究估计,发现和惩罚的概率在13%~17%,或者在1/6~1/7。一项针对欧盟委员会1969~2007年的样本研究表明,发现卡特尔的概率为13%。[②] 受调查方法和效率的影响,这样的概率可能会因国而异。随着20世纪90年代反垄断法宽恕政策开始实施,垄断联盟从内部出现了分裂,同时也极大地提高了垄断行为被发现和证明的可能,即增加了查获和惩罚的概率。事实也证明,这个概率超过了33%。当然也有证据表明,尽管执法者非常努力执法,但许多卡特尔仍然在运作。[③]

最先引入宽恕政策的是美国。其司法部反托拉斯局于1978年10月公布并实施了法人宽恕政策(Corporate Leniency Program),对于在开始调查前自主通报的企业,符合一定的条件,司法部可能给予豁免刑事追诉,但仍要支付被害人的损害赔偿。也就是说,违法企业在此种宽恕政策下是否豁免刑事责任有很大的不确定性,而且企业可能因申请宽恕而承受被害人的巨额损害赔偿。所

---

① See John M. Connor & Robert H. Lande, *The Size of Cartel Overcharges: Implications for U.S. and EU Fining Policies*, 51 The Antitrust Bulletin 987(2006).

② See Emmanuel Combe & Constance Monnier, *Fines against Hard Core Cartels in Europe: The Myth of Overenforcement*, 56 The Antitrust Bulletin 246(2011).

③ See John M. Connor & Robert H. Lande, *The Size of Cartel Overcharges: Implications for U.S. and EU Fining Policies*, 51 The Antitrust Bulletin 987(2006).

以,1978 年的宽恕政策并没有收到预期的效果。1993 年 8 月,美国司法部反托拉斯局公布了新修订的宽恕政策,详细列举了申请者适用宽恕政策的要件,对于符合要件的违法企业给予当然免除刑事追诉,并在自身的限度内(where possible)赔偿被害人的损失。修订后的宽恕政策剥夺了反托拉斯局的自由裁量权,消除了上述不确定性,有效发挥了政策的效能。

欧盟执委会于 1996 年 7 月公布了“关于卡特尔案件罚款减轻或免除的公告”,该公告适用于违反《欧共体条约》第 81 条的卡特尔行为。依照该公告的规定,执委会是决定违法企业减免数额的机构,但负责该宽恕减免事务的却是竞争总署(DG Competition),竞争总署对于申请减免者无法明确约定减免数额,所以申请减免者对执委会最后是否会给予减轻或免除罚款不能获得充分的保证。① 而且,对于公告中指出的“决定性证据”“重要角色”等词汇意义不明确,致使该公告未能发挥其应有之功效。基于上述公告的不足,欧盟执委会于 2002 年 2 月公布了新修订公告,提高了罚款减免的可预测性与确定性,并删除了其中意义不明的“决定性证据”“重要角色”等要件。此后,经过 4 年的实施,欧盟执委会于 2006 年再度公布了新修订公告,进一步明确适用要件,并采用了美国宽恕政策之资格保留和附条件协议书等制度。目前,在 OECD 的大力推动下,许多国家也纷纷制定了宽恕政策,似乎引入该政策已经成为了一种国际趋势。

虽然宽恕政策引入的目的是提高执法机关发现、惩罚违法行为的概率,但从美国、欧盟的宽恕政策发展来看,单纯的引入该政策是不够的,还需要将政策规定得更具确定性和可预测性,这样申请者基于自身的成本收益分析才更愿意选择申请宽恕,执法机关的惩罚概率才可能提高。进一步地,宽恕政策的实施还可以节省执法成本,及时制止违法行为,防止了损害的继续扩大。毫无疑问,到目前为止,对于打击核心卡特尔的执法者而言,宽恕政策是独一无二的、最佳的调查工具。② 它已经成为各国或地区打击卡特尔的有效手段,对卡特尔的执法实践产生了巨大影响。这也从实践中证明了贝克尔提出的威慑理论,即违法者对风险持偏重态度时,惩罚概率 α 比惩罚严厉性 f 更具有影响力。

---

① 参见王铭勇:《联合行为宽恕减免责任条款之研究》,载《公平交易季刊》2006 年第 1 期。

② See Simon J. Evenett, Margaret C. Levenstein & Valerie Y. Suslow, *International Cartel Enforcement: Lessons from the* 1990*s*, 24 The World Economy 1221 (2001).

二、威慑理论适用的现实局限性及改进思路

(一)反垄断罚款中威慑理论适用的现实局限性

从各国反垄断罚款的发展趋势来看,提高罚款的威慑效果是贯彻始终的指导准则,而按照威慑理论来设定反垄断罚款也正逐步得到实现。从理论上来说,为了发挥威慑效果,我们应该基于获利或损害再乘以惩罚概率的倒数来设定反垄断罚款。这种理论分析框架对于发现可行的设定罚款的方法是有帮助的。但从实践情况来看,即使得到训练有素的最好经济学专家的帮助,竞争执法机构或法院对某一特定的反垄断违法行为测算或估计理论上正确的、可信赖的反垄断罚款数额,看起来也是不太可能的。

基于获利的反垄断罚款离不开超高定价(overcharge)的计算,它是消费者实际支付的垄断价格与产品或服务的竞争价格之间的差额,是衡量垄断厂商获得超额利润的重要指标,也是垄断厂商损害消费者福利的一部分。其中,消费者实际支付的垄断价格很好确定,而市场中垄断行为不存在时的"竞争价格"(but-for price)则比较复杂,估算难度很大。尽管随着经济理论研究的拓展和计量方法的进步,人们对于超高定价的研究也越来越深入,但远没有到达精确估算的程度。此外,就违法获利而言,即使它的事后估算在原则上是可能的,但每个案件获利的量化行政成本非常高昂,竞争执法机关量化获利的举证责任也是很重的,其估算的获利必须要达到法律规定的证明标准。相比被告企业而言,在估算获利方面,竞争执法机关在信息上处于劣势,其证明的获利很可能低于实际利益,导致威慑不足。①

基于损害的反垄断罚款需要估算社会净损失、执法成本(调查诉讼成本和惩罚成本)。迄今为止,对于垄断造成的社会净损失,理论界仍然莫衷一是,许多研究人员进行了大量的实证分析,同时进行了各种大胆假设并加以推导和证明,逐渐形成了一些观点和理论,但在对不同国家不同时期的情形进行分析的过程中仍得出了许多不同结论。因此,社会净损失是一个无法进行实际度量的估计值。② 相对而言,执法成本的计算是可行的,但由于它涉及面广,需要投入

---

① See Wouter P. J. Wils, *Efficiency and Justice in European Antitrust Enforcement*, Hart Publishing, 2008, p. 91.

② 参见刘岩、于左:《对国际卡特尔的有效威慑机制研究》,中国社会科学出版社2009年版,第191、196页。

较多人力物力进行大量的数据收集和整理,同时也离不开各执法部门的配合,因此,实施起来也不是十分容易。

惩罚概率等于违法行为被发现并惩罚的案件总数占总的违法案件数量的百分比,因为该百分比的分母和分子都处在不断的变化当中,所以是一个动态的数值。虽然世界各国或地区的执法机关对垄断行为的查处已经有了相当的经验,也取得了一定的成效,但究竟还有多少隐藏在市场中的违法行为尚未被发现,我们也不得而知,这也给惩罚概率的估算带来一定的难度。

基于这种情况,各国反垄断法或罚款指南并没有完全按照获利或损害来设定反垄断罚款,对于惩罚概率也进行了大致的估算,一般将违法获利或损害的3倍或2倍作为设定反垄断罚款时要考虑的可能因素或主要因素之一。有的国家或地区只是将获利或损害作为考虑反垄断罚款的可能因素之一,例如,欧盟2006年罚款指南提及了罚款有必要超过违法获利,如果"违法收益是可以评估的话",这是考虑最终提高罚款的可能因素。① 有的国家将获利或损害乘以一定的倍数作为考虑反垄断罚款的选择因素之一,例如,新西兰和澳大利亚的法律规定,如果能确定违法所得,则反垄断罚款是违法所得的3倍;美国《谢尔曼法》规定,反垄断罚金是最高1亿美元或违法行为所受利益(造成他人损害)的2倍,以此来体现反垄断罚款的威慑理念。实践中,美国法院在采用"最优化裁罚理论"决定反托拉斯违法行为的处罚额度时,有一项考量因素是"违规被发现并惩罚的概率",其做法是根据违法行为的类型进行估算,比如秘密卡特尔被发现的概率比搭售低。所以执法部门可以根据执法经验将违法行为进行分类,并大致估算各种类型违法行为的惩罚概率。

(二)反垄断罚款的改进思路

为了解决反垄断罚款中威慑理论适用的现实局限性,同时也为了提高执法效率,各国一般将销售额(有的国家也称为"受影响交易量""销售价值")作为获利或损害的替代因素来计算反垄断罚款。这种改进思路造成理论设计与实际效果之间存在一定的偏差,相当程度上降低了反垄断罚款制度的威慑力。

尽管如此,将销售额作为计算反垄断罚款的基数是有一定合理性的。德国罚款指南规定,惩罚必须对违法行为人和将来的违法行为足以产生特殊威慑和

---

① 然而在实践中,委员会在确定罚款数额时几乎没有考虑违法获利问题。这毫无疑问是因为准确评估因卡特尔而获得的超高定价是非常困难的。See Mario Siragusa & Cesare Rizza, *Cartel Law: Restrictive Agreements and Practices between Competitors*, 3 Eu Competition Law 515(2007).

一般威慑效果。特别需要指出的是,罚款应该与潜在的违法收益或损害(损害第三人和整体经济)相当。任何潜在的违法收益和损害均可能源于违法期间国内商品或服务的销售额。当决定罚款时,在有些案件中,销售额可能占了全部销售额的绝大部分;而在另外一些案件中,销售额虽然可能仅占总销售额的一小部分,但足以达到惩罚的效果。因违法而获得的销售额是决定惩罚程度的合适起点,因违法行为获得的销售额在揭示受影响市场、公司的市场地位、源于销售额的潜在收益和损害等方面有着重要的意义。而违法行为人可感受到全部销售额在惩罚中的作用。基于销售额的罚款框架下,不需要计算违法行为对市场的实际影响,也不再关注卡特尔产生的超额利润,源于违法行为的销售额是公司在违法期间的国内商品或服务的销售额,故可以根据一般规则进行评估。① 美国的罚款指南和欧盟的2006年罚款指南将受影响销售额(销售价值)代替损害,这是因为它们认为受影响销售额实际上可以代替损害。有研究表明,受影响销售额与卡特尔超高定价的评估是高度正相关的。② 把销售额作为反垄断罚款基础的另一个可能的解释是,由违法行为所涉及的货物计算出的销售总额可以被看作是该违法行为造成的损害的表征。它也是理论上计算罚款数额的正确起点,虽然它是十分粗略的近似。③ 欧洲法院认为,为了确定罚款数额,要考虑将企业全部销售额作为罚款的基数。全部销售额尽管不是一个完善的方案,但它可以揭示企业规模和经济力的大小;罚款比例的确定揭示了违法行为的严重程度。④ 我国也有学者认为,一方面,销售额能够在一定程度上反映行为人的市场地位和违法获益程度;另一方面,销售额也是反垄断法执法机构相对容易获取的数据。⑤ 我国还有学者认为,直接根据其年度销售额进行罚款更有利于反垄断执法机构提供执法效率。⑥

前文分析了一些国家或地区的反垄断罚款的相关规定以及指导执法机构

---

① See Guidelines for the Setting of Fines in Cartel Administrative Offence Proceedings, p. 3.

② See Miller, Douglas J. & Connor, John M., *The Predictability of Global Cartel Fines*, SSRN (May 4, 2010), https://papers.ssrn.com/sol3/papers.cfm?abstract_id=1610284.

③ 参见[荷]伍特·威尔斯:《欧洲共同竞争法中的罚款处罚》,李国海译,载漆多俊:《经济法论丛》第5卷,中国方正出版社1999年版,第272页。

④ See Alison Jones & Brenda Sufrin, *EU Competition Law Text, Case & Materials*, Oxford University Press, 2010, p. 1100.

⑤ 参见刘武朝:《垄断协议行为罚款规则的适用及审思》,载《中国行政管理》2014年第5期。

⑥ 参见戴龙:《滥用市场支配地位的规制研究》,中国人民大学出版社2012年版,第190页。

计算罚款数额的实施细则或指南。在确定罚款数额时,一般是以"受影响交易量""销售额""销售价值"等作为基准,这正是直面反垄断罚款中威慑理论适用的现实局限性而主动采取的替代措施。无论这些名称有多么的不同,其本质都是以违法企业的销售数量和销售价格的乘积作为依据。因此,在下面的分析中,我们统一将其称为"销售额"。然而,如果将销售额作为反垄断罚款的唯一基准,也会带来不少问题。因此,这些国家和地区在将销售额作为计算反垄断罚款的基准时,还会顾及获利和(或)损害在确定反垄断罚款中的价值,同时还会考虑针对严重违法行为、大企业违法行为、重复违法行为、持续时间较长的违法行为加大处罚力度,在依据销售额计算反垄断罚款的基础上增加罚款数额,以弥补依据销售额计算反垄断罚款的不足,这也是一种主动的改进思路。例如,欧盟的2006年罚款指南规定,除了企业参与违法行为的违法年数,委员会在确定核心卡特尔的基础罚款数额时,还应附加销售价值的15% ~25%罚款数额。欧盟的2006年罚款指南解释,这样做的理论基础在于威慑企业。①

第三节　以威慑理论为指导完善我国反垄断罚款制度

一、我国反垄断罚款制度威慑不足

我国《反垄断法》第46 ~48条分别规定了垄断协议、滥用市场支配地位以及违法实施集中的经营者的行政责任。其中,第46条规定,经营者违反本法规定,达成并实施垄断协议的,由反垄断执法机构责令停止违法行为,没收违法所得,并处上一年度销售额1%以上10%以下的罚款;尚未实施所达成的垄断协议的,可以处50万元以下的罚款。第47条规定,经营者违反本法规定,滥用市场支配地位的,由反垄断执法机构责令停止违法行为,没收违法所得,并处上一年度销售额1%以上10%以下的罚款。第48条规定,经营者违反本法规定实施集中的,由国务院反垄断执法机构责令停止实施集中、限期处分股份或者资产、限期转让营业以及采取其他必要措施恢复到集中前的状态,可以处50万元以下的罚款。从上述3条规定来看,对违法实施集中的经营者仅处以50万元以下的罚款,威慑力是明显不足的。那么,对于垄断协议和滥用市场支配地位处以"上一年度销售额百分之一以上百分之十以下的罚款",在实践中威慑力到底

---

① See Wouter P. J. Wils, *Efficiency and Justice in European Antitrust Enforcement*, Hart Publishing, 2008, p.93.

如何呢？通过统计并分析《反垄断法》实施10多年时间内执法机关已经查处的典型垄断案件，笔者发现存在以下两种情况：第一，没收违法所得与罚款并科可能存在威慑过度；第二，单科罚款普遍存在威慑不足的问题。这种威慑不足主要体现在罚款不够严厉、罚款裁量因素不明确以及宽恕政策适用标准不确定三个方面。由于没收违法所得与罚款并科的比例还不到30%（容后详述），因此，威慑不足是我国反垄断罚款制度的主流问题。

（一）罚款不够严厉

1.上一年度销售额的解释过于严格

我国反垄断罚款的计算是以“上一年度销售额”作为基准的，如何解释这一基准对被处罚企业的权益将产生不同的影响。《反垄断法》对“上一年度”并未作详细界定，是立案调查还是作出处罚决定的上一年度？从执法实践来看，我国执法机关在不同案件的处理中，对“上一年度”的理解是不同的。有些案件是按照处罚决定时的上一年度罚款的，[①]但也有不少案件是按照立案调查的上一年度销售额罚款的。例如，江苏徐州烟草公司邳州分公司滥用市场支配地位一案中，江苏省工商行政管理局于2013年8月开始对徐州烟草公司邳州分公司涉嫌垄断的行为进行立案调查，于2014年9月对涉案当事人下达了处罚决定书。从处罚决定书来看，执法机关调查了涉案企业在2012年相关产品的销售额，以该销售额的1%进行处罚。[②] 这种关键概念的不确定性会让企业无所适从，造成执法机关拥有太大的自由裁量权，反垄断罚款制度的威慑力会受到影响。

罚款基准最具有争议的当属“销售额”这一概念，是涉案企业的总销售额还是与违法行为有关的相关产品或服务的销售额（涉案产品销售额）？是全国范围内的销售额还是全球或是某一地区的销售额？《反垄断法》对此没有明确。从我国目前已经查处的反垄断案件来看，大多是基于涉案产品销售额来计算罚款的。其中，有的案件只是模糊表达依据“涉案产品销售额”计算罚款金额，还有更多案件基于“相关销售额”、“相关市场销售额”或直接基于“销售额”来计算罚款，但从处罚决定书的内容来看，罚款数额不是基于总销售额，而是局限于

---

① 例如，国家发改委原处长李常青在第九次中欧竞争政策周中介绍“浙江保险行业价格垄断案”时就认为，我们倾向于“上一年度”系指反垄断执法机构作出处罚的上一年度。参见李常青等：《保险业横向垄断案件的调查处理》，载《中国价格监督检查》2013年第9期。

② 参见国家工商总局竞争执法公告〔2014〕第18号。

涉案产品销售额来计算。

我国在计算反垄断罚款金额时,除了按照涉案产品销售额计算罚款金额以外,还在不少案件中对违法行为的地域范围进行了较大限缩。很多案件的违法行为和涉案产品是全国性的,但最后计算罚款时却只局限于某一区域(省)的涉案产品销售额,而且通常是负责查办该案的反垄断执法机关所管辖省份的涉案产品销售额。中国省份众多,只计算其中一个省的涉案产品销售额,最终的罚款金额必将大幅度缩减。例如,在湖北省物价局查办的一汽大众及湖北奥迪经销商垄断案中,如果按照2013年一汽—大众全国奥迪销售额作为罚款基数,由于其全年销售奥迪汽车488,488辆,若以单车均价40万元计算,销售总金额为1954亿元①,而湖北省2013年奥迪销售额为41.43亿元②,两者相差47倍。在上述案件中,即使以最低比例1%进行罚款,最终罚款数额的差距也会是相当惊人的。

由此可以看出,执法机关在实际执法中对"销售额"作了限制解释,即一般是指涉案产品在相关地域市场中的销售额。我国反垄断执法以"销售额"的限制解释结果作为罚款的计算基准,对于那些违法持续时间长、大幅度提价的企业来讲处罚力度和威慑力是不足的,甚至有可能使其违法利得大于罚款数额,从而助长了该类违法行为的滋生。

2. 罚款幅度偏低

在过去的反垄断执法中,只有个别案件的罚款幅度达到了7%~10%。其中,最严厉的当属广东海砂价格垄断一案,该案对垄断协议的主要成员全部给予销售额10%的处罚。该案之所以从重处罚,是因为执法机关考虑到涉案企业的价格垄断行为对广东全省大型建设项目用砂造成了不利影响,港珠澳大桥人工岛填海工程因预算严重超支而被拖慢了施工进度。③ 12家日企实施的汽车零部件和轴承价格垄断案、美国高通公司垄断案均按照8%的比例进行处罚,德国奔驰公司垄断案则按照7%的比例进行处罚。实际上,像上述这种对违法垄断行为从重处罚的案件寥寥无几。根据笔者统计的情况,大多数案件都在

① 参见刘晓林:《奥迪反垄断罚单或达18亿 将创反垄断罚金纪录》,载经济观察网,http://www.eeo.com.cn/2014/0812/264845.shtml。

② 参见鄂价检处〔2014〕14号行政处罚决定书。

③ 参见国家发展改革委价监局反垄断调查二处:《广东查处海砂价格垄断案件 确保国家重点工程建设顺利进行》,载《中国价格监督检查》2012年第11期。

1% ~2% 进行处罚,5% 以上的处罚比率的案件屈指可数。尽管国家发改委在最近几年开始逐渐加强处罚力度,但整体来看,对价格垄断的罚款力度普遍较轻,难以达到威慑违法企业的效果。

从原国家工商总局网站首页“竞争执法公告”中公布的处罚案件来看,罚款幅度基本为1% 或2% ,只有极少数案件按照4% 和8% 的比例进行处罚,有的执法案件甚至未公布罚款比例。这种罚款比例会导致违反成本偏低,难以有效威慑违法垄断行为。以广东惠州大亚湾溢源净水有限公司滥用市场支配地位一案为例,执法机关调查发现,广东惠州大亚湾溢源净水有限公司在相关地域市场中具备唯一经营者地位,进行了不合理的捆绑销售,排除、限制了下游经营者之间的竞争,而且,其垄断价格过高,甚至高出一倍,严重损害了交易相对人的利益,应通过给予较高水平的罚款比例剥夺违法企业的全部不法利得,并且威慑其不敢再犯。但事实上,执法机关只给予了2% 的罚款比率,不得不说其处罚力度过轻,罚款的威慑力不足。

国家市场监管总局成立后,其查办的反垄断案件中,不少垄断协议案件仅按照1% 的比例进行罚款,明显偏低;还有些案件是在4% ~8% 进行处罚。2020年4月9日公布的注射用葡萄糖酸钙原料药垄断案,由于当事人的行为情节严重、性质恶劣、持续时间较长,排除、限制了相关市场的竞争,严重损害了制剂生产企业和患者的利益,国家市场监管总局对康惠公司、普云惠公司和太阳神公司分别按照10% 、9% 和7% 的比例给予罚款。[①] 但这种高比例罚款仅是个案,大部分案件的罚款比例并不高。因此,反垄断罚款基本上难以达到有效威慑的效果。

总体而言,我国反垄断执法机关的罚款力度较轻。一方面,这种轻度罚款的执法态度对违法者来讲,罚款数额可能小于其非法利益,造成“违法合算”的情形,无法有效防止其继续违法;另一方面,对潜在违法者来讲,过低的罚款造成的“违法合算”的局面可能会鼓励他们从事违法行为,造成激励违法的扭曲现象,难以实现罚款的威慑目标。

(二)罚款裁量因素不明确

反垄断执法机关在计算罚款额度时,可以在上一年度销售额的1% ~10% 自由裁量。我国《反垄断法》第49 条规定,执法机关在确定具体数额时,应当考

---

① 参见国市监处〔2020〕8 号行政处罚决定书。

虑违法行为的性质、程度和持续时间等因素。这是对执法机关自由裁量权的法定限制。但"等"字又表明执法机关在实际执法中可以考量一些非法定因素,这增加了罚款的不可预测性,影响了企业对预期违法成本和收益的判断,从而最终影响罚款的威慑效果。

1. 法定因素

对于影响罚款数额的违法行为的性质、程度、持续时间等法定因素,《反垄断法》只是给出原则性规定,执法机关在实际执法中还要自由裁量。在执法机关公布的执法公告中记载的影响罚款数额的考量因素均是抽象说明,违法企业更是无法明确了解这些因素对罚款的影响程度以及执法机关是如何定量的。例如,在奶粉企业垄断案中,国家发改委对合生元的处罚信息这样描述:"对于违法行为严重、不能积极主动整改的广州合生元生物制品有限公司处以上一年度销售额6%的罚款。"原工商行政机关在处罚违法企业时是否以及如何考量违法行为的性质、程度等法定因素,在案件材料中没有清晰描述。

2. 非法定因素

执法机关在计算违法企业的罚款数额时,不仅会考量违法行为的性质、程度、持续时间等法定因素,而且会考量违法企业在调查过程中的配合程度、整改措施等非法定因素,这些非法定因素在实践中甚至比法定因素更能影响罚款数额。国家发改委反垄断局在被问及为何合生元的处罚高达上一年度销售额的6%,比其他几家公司高出3个百分点时回应:"虽然最终合生元也采取了一些整改措施,但是落实(措施)不是很积极,后续的措施也没有跟上,影响了我们对它从轻处罚。"①在执法机关公布的执法公告中对于违法企业的处罚信息的描述往往包含"主动配合调查""积极主动整改"等词汇,其隐含的意思是企业的态度可以影响执法机关的处罚力度。

值得一提的是,我国反垄断执法机关似乎把"配合调查"这一因素"扩大化"了,执法机构在调查过程中一般要求被调查企业签署或者提交自认报告,同时表明对执法处罚结果的态度,如果自认报告不到位,可能导致因"不主动配合"而处以高比率的罚款。② 这种执法方式存在很多弊端:一方面,大多数企业

---

① 《发改委6.7亿大罚单背后的逻辑》,载腾讯网2013年8月8日,http://finance.qq.com/zt2013/focus/fgw.htm? pgv_ref=aio2012&ptlang=2052。

② 参见许浩:《发改委加码反垄断执法 企业态度影响处罚力度》,载新浪财经网,http://finance.sina.com.cn/china/20140607/030719341736.shtml。

抱着减少处罚的心理提交自认报告和相关证据，致使其针对处罚结果提起的行政复议和行政诉讼无望；另一方面，如果违法企业在垄断协议中处于主导地位，其主动提交自认报告就可以减轻处罚，那么对该类违法行为就难以收到威慑效果。

在我国执法机构的执法公告中，是否“积极整改”对执法机关的处罚力度具有重要影响。但让笔者存有疑问的是，因“积极整改”措施而减轻罚款后处罚的威慑力是否会受到影响？“积极整改”作为罚款制度的减轻因素是否具有可行性？从执法案件公告中可以看出，违法企业的“积极整改”措施主要包括停止违法行为、撤销垄断协议、退还扣减的保证金、降低销售价格等。有些“精明”的厂商可能在受到调查后“积极”提出整改措施从而达到减轻处罚的目的。这样一来，反垄断罚款的威慑效果就更难以保证了。

（三）宽恕政策适用标准不确定

我国《反垄断法》在第46条第2款规定，经营者主动向反垄断执法机构报告达成垄断协议的有关情况并提供重要证据的，反垄断执法机构可以酌情减轻或者免除对该经营者的处罚。导入宽恕制度有利于提高罚款的确定性（惩罚概率）。对于该条规定的具体适用，国家市场监督管理总局《禁止垄断协议暂行规定》第33～34条对此作了较详细的规定。自宽恕政策实施以来，我国在广西米粉串通涨价案、液晶面板企业横向价格垄断案等10余起案件中适用了宽恕政策，其中，有3个纵向垄断协议案件适用了宽恕政策。[①] 就目前的适用情况来看，宽恕政策存在很多不确定的问题，这无疑会影响宽恕政策的适用效果和反垄断案件惩罚概率的提高。

1. 如何界定提供的证据是“重要证据”

《禁止垄断协议暂行规定》第33条第2款规定，重要证据，是指能够对反垄断执法机构启动调查或者对认定垄断协议起到关键性作用的证据，包括参与垄断协议的经营者、涉及的商品范围、达成协议的内容和方式、协议的具体实施等情况。该条对重要证据的“重要”界定为“关键性作用”，而且例举了“关键性作用的证据”的表现形式。但具体该如何界定，仍然需要执法机关自由裁量。执法机关如何判断这些证据是否属于重要证据并相应地给予不同档次的减免，则不得而知。

---

① 例如，2013年合生元等乳粉价格垄断案即为一件适用了宽恕政策的纵向垄断协议案件。

2. 可能减轻罚款的企业数量不明确

《禁止垄断协议暂行规定》第 34 条规定，经营者根据本规定第 33 条提出申请的，反垄断执法机构应当根据经营者主动报告的时间顺序、提供证据的重要程度以及达成、实施垄断协议的有关情况，决定是否减轻或者免除处罚。对于第一个申请者，反垄断执法机构可以免除处罚或者按照不低于 80% 的幅度减轻罚款；对于第二个申请者，可以按照 30% 至 50% 的幅度减轻罚款；对于第三个申请者，可以按照 20% 至 30% 的幅度减轻罚款。该条只是笼统地规定“前三个”经营者免除或减轻罚款的幅度，至于其他经营者是否只要主动报告垄断协议的有关情况并提供重要证据就应该减轻处罚，则无法明确。假设一个横向垄断协议中共有 6 家企业，当执法机关介入调查时，有 4 家企业主动报告垄断协议的有关情况并提供重要证据，且该 4 家企业在垄断协议中处于主导地位，而另外 2 家企业虽然没有主动报告，但经查实其违法行为情节轻微并及时纠正，此时执法机关是否应该对该 4 家违法企业减轻或免除处罚？如果全部减轻或免除处罚，反垄断罚款制度的威慑力该如何保证？

3. 第一个主动报告并提供重要证据是否当然免除处罚

在广东海砂价格垄断案中，执法机关对涉案的 3 家主要企业给予了罚款处罚。其中对该案唯一一个提供重要证据的广东宝海公司给予 50% 的减轻罚款处罚。但在日本 12 家日企实施的汽车零部件和轴承价格垄断案中，执法机关则分别给予第一家、第二家主动报告达成垄断协议有关情况并提供重要证据的企业免除处罚和减轻 50% 的罚款。同样是第一家主动报告，两个案件（广东海砂矿案和日本汽车零部件案）中的企业却有不同的处罚结果，由此可见，执法机关自身也没有明确宽恕政策的适用标准。《禁止垄断协议暂行规定》第 34 条虽然规定，对于第一个申请者，反垄断执法机构可以免除处罚或者按照不低于 80% 的幅度减轻罚款，但并没有当然免除，也没有对第一个主动报告的经营者设定资格要件。

4. 是否要求全面且持续的配合调查

《禁止垄断协议暂行规定》第 33 条和第 34 条并未规定主动报告垄断协议有关情况并提供重要证据的企业是否需要全面且持续的配合调查，在实际执法中执法机关是否要求企业全面且持续的配合调查，执法公告也未予公布，因此无从考究。

（四）结论

尽管近年来我国反垄断执法机构加大执法力度，反垄断罚款额度也屡创新高，但罚款比例普遍偏低，罚款额度并不严厉，无论从单个案件的罚款数额还是总体的罚款水平来看，都有待提高。特别是在单处罚款，不并处没收违法所得的情况下，违法者的违法成本是很低的，从而导致威慑不足。

二、我国反垄断罚款制度的完善

基于有效威慑理论，反垄断罚款的威慑效果取决于罚款的严厉程度和罚款的确定性（惩罚概率），所以，采用罚款严厉程度和惩罚概率的不同组合就可能获得最优的威慑效果。然而，我国反垄断法对罚款制度仅提供基础的规范框架，执法机关出台的行政解释也只是先验性或借鉴性的，而非基于实践的经验性或回应型解释，[①]因此，实践指导意义尚不足够。在我国反垄断法实施已经积累一定的执法经验的基础上，如何进一步完善相关制度，以实现罚款的预期威慑效果，是执法机构面临的首要问题。笔者认为，我国反垄断罚款的完善应以威慑理论为指导，围绕提高罚款的严厉程度和惩罚概率（惩罚的确定性）两条主线而展开。

（一）提高罚款的严厉程度

1. 改变罚款的计算方式

从世界各国反垄断罚款制度发展演变及执法经验来看，提高罚款的严厉程度有多种方式，除了罚款数额直接提高以外，更多的是采取一定比例的上一年度销售额作为罚款计算方式来提高罚款的数额。我国《反垄断法》规定的罚款数额是“上一年度销售额百分之一以上百分之十以下的罚款”。这种罚款计算方式由于实践中的严格解释和偏低的罚款幅度，呈现出威慑不足的弊端。

鉴于此，首先，应改变我国反垄断罚款的计算方式，可以通过以下两种方式加以实现：其一，将法律规定中的销售额的10%改为相关市场内涉案产品销售额的30%；其二，可以将现有法律规定中的“销售额”扩大解释为全球范围内的企业总销售额，而非相关市场内的涉案商品的销售额。如此，方可使执法机关不受现有规定中10%的限制而加重对恶性违法行为的惩处，也可以防止出现某些违法行为的非法收益超过现有罚款上限而出现罚款威慑不足的现象。此外，如果按照一定比例的上一年度销售额计算的罚款数额不足以剥夺违法所得收益或弥补违法行为所造成的损害时，还可以将违法行为所受利益或造成他人损

---

① 参见金善明：《反垄断行政解释的反思与完善》，载《法律科学（西北政法大学学报）》2014年第1期。

害的2倍或3倍作为反垄断罚款的选择因素之一。只有这样，才可以达到有效威慑违法行为的效果。

其次，关于"上一年度"，我国行政机关和法院一般都将其理解为"上一会计年度"或"上一公历年度"，这两者在我国又是统一的。[①] 我国《会计法》第11条规定了会计年度自公历1月1日起至12月31日止。因此，一般而言，在我国"上一年度"就是上一年的1月1日至12月31日。但上一年究竟是以什么时间点为参照？《没收违法所得和罚款指南（征求意见稿）》第17条给出的"上一年度"定义为：启动调查时的上一个会计年度。若垄断行为在反垄断执法机构启动调查时已经停止的，上一年度为垄断行为停止时的上一个会计年度。国家市场监管总局成立后调查处理的案件基本上将"上一年度"理解为立案调查的"上一年度"。例如，在伊士曼公司醇酯十二成膜助剂市场垄断案中，反垄断执法机关立案调查的时间是2017年8月16日，对当事人处以其2016年度销售额487,574,226.99元的5%的罚款，合计24,378,711.35元。[②] 就反垄断罚款制度的设计理念而言，其目的是使违法者不得从违法行为影响的市场中获得利益。所以，将来修改《反垄断法》时，可以明确"上一年度"为启动调查时的上一个会计年度，若垄断行为在反垄断执法机构启动调查时已经停止的，上一年度为垄断行为停止时的上一个会计年度。

还需指出的是，我们不能过于依赖"上一年度"来计算反垄断罚款，实践的复杂程度远远超出我们的想象。我国已经出现几例"上一年度"没有销售额的情形，如果按照目前的法律规定，则无法对违法经营者处以罚款。例如，在咸宁机动车检测垄断案中，由于咸宁市顺通机动车辆安全检测有限公司在立案调查（2018年）的上一年度（2017年）无销售额，而无法给予其罚款处罚；[③]在浙江衢州混凝土垄断案中，由于衢州开隆建材有限公司在立案调查（2018年）的上一年度（2017年）未投产，上一年度无销售额，因此仅给予了责令停止违法行为的处罚。[④] 这是立法的漏洞，经营者为了规避反垄断罚款责任，只要通过新设企业从事违法行为即可达到目的。因此，笔者建议，将来在修改《反垄断法》时，对于

---

① 参见黄勇、刘燕南：《垄断违法行为行政罚款计算标准研究》，载《价格理论与实践》2013年第8期。

② 参见沪市监案处字〔2019〕第000201710047号行政处罚决定书。

③ 参见鄂市监罚处字〔2019〕003号行政处罚决定书。

④ 参见浙市监案字〔2019〕8号行政处罚决定书。

上一年度销售额为零的情况，可以通过设置具有足够威慑力的数值式罚款来应对这种特殊情况。

2. 明确罚款的计算步骤和裁量因素

我国反垄断罚款的计算方式是违法企业上一年度销售额的1%～10%。这种罚款方式赋予了执法机关较大的自由裁量权。《反垄断法》第49条规定，执法机关在确定具体数额时，应当考虑违法行为的性质、程度和持续时间等因素。这些罚款裁量因素从实践情况来看是非常模糊的，企业不能较准确地预测其预期违法成本和收益，影响了反垄断罚款的威慑效果。同时，这种笼统的规定也使执法机关对罚款数额的计算无从下手，执法过于谨慎，处罚力度过轻，难以收到罚款的威慑效果。为了为企业提供稳定的预期和约束反垄断执法机关的罚款裁量权，我国可制定相应的罚款指南，以明确罚款的计算步骤和裁量因素。

关于计算罚款的基本步骤，有的国家在罚款指南中规定了二步法，也有的国家规定了五步法，当然还有其他方法。它们的共同点是提供反垄断执法机关计算罚款的基本方法，使反垄断罚款在相同或类似案件中不至于有太大偏差，企业也大致能计算出其可能遭受的反垄断罚款。我国在将来制定罚款指南时，可以考虑通过下列步骤来计算反垄断罚款：第一步，确定违法企业在立案调查的上一年度于相关市场中相关产品的销售额S；第二步，考量违法类型、违法性质、违法企业的市场占有率、对价格的控制能力、企业的规模等影响企业提高价格幅度的因素，个案计算罚款比例的大致范围，将该罚款比例乘以上述年度销售额S；第三步，考量违法行为的持续时间，如果持续时间为一年以上的，则将该年数乘以上一步计算结果；第四步，估算个案的执法成本，与上一步计算结果加总后除以惩罚概率(a)，即得违法企业的基本罚款数额。如果基本罚款数额不足以威慑违法行为，则启动"以威慑为目的特殊增加的罚款"。

需要进一步说明的是，基本罚款数额计算中的α主要与违法行为的类型、企业的规模等有关。例如，滥用市场支配地位比卡特尔更容易被发现，规模较大的企业有更充分的法律及经济能力应对执法机关。另外，执法机关投入的执法成本、宽恕政策的应用等也对α有影响。基本罚款数额计算中的罚款比例则与违法企业的市场占有率、企业的规模、对价格的控制能力等有关，企业规模越大、市场占有率越大，对市场价格的控制力越强，价格提高的百分比也可能越大，罚款比例也越高。笔者认为，应直接将违法行为的持续时间作为罚款的量化因素而不是裁量因素。我国反垄断罚款制度对违法行为持续期间的考量只是定性规定，因违法持续时间长而提高几个罚款百分点，威慑不足。例如，在12

家日企实施的汽车零部件和轴承价格垄断案中，涉案的4家轴承生产企业在2000年至2011年6月，多次召开会议交流涨价实施情况并实施了涨价行为，违法行为长达10年之久。虽然执法机关对违法企业惩处的罚款比率达到了8%，但若与违法企业在10年间的非法收益相比较，8%的比率根本达不到威慑效果。

我们还应在罚款指南中将影响罚款的裁量因素具体化，明确罚款裁量时要考虑的加重或减轻因素。执法机关计算出基本罚款数额以后，可以通过加重或减轻因素来进一步修正基本罚款数额。这些“加重因素”通常包括：重复违法行为、故意或意图妨碍调查、不配合调查或故意隐藏证据、居于主导地位等，应当根据个案情况加计罚款数额。“减轻因素”有违法企业居于从属或受胁迫地位、开始调查后立即停止违法行为、过失、积极协助调查等，个案扣减罚款数额。在极个别情况下，执法机关应考量违法企业的罚款支付能力。因为反垄断法保护的是竞争而非竞争者，不能因对企业处罚巨额罚款而致使其退出市场竞争。然而，也不能仅仅因为企业由于支付罚款会导致财务状况恶化而扣减罚款，必须在所有客观证据充分表明若实施罚款将会不可避免地危及涉案企业的生存并造成其资产价值全部丧失的情况下，才可以扣减罚款。①

3. 取消最低1%罚款的下限

我国《反垄断法》既确定了罚款的上限也确定了罚款的下限。从实践情况来看，这种罚款设定方式已经显露出一些弊端，特别是对于一些规模较小、盈利能力不强、地域范围较窄行业的垄断行为的查处，哪怕是按照最低的1%进行处罚，也可能存在过度威慑的情况。鉴于此，笔者建议，取消我国《反垄断法》第46条第1款、第47条中关于销售额1%罚款下限的规定，即将“处上一年度销售额百分之一以上百分之十以下的罚款”修改为“处上一年度销售额百分之十以下的罚款”，这样更符合社会现实需要，更体现公平公正执法的原则。

（二）完善宽恕政策提高惩罚概率（惩罚的确定性）

宽恕政策的导入，可以提高执法机关发现并惩罚垄断协议（卡特尔）的概率，提高执法效率，节省执法成本。我国《反垄断法》虽然已经规定了宽恕政策，但适用中的不确定性明显影响了该政策的效用和价值，需要在以下几个方面加以完善。

---

① 参见黄勇、刘燕南：《垄断违法行为行政罚款计算标准研究》，载《价格理论与实践》2013年第8期。

1. 规范适用类型

我国《反垄断法》对宽恕政策的规定紧跟于垄断协议之后，即垄断协议可以适用宽恕政策，并没有区分横向垄断协议和纵向垄断协议，因此，无论是横向垄断协议还是纵向垄断协议，都可以适用宽恕政策。反垄断执法机关的执法实践也验证了这一点，即执法机关鼓励经营者主动报告达成垄断协议的有关情况并提供重要证据，而不区分垄断协议的类型。这种做法是否可取尚须进一步斟酌。

宽恕政策之所以作为有效抑制卡特尔的措施，主要是基于卡特尔行为的特性。违法企业之间达成卡特尔合意，通常是秘密协议或是以其他秘密的通讯方式进行，相关的违法证据可能仅以电子形式存在，或虽有纸质证据也仅存于卡特尔成员之间，执法机关获取证据颇为困难。基于此，宽恕政策以提供减轻或免除处罚为诱饵，换取卡特尔成员提供内部证据，从而有助于执法机关顺利查处卡特尔案件。所以，宽恕政策能够被应用的本质在于卡特尔的秘密性，如此看来，纵向垄断协议并不具有卡特尔那样的隐秘性，因而也不应当适用宽恕政策。

所以，我国反垄断宽恕政策应基于宽恕政策被引入的根本原因，以横向垄断协议作为该政策的适用类型。

2. 明确适用要件

第一，适用对象。我国《反垄断法》第 46 条第 2 款规定的宽恕政策的适用对象是主动向执法机关报告达成垄断协议的有关情况并提供重要证据的经营者，而该经营者是否包括卡特尔的领导者、煽动者、发起者或是强迫他人者等，《反垄断法》没有规定，《禁止垄断协议暂行规定》也没有规定。从执法机关公布的执法公告来看，执法机关并没有考察申请者是否是卡特尔的领导者、煽动者，或是考察了申请者的领导地位但未予公布仍然适用宽恕政策，我们无法得知。执法机关这种做法所传达的信息是，处于主导地位的申请者是否适用宽恕政策一定程度上依靠执法机关的自由裁量。因此，潜在申请者可能因不确定性而不敢主动申报，因其主动报告达成垄断协议的有关情况可能不会得到减免却反而提供了自己违法的证据，得不偿失。所以，鉴于执法机关在实践中并未排除卡特尔的领导者、发动者，那么关于宽恕政策实施的相关法律法规就应给予明确，将卡特尔的领导者、发动者或煽动者列为申请适用的消极适用要件。但对于强迫他人参与卡特尔的企业，应将其排除在适用免除罚款的范围内，以避免"精明"企业利用宽恕政策排挤竞争者。

第二，资格要件。国家市场监管总局《禁止垄断协议暂行规定》第 34 条规定了申请者的申请顺序所对应的减免金额，但并未界定申请者的申请时点对减免金额的影响。目前为止的执法案件,适用宽恕政策的企业几乎都是在执法机关介入调查后才主动报告达成垄断协议有关情况并提供重要证据的。笔者认为,违法企业也可能在执法机关尚未发动调查时主动申报。企业申报时点的不同,提供的“重要证据”所代表的含义也不同:(1)在开始调查前,企业提供的“重要证据”应可以使执法机关认定违法行为的存在,介入调查;(2)在开始调查后,企业提供的“重要证据”应可以帮助执法机关证明行为违反反垄断法的规定并可以给予处罚。另外,对于申请适用宽恕政策的企业,要求其提供“重要证据”这一要件太过主观,应予以删除,而规定为以下要件:其一,企业发现自身行为为违法行为时,应立即采取措施有效终止;其二,企业应如实且完全地供述其违法行为,并全面且持续的协助调查。

第三,减免标准。减免标准是宽恕政策实施的核心,也是申请者最关心的部分,最应当予以明确。《禁止垄断协议暂行规定》虽明确了申请者的申请顺序所对应的减免金额,但条款中用到的“可以”一词却扩大了执法机关的自由裁量权,增加了减免申请的不确定性和不可预测性,从而影响实施效果。因此,我们应缩小执法机关在该部分的裁量权,明确符合要件的申请者可以当然获得减轻或免除处罚,至于减轻的幅度大小,执法机关可以有一定的裁量权。具体而言,申请者符合上述要件,执法机关可以给予如下减免:其一,第一个符合要件的申请者,免除罚款(胁迫者除外);其二,第二个符合要件的申请者,减轻30% ~50%的罚款金额;其三,第三个符合要件的申请者,减轻30%以下的罚款金额。

第四,减免罚款的企业数量。对于宽恕政策可以减免的企业数量,各国有不同的规定。美国仅给第一个符合条件的申请者免除刑事追诉;韩国则将申请适用的企业数量限定为两个,除第一个符合条件的企业可以免除罚款外,第二个单独提供证据的违法企业可以获得30%的减轻处罚;日本则完全剥夺公平会的自由裁量权,分别给予符合条件的前三位申请者减轻100%、50%和30%的罚款处罚。鉴于我国《禁止垄断协议暂行规定》第34条的规定,笔者建议宽恕的企业数量以3个为宜。因为,宽恕的企业数量越少,卡特尔成员越会争先提出申请,避免仅因数日或数小时的延迟而造成减轻罚款额的过大差别。反之,如果宽恕的企业数量越多,企业间减轻罚款数额的差别就会越小,则难以激发企业尽早申请。

第四节　特殊情形下罚款威慑力不足问题及其完善

一、尚未实施垄断协议的经营者罚款的威慑力不足问题及其完善

(一)现有罚款规定存在威慑力不足的问题

我国《反垄断法》根据经营者是否实施所达成的垄断协议区分了不同的责任方式。该法第46条第1款规定,当经营者尚未实施所达成的垄断协议时,反垄断执法机构可对其处以50万元以下的罚款。垄断协议对市场竞争和消费者利益的损害是相当严重的,因此,即使尚未实施,也可能承担行政责任,反垄断执法机构可以依法对其处以罚款。由于经营者尚未实施所达成的垄断协议,其限制竞争的效果尚未发生,故《反垄断法》规定的处罚较轻,罚款额度的上限为50万元。① 显然,从责任的轻重程度可以判断出我国反垄断罚款以垄断协议的实施行为作为主要威慑对象。但实际上,反垄断法不仅要制止已发生的垄断行为,更要着眼于防患未然,在垄断行为发生损害市场竞争的后果之前就制止它,②这也符合《反垄断法》第1条"预防和制止垄断行为"的立法目的。就垄断协议而言,如果要实现反垄断法的预防性功效,那么反垄断执法机构就不能坐等垄断协议实施并产生实际的排除、限制的效果后才采取制止措施,事后制止涉及垄断协议查处和竞争秩序恢复的高昂成本。③ 因此,对"尚未实施"垄断协议的经营者作出处罚,其目的是威慑潜在的违法行为,预防垄断的发生。但目前规定的"50万元以下的罚款",笔者认为,责任力度偏轻,并且存在一定的局限性,难以产生威慑和预防的功效。

首先,从罚款的设置方式看,对"尚未实施"垄断协议的经营者采用"50万元以下的罚款"属于数值封顶式罚款,而纯粹的数值式罚款本身就具有一定的局限性:一是罚款数额可能低于违法行为人对竞争的损害程度,这会导致罚款的威慑目标无法有效实现;二是不能反映通货膨胀的实际情况,罚款数值从而需要不断变更,使立法效率低下;④三是缺乏弹性和灵活性,数额规定得过于具

---

① 参见国务院反垄断委员会编:《〈中华人民共和国反垄断法〉知识读本》,人民出版社2012年版,第243~244页。

② 参见王先林:《竞争法学》,中国人民大学出版社2009年版,第257~258页。

③ 参见郝俊淇:《垄断协议构成判定中的"达成"与"实施"——由首起纵向价格垄断协议行政处罚司法审查案引发的思考》,载《法律适用(司法案例)》2018年第2期。

④ 参见王健:《反垄断罚款的发展态势》,载《经济法论丛》2017年第1期。

体,制度的刚性有余而弹性不足,结果就是法律的适用性下降。①

其次,单就“五十万元”的罚款上限数值来看,其很难实现对违法经营者的威慑目标。在《反垄断法(草案)》首次提交全国人大审议的一审稿中,就曾规定了“尚未实施垄断协议的,可以处二百万元以下的罚款”,二审稿则修改为“二十万元以下的罚款”。当时就有学者指出,以具体数额确定行政罚款额度时,上限不宜太低,否则对于违法垄断的经营者根本没有“痛”的感觉,其制度目标无法实现。② 尽管最终通过的《反垄断法》将上限更至“五十万元”,但依然无法对达成垄断协议的经营者产生经济压力。特别是对于《反垄断法》第 13 条前 3 项规定的核心卡特尔行为,只要经营者尚未实施,其违法成本是非常低的。例如,在辽宁水泥行业垄断案中,13 家涉案企业在辽宁省水泥行业协会的组织下,为了避免竞争者之间的“相互压价”,通过限制熟料的生产、减少对粉磨企业的熟料供应来限制排除竞争,严重影响了全省水泥市场的销售,限制了市场公平竞争,共被罚款 1637 万元。其中达成并实施的 8 家企业分别罚款 101 万元 ~ 254 万元不等,而 4 家尚未实施垄断协议的企业只能适用 50 万元的顶格罚款。

通过表 2 - 2 对尚未实施垄断协议的处罚案例的进一步梳理,我们还可以发现,在执法实践中,如此低的罚款限度还有可能因经营者主动报告、及时停止实施、积极配合调查等策略方式而承担更“低廉”的责任。例如,在永州奥都混凝土公司垄断案中,各当事人达成了市场分割的垄断协议,属于核心卡特尔行为,但因各公司对投入资产的数额确认有分歧,对市场份额划分争执不下,垄断协议签订后未有效实施。执法机关最终基于 7 家公司生产规模不大、签订的垄断协议影响力有限、违法行为持续时间不长、尚未实施达成的垄断协议且当事人主动停止垄断协议行为等情节,分别罚款 3 万元,其中还有 1 家公司因适用宽恕政策免除处罚。在山东家居商场垄断案中,直到执法机关对 6 个当事人及时进行行政约谈和制止,联合抵制的垄断协议才没有实施,③执法机关据此对其分别处以 10 万元的罚款也显然畸轻。

---

① 参见时建中主编:《反垄断法——法典释评与学理探源》,中国人民大学出版社 2008 年版,第 430 页。

② 参见时建中:《反垄断法草案应进一步完善法律责任规定》,载新浪财经网,http://finance.sina.com.cn/economist/jingjixueren/20070819/00393896088.shtml。

③ 参见鲁工商公处字〔2018〕第 1 号行政处罚决定书。

表 2－2 尚未实施垄断协议的处罚案例

（截至 2020 年 2 月 12 日）

案件名称	违法行为类型	违法主体	罚款数额	备注
辽宁水泥行业垄断案	限制生产数量	辽宁省建筑材料工业协会	10 万元	行业协会
		鞍山冀东水泥有限责任公司	117 万元	达成并实施
		辽宁辽东水泥集团山河水泥有限公司	102 万元	
		辽宁交通水泥有限责任公司	201 万元	
		辽宁昌庆水泥有限公司	170 万元	
		辽宁银盛水泥集团有限公司	101 万元	
		辽宁恒威水泥集团有限公司	120 万元	
		辽阳天瑞水泥有限公司	195 万元	
		铁岭铁新水泥有限公司	254 万元	
		辽阳冀东水泥有限公司	167 万元	
		辽宁中北水泥有限责任公司	50 万元	尚未实施
		辽宁山水工源水泥有限公司	50 万元	
		辽宁山水水泥集团	50 万元	
		抚顺大伙房水泥有限责任公司	50 万元	
浙江上虞商品混凝土行业垄断案	市场分割	上虞市混凝土协会	1 万元	行业协会
		上虞市永固混凝土有限公司	40 万元	尚未实施
		绍兴阳力混凝土有限公司	25 万元	
		绍兴恒大管桩有限公司	25 万元	
		上虞市先锋混凝土有限公司	25 万元	
		上虞市万峰商品混凝土有限公司	25 万元	
		浙江九鼎管桩有限公司	15 万元	
		上虞市普银水泥制品有限公司	15 万元	
		上虞永磊建材有限公司	1 万元	

续表

案件名称	违法行为类型	违法主体	罚款数额	备注
永州奥都混凝土公司垄断案	市场分割	永州奥都混凝土有限公司	3 万元	尚未实施
		永州市海腾混凝土有限责任公司	3 万元	
		永州市嘉信混凝土有限公司	3 万元	
		永州市珊瑚高科混凝土有限公司	3 万元	
		永州湘奥混凝土有限公司	3 万元	
		永州市鑫海混凝土有限公司	3 万元	
		永州市双园建材有限责任公司	免除处罚	尚未实施，第一个主动报告、提交重要证据并全面主动配合调查的公司，故对其免除处罚
山东家居商场垄断案	联合抵制	山东东亚金星家居有限公司	10 万元	尚未实施
		山东银座家居有限公司	10 万元	
		山东银座家居有限公司博览中心	10 万元	
		济南红星美凯龙世博家居生活广场有限公司	10 万元	
		济南宏吉达家居有限公司	10 万元	
		济南居然之家家居建材市场物业管理有限公司	10 万元	
海南裕泰公司鱼饲料垄断案	维持转售价格	海南省裕泰科技饲料公司	20 万元	尚未实施

续表

案件名称	违法行为类型	违法主体	罚款数额	备注
山西永济混凝土企业垄断案	固定价格	永济市鑫力混凝土公司	5万元	尚未实施
		永济市宝宝混凝土公司	5万元	
		永济市毅达混凝土公司	5万元	
		永济市晋鑫混凝土公司	5万元	
		永济市三鑫混凝土公司	5万元	
杭州混凝土企业垄断案	固定价格/市场分割	杭州五友建材有限公司	45万元	尚未实施
		杭州瑞鼎建材有限公司	45万元	
		海宁市中胜建材有限公司	35万元	
		杭州鼎源建材有限公司	35万元	
		杭州华江建材有限公司	35万元	
		杭州建工建材有限公司	35万元	
		杭州瑞鑫混凝土有限公司	35万元	
		杭州三中新型建材科技有限公司	35万元	
		杭州西联物流有限公司	35万元	
		湖州三中混凝土有限公司	35万元	
		浙江瑞鑫建材有限公司	35万元	
		杭州余杭恒力混凝土有限公司	10万元	
		杭州亿方混凝土有限公司	不予行政处罚	尚未实施，违法轻微，不予行政处罚

（二）对尚未实施垄断协议经营者罚款责任的完善建议

通过前述分析可知，对尚未实施垄断协议的经营者科以责任，主要目的是预防垄断的发生，并对潜在的违法行为产生威慑。我国反垄断执法和司法中，对所有案件都需要进行合理分析，因此，其责任认定也应同违法性程度具有相关性，特别是固定价格、市场分割及数量限制等对市场秩序和消费者福利的损害严重且不可逆转的垄断行为，反垄断执法机构需要根据案件的具体情况，结合不同的因素如尚未实施的垄断协议对竞争产生的影响、对公共利益产生的巨大压力等,依法作出罚款的行政决定。[①] 这就需要《反垄断法》在责任设置上预留给执法机构一定的酌处空间,以适应实践中的不同情形。当前设定固定数值的罚款方式存在局限性,不具备弹性、灵活性和效率。

事实上,行政罚款制度主要指向的就是尚未造成的实际损害或其损害可被改正的违法违规者,因而行政机构通过罚款追求达到的主要目的应是事前的遏止,如果机械地恪守"过罚相当"原则,很难实现事前遏止损害的目标。[②] 更何况垄断协议对市场竞争秩序造成的很可能是无以恢复的损害。故笔者建议将来在修改《反垄断法》时,不再依据垄断协议实施与否而将经营者的行政责任作出如此悬殊的区分,可以借鉴欧盟的经验做法,将"尚未实施"放置在现行法第49条行政罚款裁量因素中,并在未来制定更为详细的罚款指南时明确裁量比例。这种方式的好处在于增强了法的弹性,提高了规则的适用性,可以有效解决现行数值封顶式罚款不能形成有效威慑的问题。毫无疑问,此种责任方式对尚未实施垄断协议经营者的制裁力度会大大增加,但也是极为必要的。如此,方可有效实现反垄断法的预防和威慑功能。

二、行业协会组织垄断协议法律(罚款)责任的威慑力不足问题及其完善

行业协会因其高度的自治性,天然地具有促进竞争与限制竞争的双重"基因"。我国《反垄断法》对行业协会垄断问题予以了关切,但通过对执法案例的梳理与评估可以发现,行业协会垄断问题的严峻态势并未得到明显改善,甚至存在同一行业协会经顶格罚款后再次实施垄断协议行为的现象。可见,《反垄断法》关于行业协会从事垄断协议法律责任的规定未能发挥有效威慑作用,亟须理论研判,并思考责任制度的重构,有效防范其对竞争秩序和公众利益的损害。

(一)执法案例显现行业协会垄断问题

1. 行业协会从事垄断协议执法案例梳理

对案例的实效考察,可以帮助我们清醒地认识法律的实践是什么,从而反

---

① 参见时建中主编:《反垄断法——法典释评与学理探源》,中国人民大学出版社2008年版,第430页。

② 参见许传玺:《行政罚款的确定标准:寻求一种新的思路》,载《中国法学》2003年第4期。

思法律规范的不足。笔者从我国反垄断执法机构①的网站及公开报道中,收集整理了自2008年《反垄断法》颁布实施以来,执法机构查处行业协会从事垄断协议的21起案例(详见表2-3)。

表2-3 执法机构查处行业协会从事垄断协议案例

(截至2020年2月12日)

序号	案件名称	违法行为类型	行业协会名称	罚款金额	成员企业是否处罚
1	宜宾市砖瓦行业垄断案	限制生产数量	宜宾市砖瓦协会	50万元	是
2	湖南保险行业垄断案	市场分割、限制生产数量	永州市保险行业协会	40万元	否
			张家界市保险行业协会	40万元	
			常德市保险行业协会	45万元	
			郴州市保险行业协会	45万元	
3	云南西双版纳旅游行业垄断案	联合抵制、固定价格	西双版纳州旅游协会	40万元	否
			西双版纳州旅行社协会	40万元	
4	连云港混凝土垄断案	市场分割	连云港市建筑材料和建筑机械行业协会混凝土委员会	20万元	是
5	湖北保险行业协会垄断案	市场分割	湖北省保险行业协会	20万元	否
6	辽宁水泥行业垄断案	限制生产数量	辽宁省建筑材料工业协会	10万元	是
7	广州番禺动漫游艺行业协会垄断案	联合抵制	广州市番禺动漫游艺行业协会	10万元	否

① 包括原国家工商总局、国家发改委系统和国家市场监管总局。

续表

序号	案件名称	违法行为类型	行业协会名称	罚款金额	成员企业是否处罚
8	淮南货运商会垄断案	联合抵制	淮南市货运商会	10 万元	否
9	广西河池保险行业垄断案	市场分割	河池保险行业协会	10 万元	是
10	上虞商品混凝土行业垄断案	市场分割	上虞市混凝土协会	1 万元	是
11	慈溪建设工程检测行业垄断案	市场分割	慈溪市建设工程检测协会	承诺后终止调查，未罚款	否
12	广东机动车驾驶培训行业垄断案	固定价格	广州市机动车驾驶培训行业协会	35 万元	否
			深圳市机动车驾驶培训行业协会	35 万元	
			佛山市机动车驾驶培训行业协会	35 万元	
13	浙江保险公司垄断案	固定价格	浙江省保险行业协会	50 万元	是
14	上海黄金饰品垄断案	固定价格	上海市黄金饰品行业协会	50 万元	是
15	陕西机动车检测机构垄断案	固定价格	陕西省机动车辆检测协会	25 万元	是
16	北京物业评估单位价格垄断案	固定价格	北京市物业服务评估监理协会	35 万元	是

续表

序号	案件名称	违法行为类型	行业协会名称	罚款金额	成员企业是否处罚
17	杭州造纸企业价格垄断案	固定价格	杭州市富阳区造纸协会	2010 年罚款 50 万元，2017 年再次违法被依法撤销登记	是
18	山西直供电价格垄断案	固定价格	山西省电力行业协会	50 万元	是
19	北海驾培机构垄断案	固定价格	北海市驾培协会	30 万元	是
20	巴林左旗餐饮行业垄断案	固定价格	巴林左旗餐饮行业商会	20 万元	是
21	山东菏泽车展市场垄断案	联合抵制	菏泽市汽车行业协会	30 万元	否

2. 行业协会垄断问题分析

(1)竞争意识与垄断问题

行业协会一直以来是反垄断执法的重点对象。从表 2 – 3 统计的数据看，行业协会主导的垄断协议案件数量多达 21 起，在我国反垄断执法机构查处的全部垄断协议案件中占比较高。就我国而言，竞争意识淡薄亦是造成行业协会垄断问题突出的重要原因。从被查处的行业协会诚恳的认罪态度或相关整改承诺内容看，很多涉案主体并非铤而走险，而是迟迟没有意识到“反垄断大棒”的潜在威力，部分行业协会缺乏竞争合规意识，甚至不知道垄断行为的违法性。[①] 可见，竞争文化的倡导和竞争合规意识的觉醒，在我国仍然有很长的路

① 参见林文:《中国反垄断行政执法报告(2008 – 2015)》，知识产权出版社 2016 年版，第 101 ~ 102 页。

要走。

(2)违法情节与社会危害性

在上述21起垄断案件中,固定价格垄断协议、市场分割垄断协议和限制生产数量垄断协议的案件占据多数,学理上将这些违法行为认定为严重损害社会公共利益与消费者利益的核心卡特尔。首先,由于行业协会是集体性组织,其组织和主导的垄断行为通常是整体性行为和集体行动,所造成的损害也会因为规模效应而成倍放大,例如,当其组织抵制行为时,对被抵制的企业可能会产生类似市场禁入的效果,危害程度远大于单个企业间的抵制行为。① 其次,行业协会自身拥有一定的组织能力和社会资本,使垄断行为的执行效率和成功率提高,这也在客观上加剧了社会危害性。② 实践中,行业协会更多的是在垄断行为实施过程扮演组织者或召集者的角色,直接推动协会成员达成和实施垄断协议,违法行为的性质和情节都比较严重。例如,表2-3中适用了顶格罚款的几起垄断协议案件,执法机构均认定行业协会起到主导作用,情节较重,因而从重处罚。其他案件中,行业协会同样也起到了不同程度的组织、领导和推动作用。同时,隐蔽性强、查处难度高,也是行业协会垄断更具危害性的表现。其违法行为的持续时间也在某种意义上证明了案件的查处难度大,多数案件的违法行为都持续数年,湖北省保险行业垄断案中的垄断协议更是长达10年。

(二)《反垄断法》责任制度的威慑力

《反垄断法》对行业协会从事垄断协议法律责任的规定比较粗略,责任条款设置存有逻辑不规范、责任主体不明确等瑕疵,"五十万元以下的罚款"和"撤销登记"的责任方式略显单一,责任力度畸轻,完全没有达到应然的威慑效果,不能适应实践中日益突出的垄断问题。

1. 责任条款设置存不足

(1)逻辑规范

我国《反垄断法》第46条第3款是关于行业协会组织垄断协议法律责任的规定,"行业协会违反本法规定,组织本行业的经营者达成垄断协议的,反垄断执法机构可以处五十万元以下的罚款;情节严重的,社会团体登记管理机关可以依法撤销登记"。从立法规范看,该责任条款实际上是对《反垄断法》第16条"行业协会不得组织本行业的经营者从事本章禁止的垄断行为"义务性规定的

---

① 参见鲁篱:《行业协会限制竞争法律规制研究》,北京大学出版社2009年版,第21页。

② 参见高重迎:《行业协会的反垄断法规制》,中国政法大学出版社2016年版,第25页。

回应。此处存疑的是:第16条义务性规定中行业协会“组织从事”包含哪些情形?是否包括组织达成,或者组织实施?如果经营者间的垄断协议业已存在,行业协会仅在后期参与实施,是否包含在此种情形内?相应的,第46条第3款责任规定中的“组织达成”又能否涵盖前述的这些情形?不难发现,责任条款与义务性条款逻辑上不能自洽。有学者认为,第16条的“从事”包括了“达成”和“实施”两种情形,而行业协会的“组织”行为又具体包括三种情形,即:行业协会组织本行业经营者达成垄断协议、行业协会组织本行业经营者实施垄断协议以及行业协会组织本行业经营者达成并实施垄断协议。① 根据文义解释和立法目的解释,这种观点存在合理性。可以看出,行业协会组织经营者从事垄断协议的行为样态具有复杂性,第46条第3款法律责任中的“组织达成”显然不能囊括这些违法行为类型。

值得关注的是,对于达成垄断协议的经营者,《反垄断法》第46条第1款将其法律责任进一步区分为“实施”和“尚未实施”两种方式,而对行业协会的法律责任并未作出此种细分。可见,无论该垄断协议是否实施,行业协会都应当承担相应的法律责任,笔者认为这样规定很有必要,这是因为,在实践中,行业协会组织经营者达成垄断协议的问题十分突出,其危害性甚至比经营者自己达成垄断协议更大,无论垄断协议实施与否,都对行业协会科以处罚,方能实现足够的威慑。

(2)责任主体

《反垄断法》第46条第3款仅规定了对行业协会主体科以责任,参与垄断协议的协会成员企业是否应当承担责任,法律条文没有给出直接和明确的答复。但在执法实践中,表2-3的统计显示,有13起案件同时对行业协会和成员企业作出了处罚,还有8起案件仅对行业协会作出处罚,未对协会成员进行处罚,其理由也不得而知。事实上,实践中常常存在具有较强市场力量的企业假借行业协会名义或撺掇行业协会,组织会员企业从事垄断协议行为的情况。例如,在宜宾砖瓦行业垄断案中,案涉的宜宾市砖瓦协会正是由行业影响较大的3家公司作为发起单位筹建,并在筹建期间以行业协会的名义从事活动,制定垄断协议。此时,如果仅以行业协会为责任主体,其可能沦为幕后企业从事垄断的“傀儡”,特别是当行业协会的决议进入到实施阶段,除了让行业协会承

---

① 参见吴韬:《论行业协会组织经营者从事垄断协议行为的认定及法律责任》,载《中国价格监管与反垄断》2014年第5期。

担相应的责任外,实施垄断协议的成员企业也难辞其咎。因此,《反垄断法》需要对此作出澄清,并回应实践中的分歧。

2. 责任力度

(1)违法成本

我国《反垄断法》对行业协会的行政罚款设置了50万元的额度上限,责任力度过轻,违法成本低廉,无法产生强有力的威慑。行业协会通常在垄断行为实施中起到组织、召集或主导作用,直接推动协会成员达成和实施垄断协议,其行为性质和违法情节都属于严重情形。例如,宜宾市砖瓦行业垄断案和湖南保险行业垄断案中,行业协会在组织达成、执行垄断协议中均起到了主导作用,严重破坏竞争秩序,执法机构也只能顶格罚款50万元,完全起不到足够的威慑。同时,50万元的上限使行业协会在从事垄断协议前便清晰地预见违法成本,并可以根据成本收益的情况来衡量是否从事垄断行为。特别是对于规模较大的全国性行业协会以及高利润回报的行业领域,50万元的罚款更是微乎其微。以2013年上海黄金饰品垄断案为例,该案中,执法机构最终对上海黄金饰品行业协会处以50万元的顶格罚款,而涉案金额总计逾亿元,并且该行业协会在价格垄断行为中起到了最为关键和核心的作用,在反垄断执法机构作出处罚决定之前就长时间地从事价格垄断行为,50万元最高额度的罚款犹如隔靴搔痒。

根据《反垄断法》第49条的规定,在责任力度已经十分有限的50万元罚款额度内,执法机构还要再依据违法行为的性质、程度和持续的时间等罚款裁量因素作出调整,那么实际作出的罚款金额可能会更低,我们可以从表2-3的梳理结果中得到验证。21起案件中,只有5起案件顶格处罚50万元,其中,杭州市富阳区造纸协会在2010年罚款50万元后,于2017年再次组织实施垄断协议,最终被依法撤销登记;2起案件罚款数额较高,分别为40万元和45万元;8起案件罚款数额在20万元~35万元;罚款在10万元以下的有5起案件,另有1起案件因适用承诺制度未予罚款。过低的违法成本不足以遏制行业协会的垄断行为,也不足以弥补其造成的损害。

(2)责任方式

现行责任条款仅有罚款和撤销登记两种行政责任方式,存在方式和手段上的局限,在制裁行业协会垄断时难免捉襟见肘。《反垄断法》第46条第1款、第47条及第48条对经营者达成垄断协议、滥用市场支配地位和违反规定实施集中,责任体系中均设置了“责令停止违法行为”或“责令停止实施集中”等行政排除责任,而对行业协会规定的行政责任中则存在不足。对于正在进行的违法垄断行为，责令停止是必要的措施，它可以将违法垄断行为产生的危害性降到最低。责令停止违法行为作为具有较强科处义务特征的行政命令，对于行政主体及时、有效地行使其在社会经济生活中的管理职能具有重要意义。① 特别是在反垄断执法过程中，无论是对于那些正在损害抑或可能损害市场竞争秩序和其他经营者、消费者利益的垄断行为，执法机构依法责令违法主体停止垄断行为，能及时消除垄断可能造成的负面影响。因此，在行业协会的责任体系中设置行政排除措施的责任方式是十分必要的。

(3)责任对象

事实上，无论是行业协会还是经营者实施垄断行为，我国《反垄断法》均缺失对直接责任人个人主体的处罚。在外观上，行业协会或经营者是从事垄断行为的主体，但垄断行为的决策和实施最终是通过自然人来实现的。作为真正决策者和实施者的行业协会负责人、企业高管等，如果没有被科以处罚，那么《反垄断法》的立法目标难以实现。② 即使他们所控制的单位因垄断行为而受到惩罚，事后他们还可能再次实施垄断行为。③

(三)行业协会从事垄断协议法律责任的创新思路

“一个法律制度，如果没有可强制实施的惩罚手段，就会被证明无力限制不合作的、反社会的和犯罪的因素，从而不能实现其在社会中维持秩序与正义的基本职能。”④通过对执法案例的整理分析和对现行法律责任制度的实效评估，足以洞察行业协会从事垄断协议的法律责任畸轻，亟须制度创新，以实现必要的惩罚和有效的威慑。

1. 矫正责任条款

(1)使责任条款与义务性条款对应

法律责任规定是否科学合理，事关法的质量和实施效果。法律的实施情况表明，任何一部法律的实施效果和立法目的达到的程度，在一定意义上取决于

---

① 参见方翔、王健：《责令停止违法行为在反垄断执法中的理解与适用》，载《工商行政管理》2018 年第 22 期。

② 参见时建中：《反垄断法草案应进一步完善法律责任规定》，载新浪财经网，http://finance.sina.com.cn/economist/jingjixueren/20070819/00393896088.shtml。

③ 参见孙晋：《我国〈反垄断法〉法律责任制度的缺失及其完善》，载《法律适用》2009 年第 11 期。

④ [美]博登海默：《法理学：法律哲学与法律方法》，邓正来译，中国政法大学出版社 2017 年版，第 365 页。

其法律责任规定的科学合理方面所达到的程度。[①] 因此,我们首先要解决的即是前文提及的责任条款与义务性条款逻辑不对应的问题。应当明确的是,下列情形均属于《反垄断法》第16条所禁止的,并应当承担相应法律责任、受到反垄断法的制裁的情形:行业协会组织经营者达成垄断协议、行业协会组织经营者实施垄断协议、行业协会组织经营者达成并实施垄断协议、行业协会参与垄断协议的实施……鉴于当前立法条文第46条第3款中"组织达成"的表述方式不能涵盖第16条"组织从事"所包含的全部情形,未来修改《反垄断法》时可将第46条第3款"行业协会违反本法规定,组织本行业的经营者达成垄断协议的……"修改为"行业协会违反本法规定,组织本行业的经营者从事垄断协议的……",使法律责任条款与义务性条款完全对应,体现严谨的逻辑规范。

(2)明确双责任主体模式下的独立责任制

《反垄断法》第46条第3款没有明确行业协会垄断行为的责任主体是单罚行业协会,还是对行业协会和成员企业实现双罚,从而导致了在执法实践中存在不同做法,立法的不明确也使执法权存在滥用的风险。

笔者认为,采取行业协会和成员企业独立责任制的方式更符合我国立法习惯和实际情况,同时也有助于加强对成员企业的威慑。连带责任的罚款方式虽然在制裁力度上会加强,但在具体适用中可能会产生系列问题,例如,当行业协会无力支付,成员企业的连带责任如何分配?已经承担了连带责任的企业是否还需要单独承担从事垄断协议的责任,是否会违反"一事不二罚"的原则?相比之下,由行业协会与成员企业分别承担独立责任操作性更强,也有利于警示成员企业。鉴于此,《反垄断法》对行业协会从事垄断协议行为应明确采用双责任主体模式下的独立责任制,最便捷的做法是在现有条文下增设一款规定,即"对参与行业协会组织垄断协议的经营者,适用本法第四十六条第一款之规定"。

2. 强化责任力度

(1)增设行政排除措施责任

行政主体的制裁措施包括对违法行为的制止恢复和对违法行为的惩戒,后者的典型措施即为行政处罚,而前者的典型措施则是行政命令。责令停止违法行为、责令改正等均属行政命令行为。我国《反垄断法》第46条第1款和第47条、第48条均设置了"责令停止违法行为"或"责令停止实施集中"等行政排除

① 参见李培传:《论立法》,中国法制出版社2004年版,第402页。

措施责任,唯独在行业协会组织垄断协议的行政责任中存在缺失。笔者认为,非常有必要对行业协会增设“责令停止违法行为”的责任,并且执法机构在实践中应当积极运用此种责任方式。一旦发生行业协会组织垄断协议的行为,应首先由执法机构责令其停止违法行为,这是反垄断执法机构进一步采取措施的前提,也是相关当事人应首先承担的责任。对于违法行为人来说是一种制裁方式,而对受害人更是一种救济方式。

(2)对行业协会负责人科以责任

为了增强责任的针对性,有效预防垄断行为的再次发生,应对行业协会负责人同时科以责任。

行业协会的负责人通常由会员(代表)大会选举产生,有关法规规章均对其任职资格作出了规定。[①] 因此,《反垄断法》可予以明确,将组织垄断协议的行业协会负责人规定为法律禁止任职的情形,以剥夺其任职资格。同时,根据行业协会负责人的违法情节,可由执法机构酌定处以 50 万元以下的罚款,这将有效完善行业协会从事垄断协议的责任机制。关于行业协会负责人的界定,可以参照民政部《全国性行业协会商会负责人任职管理办法(试行)》,主要指担任理事长(会长)、副理事长(副会长)、秘书长等职务的人员。

(3)提高行业协会违法成本

如前所述,我国当前对行业协会“五十万元以下”的罚款力度不足,为有效抑制行业协会的违法行为,应当进一步提高行业协会的违法成本,增强威慑。有观点认为,可以按照违法行为的涉案金额或违法所得等作为处罚基数或参照金额进行比例罚款,且应当取消罚款额度上限的规定,同时设置最低罚款的起算额度。[②] 还有学者认为对行业协会采用 1% 以上 10% 以下的比例罚款能够更

---

① 例如,民政部 2015 年印发的《全国性行业协会商会负责人任职管理办法(试行)》第 4 条规定,全国性行业协会商会负责人应当具备以下基本任职条件:(1)坚持中国共产党领导,拥护中国特色社会主义,坚决执行党的路线方针政策;(2)遵纪守法,勤勉尽职,个人社会信用记录良好;(3)具备相应的专业知识、经验和能力,熟悉行业情况;(4)身体健康,能正常履责,年龄界限为 70 周岁;(5)具有完全民事行为能力;(6)没有法律法规禁止任职的其他情形。部分省市关于行业协会商会负责人任职管理规定也对其任职资格作出了明确要求,例如《山东省行业协会商会负责人任职管理规定(试行)》《江西省行业协会商会综合监管实施办法》等。

② 参见侯璐:《行业协会价格垄断行为法律规制研究》,吉林大学 2017 年博士学位论文,第 107 页。

好地威慑违法者,更好地体现过罚相当原则。[①] 对行业协会具体采用数值式还是倍率式罚款,需要结合实际作进一步分析。我国立法背景下的行业协会属于非营利性的社团法人,尽管其可以通过收取会费、获得政府财政拨款以及社会捐赠等渠道获得收入,但基于行业协会的规模、所处地域、所属行业的不同,其收入也存在显著差异。在一些地方性小规模的行业协会,还可能未建立健全的财务报表及收支明细,因此,建立在行业协会收入基础上的比例罚款具有局限,数值式罚款更符合实际。为了有效防范和阻却行业协会从事垄断协议的能动性,可以参考2019年《反不正当竞争法》的相关责任条款,在提高罚款上限的同时,增加罚款下限的规定,由执法机构视情节处以具有威慑力度的罚款。具体罚款的数值区间,我们建议20万元以上300万元以下为宜。

反垄断制裁只有在剥夺甚至超过垄断协议下的获利才可能起到威慑效果。[②] 事实上,即使提高罚款上限额度,此种数值式罚款仍可能难以实现有效威慑的目标。基于案例分析发现,在执法机构已查处的行业协会垄断案件中,行业协会往往会要求成员企业交纳一定数额的保证金,并对违反垄断协议的企业予以处罚,如连云港混凝土垄断案、辽宁水泥行业垄断案、湖南保险行业垄断案等。部分行业协会甚至还能从垄断协议的实施中获取收益,例如,宜宾砖瓦行业垄断案中,宜宾市砖瓦协会组织企业达成限制生产数量的垄断协议,并对生产会员单位收取技术服务费,用以支付给停产企业停产扶持费。事后经查,该协会共收取技术服务费21,026,701.40元(其间未对会员单位提供过技术服务和扶持措施),支付停产扶持费共计16,744,808.00元,执法机构最终只能依法罚款50万元。因此,还有必要在责任制度中增加"没收违法所得"这一处罚方式,实现剥夺行业协会获利的功能。考虑到并非所有行业协会垄断案件中都有"违法所得",在立法上可参考《价格法》的有关做法,对有违法所得和没有违法所得的情形分别予以明确。

(四)余论

本质而言,行业协会垄断行为是行业协会行使自治权的市场活动。[③] 但凡

---

① 参见綦书纬:《中国与南非垄断行为行政罚款指南比较研究》,载《价格理论与实践》2016年第10期。

② 参见王健、方翔:《反垄断没收违法所得处罚适用的现实困境与解决思路》,载《竞争政策研究》2018年第1期。

③ 参见高重迎:《行业协会的反垄断法规制》,中国政法大学出版社2016年版,第19页。

权力,便具有双重效应,我们也应充分认识到,行业协会的此种自治权亦具有规制同行业经营者、促进市场竞争的可能性和现实性。由于行业协会限制竞争行为具有很强的隐蔽性和行业特质,国家制定法难以顾及此中差异,让行业协会发挥自律责任或许是破解现实困境的新思路。①

在全面完善责任机制的前提下,我国反垄断法的实施也应逐步摆脱倚重执法惩罚的路径依赖,引导行业协会通过自律监管自主克服垄断倾向,这也是提高行业协会竞争意识、倡导竞争文化建设的有益举措。

---

① 参见鲁篱:《行业协会限制竞争法律规制研究》,北京大学出版社2009年版,第206页。

第三章　反垄断罚款的不确定性

我国《反垄断法》自2008年8月1日实施以来，反垄断执法机关调查处理的案件已经越来越多，特别是2013年以来有了突破性进展，无论是案件的数量还是罚款的金额均屡创新高，受到了国际社会的广泛关注。我国《反垄断法》主要是按照上一年度销售额的百分比来确定罚款的上下限额，同时，针对一些特殊情况规定了50万元以下的罚款。这种弹性较大的罚款规定使反垄断执法机关享有很高的自由裁量权。从《反垄断法》的性质来说，这种自由裁量权的设置是很有必要的，但如果缺少有效的约束和限制，将会导致反垄断罚款的适用存在很大的不确定性。通过典型案例梳理，笔者发现无论是罚款基数、罚款裁量还是罚款和没收违法所得的关系以及反垄断宽恕政策适用时减免罚款等均存在很大的不确定性。一般认为，威慑是反垄断罚款的主要目标，影响罚款威慑力的两个主要因素是罚款的严厉性和确定性。最近10年，各国都不约而同提高了罚款的严厉性，而罚款的确定性也是各国着力解决的问题。法经济学的研究表明，罚款的确定性比罚款严厉性更为重要，也更具威慑力。我国反垄断罚款的不确定性将严重影响罚款的威慑力，进而会影响反垄断法的实施效果，因此，很有必要认真思考克服反垄断罚款不确定性的理论和实践，并在此基础上追寻我国反垄断罚款确定性的基本思路和具体对策。

第一节　从典型罚款案例看我国反垄断罚款的不确定性

一、我国反垄断典型罚款案例的梳理

为了更直观地感受我国反垄断罚款制度的应用情况，笔者从国家发改委、原国家工商总局和国家市场监管总局的网站中，收集了自《反垄断法》实施以来至2020年4月14日公布的典型案例，就案件名称、违法行为类型、持续时间、罚款数额、罚款比例以及是否并处没收违法所得制作了表3－1。在所统计的104个典型案例中，源于国家发改委的有47个（序号1～47），原国家工商总局40个（序号48～87）、国家市场监管总局17个（序号88～104）。[①]

表3－1　反垄断执法典型案例

序号	案名	违法行为类型	持续时间	罚款数额/万元	罚款比例	没收违法所得
1	茅台垄断案	转售价格维持	1年	24,700.00	上一年度涉案销售额的1%	否
2	五粮液垄断案	转售价格维持	4年	20,200.00	上一年度涉案销售额的1%	否
3	上海黄金垄断案	固定价格	6年	1009.25	上一年度相关销售额的1%	否
4	复方利血平原料药垄断案	不公平高价	4个月	650.00（山东顺通）、10.00（山东华新）	上一年度相关销售额的10%*	是(42.96万元)

① 这104个案例未将下列案件统计在内：仅涉及行业协会垄断协议案件（未处罚行业协会成员企业）、中止调查或/和终止调查案件、拒绝配合调查的行政处罚案件、尚未实施垄断协议行为的案件。

续表

序号	案名	违法行为类型	持续时间	罚款数额/万元	罚款比例	没收违法所得
5	广东海砂垄断案	固定价格	1年3个月	75.92	上一年度销售额的10%	否
6	奶粉企业垄断案	转售价格维持	4年	66,873.00（贝因美、惠氏和明治免于处罚）	上一年度销售额的3%、4%和6%	否
7	眼镜镜片生产企业垄断案	转售价格维持	10年左右	1957.47（豪雅公司和上海卫康免除处罚）	上一年度销售额的1%和2%	否
8	三亚水晶店垄断案	固定价格	约7个月	495.00	上一年度销售额的2%和4%	否
9	丽江旅行社垄断案	固定价格	约4年	334.60	上一年度销售额的5%	否
10	海南加气砖垄断案	固定价格	9个月	53.00（2家企业免除罚款）	上一年度相关销售额的1%	否
11	日本企业汽车零部件垄断案	固定价格	10年	83,196.00（日立免除处罚）	2013年度中国境内涉案产品销售额的8%、6%和4%	否
12	日本企业汽车轴承垄断案	固定价格	11年	40,344.00（不二越免除处罚）	2013年度中国境内轴承销售额的8%、6%和4%	否
13	浙江保险业垄断案	固定价格	约4年	50.00（协会罚款）、11,019.88（参与保险企业合计罚款）（人保浙江分公司免除处罚）	上一年度销售额的1%	否

续表

序号	案名	违法行为类型	持续时间	罚款数额/万元	罚款比例	没收违法所得
14	吉林水泥垄断案	固定价格	约1年	11,439.00	2012年度销售额的1%和2%	否
15	一汽大众及湖北奥迪经销商垄断案	转售价格维持	约2年	24,858.00(一汽大众罚款)	上一年度相关销售额的6%	否
		固定价格		2996.00(湖北鼎杰等经销商合计罚款)(湖北奥泽免除处罚)	上一年度相关销售额的1%至2%	
16	克莱斯勒及上海经销商垄断案	转售价格维持	约2年	3168.20(克莱斯勒罚款)	上一年度相关销售额的3%	否
		固定价格		214.21(上海越也等经销商合计罚款)	上一年度相关销售额的6%和4%	
17	美国高通垄断案	不公平高价、搭售、附加不合理条件	不详	608,800.00	2013年度我国市场销售额的8%	否
18	奔驰及经销商垄断案	转售价格维持	1年7个月	35,000.00(奔驰罚款)	上一年度相关市场销售额的7%	否
		固定价格	2年3个月	786.90(部分经销商合计罚款)	上一年度相关市场销售额的1%	
19	云南电信运营商垄断案	固定价格等	5年	1318.00	上一年度相关市场销售额的2%	否

续表

序号	案名	违法行为类型	持续时间	罚款数额/万元	罚款比例	没收违法所得
20	东风日产及经销商垄断案	转售价格维持	2年7个月	12,330.00(东风日产罚款)	上一年度相关市场销售额的3%	否
		固定价格		1912.00(部分经销商合计罚款)	上一年度相关市场销售额的2%~4%	
21	湖北景琦医药公司垄断案	不公平高价	6个月	约16.63	上一年度涉案销售额的5%	是(没收违法所得共计约225.51万元)
22	滚装货物国际海运企业垄断案	串通投标	不少于4年	40,670.70	2014年度与中国市场相关的滚装货物国际海运服务销售额的4%、7%、9%、8%、6%和5%	否
23	别嘌醇片垄断案	固定价格、市场分割	1年6个月	399.54	2014年度别嘌醇片销售额的5%和8%	否
24	陕西机动车检测机构垄断案	固定价格	1个月	约576.96(有一家公司免除处罚)	上一年度销售额的3%、6%~8%	否
25	上海韩泰公司垄断案	转售价格维持	2年	217.52	2014年度相关市场销售额的1%	否
26	江苏化工企业垄断案	固定价格行为	不详	381.00	2014年度销售额的1%	否

续表

序号	案名	违法行为类型	持续时间	罚款数额/万元	罚款比例	没收违法所得
27	艾司唑仑药品垄断案	固定价格、联合抵制交易	约1年	约260.38	2015年度艾司唑仑片销售额的7%、5%和3%	否
28	海尔家电垄断案	转售价格维持	约4年	1234.80	上一年度相关销售额的3%	否
29	上海通用汽车垄断案	转售价格维持	约2年	约20,175.60	上一年度相关销售额的4%	否
30	美敦力垄断案	转售价格维持	约2年	11,852.00	2015年度中国境内市场涉案产品销售额的4%	否
31	施乐辉垄断案	转售价格维持	1年10个月	约74.21	上一年度相关销售额的6%	否
32	上海领鲜物流公司垄断案	转售价格维持	约2年	约197.78	上一年度通过经销商销售巴氏杀菌奶的相关销额的1%	否
33	山西机动车检测垄断案	固定价格	约1个月	约131.99	2015年度相关市场销售额(具体比例不详)	否
34	吉化信息网络公司垄断案	附加不合理交易条件	3年1个月	约29.57	2015年度在相关8个住宅小区的宽带业务销售额的5%	是(没收违法所得约52.82万元)
35	北京物业服务评估监理收费垄断案	固定价格	4年	129.00	2015年度销售额的7%、5%和3%	否

续表

序号	案名	违法行为类型	持续时间	罚款数额/万元	罚款比例	没收违法所得
36	杭州富阳卷筒白板纸垄断案	固定价格	约 2 个月	777.93	2016 年卷筒白板纸销售额的 1%	否
37	异烟肼原料药垄断案	不公平高价、拒绝交易	约 2 年	约 28.95(新赛科罚款)、约 15.44(汉德威罚款)	2016 年度相关市场销售额的 2%	否
38	山西直供电价格垄断案	固定价格	4 个月	7338.00	2016 年度相关销售额的 1%	否
39	百胜电子 VIVO 手机销售垄断案	转售价格维持	约 3 年	约 698.33	2015 年度江苏地区涉案产品销售额的 1%	否
40	PVC 垄断案	固定价格	约 6 个月	45,700.00	2016 年度相关市场销售额的 1% 和 2%	否
41	陕西完达山奶粉垄断案	转售价格维持	3 个月	约 2.55	2015 年度销售额的 2%	否
42	陕西人防门垄断案	固定价格	5 个月	约 156.46	2016 年度人防门销售额的 1% 和 3%	否
43	捷波朗耳机垄断案	转售价格维持	约 3 年 7 个月	约 230.56	上一年度相关销售额的 3%	否
44	航空涡轮润滑油垄断案	转售价格维持	约 2 年 6 个月	约 237.00	上一年度相关销售额的 5%	否
45	中石油大庆天然气 RPM 案	转售价格维持	约 1 年	8406.00	2016 年度 CNG 天然气销售收入的 6%	否

续表

序号	案名	违法行为类型	持续时间	罚款数额/万元	罚款比例	没收违法所得
46	天津港堆场垄断案	固定价格	约8年	约4511.17(天津外代物流公司免除行政处罚)	上一年度销售额的5%、3%、2.5%和2%	否
47	惠州河沙垄断案	固定价格	约6个月	约184.76	上一年度销售额的1%	否
48	连云港混凝土垄断案	市场分割	8个月	20.00(协会罚款)、53.07(其他5家企业共处罚款)	上一年度销售额的1%	是(约13.65万元)
49	辽宁水泥行业垄断案	限制生产数量	8个月	1637.00	上一年度销售额的1%	否(亏损经营)
50	江山混凝土垄断案	市场分割	2年2个月	118.32	上一年度销售额的1.5%	否(无法准确计算)
51	江西泰和液化石油垄断案	市场分割	1年5个月	约13.02	上一年度销售额的1%	是(约20.55万元)
52	河南二手车垄断案	市场分割	3年8个月	约26.49	不详	是(146.82万元)
53	宜宾砖瓦企业垄断案	限制生产数量	2年9个月	56.00	上一年度销售额的2%~3%	否(无法计算)
54	大亚湾溢源净水公司垄断案	附加不合理交易条件	3年4个月	约236.36	上一年度销售额的2%	是(约86.02万元)
55	赤峰烟草垄断案	搭售	约2年	595.70	上一年度销售额的1%	否

续表

序号	案名	违法行为类型	持续时间	罚款数额/万元	罚款比例	没收违法所得
56	赤峰烟花垄断案	市场分割	约7年	58.37	2013经营年度销售额的8%和7%	否(无法计算)
57	重庆采石场垄断案	市场分割	1.5年	40.00	约上一年度销售额的3.5%	否(无法计算)
58	徐州烟草垄断案	差别待遇	2年8个月	约172.37	上一年度紧俏卷烟销售额的1%	否(未能增加额外收入)
59	重庆燃气公司垄断案	附加不合理的交易条件	3年	约179.36	2010年度销售收入的1%	否
60	海南东方水厂垄断案	附加不合理的交易条件	11年	约59.32	上一年度销售额的2%	是(约3.85万元)
61	麻阳页岩砖垄断案	限制生产数量、市场分割	3年	131.83	上一年度销售额的4%	否
62	抚顺烟草垄断案	附加不合理的交易条件	不详	约433.45	上一年度捆绑销售卷烟销售额的1%	否
63	青阳药业垄断案	拒绝交易	6个月	约43.93	上一年度销售额的3%	否
64	湖北保险公司垄断案	市场分割	4年4个月	22.48	上一年度销售额的6%和2%	是(444.09万元)
65	江西保险公司垄断案	市场分割	3年7个月	约521.82	2013年度共保销售额度的5%和3%	否

续表

序号	案名	违法行为类型	持续时间	罚款数额/万元	罚款比例	没收违法所得
66	新奥燃气公司垄断案	附加不合理的交易条件	约5年	约681.85	2013年度相关市场销售额的3%	是(约5.23万元)
67	山东会计师事务所垄断案	市场分割	1年	约198.27	2013年度销售额的1%、2%和3%	否
68	内蒙古给排水公司垄断案	附加不合理的交易条件	2年2个月	45.16	上一年度营业额的2%	是(约30.07万元)
69	内蒙古广播电视公司垄断案	附加不合理的交易条件	7个月	9.80	上一年度销售额的1%	是(9.16万元)
70	内蒙古赤峰盐业公司垄断案	差别待遇	9个月	约10.48	上一年度相关商品市场销售额的2%	是(约194.05万元)
71	安徽支付密码器垄断案	市场分割	4年8个月	约41.06	2014年度销售额的8%	是(约2934.87万元)
72	利乐公司垄断案	搭售、限定交易、忠诚折扣	5年	约66,772.42	2011年度中国大陆相关商品市场销售额的7%	否
73	新疆乌鲁木齐水业集团垄断案	限定交易	约4年	约149.39	2013年度销售额的1%	否
74	重庆西南制药二厂垄断案	拒绝交易	1年4个月	约1.72	2015年度销售收入的1%	是(约48.29万元)

续表

序号	案名	违法行为类型	持续时间	罚款数额/万元	罚款比例	没收违法所得
75	宿迁自来水公司垄断案	限定交易	约3年	约183.51	上一年度销售额的3%	是(约66.53万元)
76	湖南永州盐业公司垄断案	搭售	1年3个月	约27.29	2014年度在江华、新田、祁阳、江永4个县食盐销售额的1%	是(69.83万元)
77	河南固始烟花爆竹垄断案	市场分割	9个月	约65.84	上一年度销售额的2%和1%	是(约862,621.20万元)
78	吴江华衍水务公司垄断案	附加不合理交易条件	约5年	约2142.94	2014年度销售额的7%	否
79	新兴精英医药公司垄断案	附加不合理交易条件	约2年	约37.23	2015年度销售杨酸甲酯原料药销售额的3%	是(183.69万元)
80	河池保险业垄断案	市场分割	4年8个月	约302.56	2013年度摩托车交强险销售额收入的5%	否
81	宿迁中石油昆仑燃气公司垄断案	限定交易	约3年	2505.00	上一年度经营额的5%	否
82	四川广元医保支付软件垄断案	搭售	约3年	约20.96	2015年度广元市医保支付软件销售额的7%	是(没收违法所得约39.47万元)
83	湖南增值税发票系统垄断案	市场分割	10个月	约112.36	2016年度销售收入的2%和1%	否

续表

序号	案名	违法行为类型	持续时间	罚款数额/万元	罚款比例	没收违法所得
84	湖北银杏沱公司垄断案	差别待遇	约2年	97.74	2016年度经营额的6%	否
85	山东日照会计师事务所垄断案	市场分割	3年6个月	约41.36	2013年度统筹相关业务销售额的5%和1%	否
86	广西钦州烟花爆竹垄断案	市场分割	3年	约11.40	2014年度烟花爆竹销售额的8%和5%	否
87	河南濮阳工程质量检测垄断案	市场分割	2年7个月	约70.80	2016年度经营额的7%和6%	是(没收违法所得约35.04万元)
88	深圳拖轮公司垄断案	固定价格	约8年	约1285.76	上一年度相关销售额的4%	否
89	深圳理货公司垄断案	固定价格	3年3个月	约316.31	上一年度相关销售额的4%	否
90	冰醋酸垄断案	固定价格	不详	625.16	2017年度销售额的4%	是(没收违法所得约0.07万元)
91	扑尔敏原料药垄断案	不公平高价、拒绝交易、搭售	不详	1003.67	2017年度销售额的8%和4%	是(没收违法所得约0.02万元)
92	咸宁机动车检测垄断案	固定价格	约3个月	约22.51	2017年度销售额的5%	是(没收违法所得96.91万元)

续表

序号	案名	违法行为类型	持续时间	罚款数额/万元	罚款比例	没收违法所得
93	伊士曼公司垄断案	限定交易	3年	约2437.87	2016年度销售额的5%	否
94	衢州混凝土垄断案	固定价格	3个月	770.85（衢州开隆建材公司不予处罚）	2017年度销售额的1%	否
95	天津自然水集团垄断案	附加不合理交易条件	约4年	约743.86	2016年度销售额的3%	否
96	长安福特垄断案	转售价格维持	约6年	16,280.00	上一年度重庆地区销售额的4%	否
97	巴林左旗餐饮行业垄断案	联合抵制	约3年6个月	45.00	上一年度餐饮业务营业额的3%	否
98	云阳烧结砖垄断案	固定价格、限制生产数量	4年多	约193.85	2017年度销售额的5%（永旺建材2015年度销售额的5%）	是(约193.13万元)
99	延安混凝土垄断案	固定价格	约1个月	约492.29	2017年度销售额的1%	否
100	宿迁正源自来水公司垄断案	限定交易	不详	约87.76	2016年度销售额的4%	是(约117.64万元)
101	张家界永定区瓶装液化气垄断案	市场分割、固定价格	3年	约41.28	2017年度销售额的1%和2%	否

续表

序号	案名	违法行为类型	持续时间	罚款数额/万元	罚款比例	没收违法所得
102	丰田汽车垄断案	转售价格维持	约2年9个月	约8761.31	上一年度(2016年度)(江苏市场)销售额的2%	否
103	贵州黔西南驾校垄断案	固定价格	约6个月	约360.00	2008年度销售额的3%、4%和6%	否
104	注射用葡萄糖酸钙原料药垄断案	不公平高价、附加不合理交易条件	2年4个月	约20,450.00	2018年度销售额的10%、9%和7%	是(12,100.00万元)

* 该数据源于一学者公开发表的论文,公开渠道特别是官方渠道不曾见到。参见刘武朝:《垄断协议行为罚款规则的适用及审思》,载《中国行政管理》2014年第5期。

二、典型案例揭示了我国反垄断罚款的不确定性

表3－1不仅是对反垄断处罚案件的统计,更揭示了我国反垄断罚款制度在应用过程中存在的不确定性。这种不确定性表现在多个方面,包括罚款基数、罚款裁量、罚款和没收违法所得关系以及反垄断宽恕政策适用时减免罚款等。

(一)罚款基数的不确定性

罚款基数的确定是反垄断罚款的第一步。根据我国《反垄断法》第46条和第47条的规定,罚款基数是"上一年度销售额"。这里要解决两个问题:一是"销售额"如何认定?二是"上一年度"如何确定?从表3－1中,我们可以看到,实践中对"销售额"的认识有较大不确定性。在104个典型案例中,有些案件将"销售额"限定为"涉案销售额",如茅台垄断案和五粮液垄断案;有些案件将"销售额"界定为"中国境内(大陆)涉案产品(市场)销售额",如日本企业汽车零部件垄断案、日本企业汽车轴承垄断案、美国高通垄断案、滚装货物国际海运企业垄断案、美敦力垄断案和利乐公司垄断案等;有些案件将"销售额"认定为"相关销售额",如上海黄金垄断案、复方利血平原料药垄断案、海南加气砖企业垄断案、一汽大众及湖北奥迪经销商垄断案、克莱斯勒及上海经销商垄断案和

海尔家电销售垄断案等；还有些案件将“销售额”认定为“相关市场销售额”，如奔驰及经销商垄断案、云南电信运营商垄断案、东风日产及经销商垄断案、上海韩泰公司垄断案和新奥燃气公司垄断案等；也有案件直接将销售额界定为某个产品的销售额，如吉化信息网络公司垄断案中的“相关8个住宅小区的宽带业务销售额”、徐州烟草垄断案中的“紧俏卷烟销售额”、新兴精英医药公司垄断案中的“杨酸甲酯原料药销售额”和河池保险业垄断案中的“摩托车交强险销售额”等。将销售额理解为“涉案销售额”、“中国境内涉案产品销售额”、“相关销售额”、“相关市场销售额”或“某个产品的销售额”，就已经说明对该概念如果不详细加以界定就会导致不同的认识，而不同的认识会导致罚款基数过大或过小。从目前我国的反垄断执法案例来看，销售额的界定普遍偏小。

从地域来看，销售额可以指“全球市场销售额”、“中国市场销售额”或者“中国某一特定区域销售额”。从上述统计案例来看，尚未有将销售额界定为“全球市场销售额”的案例，大部分案例将销售额界定为“中国市场销售额”，也有些案例直接将销售额界定为“中国某一特定区域销售额”，例如，长安福特垄断案将销售额界定为“重庆地区销售额”，丰田汽车垄断案将销售额界定为“江苏市场销售额”。从公司业务活动范围来看，特别是对那些从事多业务经营或垂直（纵向）一体化经营的公司而言，到底是指全部业务活动的销售额或者仅是涉及违法活动业务的销售额，抑或指某一违法阶段业务的销售额还是整个纵向环节业务活动的销售额？从整个公司集团来看，指的是从事违法活动的母公司或子公司的销售，还是母公司和子公司作为一个整体的销售额？这些问题都需要解决，否则会增加适用过程中的不确定性。在一汽大众及湖北奥迪经销商垄断案中，一汽大众的“相关销售额”是指湖北省还是全国的销售额，是指奥迪销售额还是所有大众产品的销售额？对湖北奥迪经销商而言，是包括整车销售额、售后维修销售额还是包括两者在内的整个4S店的销售额？如果按照2013年一汽大众全国奥迪销售额作为罚款基数，由于其全年销售奥迪汽车488,488辆，若以单车均价40万元计算，销售总金额为1954亿元，1%的销售金额就是18亿元的罚款；如果仅就湖北奥迪售后维修环节进行处罚，其罚款的基数就应该是4S店的售后营业额，而非整家店的销售额。以武汉奥迪4S店的售后营业额平均为6000万元计算，取10%的上限也就是60万元，如果按照6%，则十几家店总共也就罚400多万元。如果将整个4S店的销售额作为罚款基数，涉案湖北11家经销商的单店全年销售额为6亿元～8亿元，其中顶级4S店全年销售额为7.8亿元,若按6%的比例罚取将达到4000多万元。[①] 从最后罚款情况来看,很可能仅将湖北奥迪销售额作为一汽大众的罚款基数,将整个4S店的销售额作为湖北奥迪各经销商的罚款基数。不同的罚款基数导致的罚款数额差距很大,存在很大的不确定性。

此外,"上一年度"的认定也存在不确定性。这里的上一年度是哪个上一年度,是垄断协议达成时的上一年度,实施时的上一年度,立案查处时的上一年度,还是处罚结案时的上一年度?如果企业是当年成立没有上一年度销售额怎么办?这些问题《反垄断法》没有明确。[②] 上述案件中有些案件是按照处罚结案时的上一年度罚款的[③],但也有不少案件是按照立案调查时的上一年度罚款的,如重庆采石场垄断案、徐州烟草垄断案、重庆燃气公司垄断案、海南东方水厂垄断案、麻阳页岩砖垄断案、湖北保险公司垄断案和江西保险公司垄断案等。就执法机关的偏好而言,国家发改委掌握的"上一年度"标准是作出处罚决定的上一年度,而原国家工商总局掌握的"上一年度"标准是立案调查的上一年度。[④] 国家市场监管总局成立后,其公布的反垄断案例基本上将"上一年度"理解为立案调查的上一年度。如果从垄断行为发生到查处的时间只有一年,上一年度没有垄断行为,按照上一年度销售额处罚是否合理,这也值得商榷。

(二)罚款裁量的不确定性

一旦罚款基数确定后,反垄断执法机关就需要在"上一年度销售额1%以上10%以下"这个范围内进行裁量,以确定具体的罚款比例和罚款数额。虽然反垄断执法机关有较大的自由裁量权,但根据《反垄断法》第49条的规定,在确定具体罚款数额时,应当考虑违法行为的性质、程度和持续的时间等因素。然而,如何解释"性质和程度"?持续时间对罚款的影响有多大?除了上述3个因素外,还包括哪些因素?这些因素在决定罚款比例和数额时的权重是如何分配的?不同性质、程度和持续时间的违法行为其罚款比例和数额应该如何体现?

---

① 参见刘晓林:《奥迪反垄断罚单或达18亿 将创反垄断罚金纪录》,载经济观察网,http://www.eeo.com.cn/2014/0812/264845.shtml。

② 参见江苏省工商局:《连云港混凝土行业垄断协议案的查办》,载《工商行政管理》2013年第4期。

③ 例如,原国家发改委李常青处长在第九次中欧竞争政策周中介绍"浙江保险行业价格垄断案"时,倾向于认为"上一年度"系指反垄断执法机构作出处罚的上一年度。参见李常青等:《保险业横向垄断案件的调查处理》,载《中国价格监督检查》2013年第9期。

④ 参见万江:《中国反垄断法:理论、实践与国际比较》,中国法制出版社2015年版,第235页。

这些问题现有的《反垄断法》都没有予以解决，国家市场监管总局制定的《禁止垄断协议暂行规定》和《禁止滥用市场支配地位暂行规定》也没有作进一步的解释。

从上述104个典型案例来看，这种罚款裁量规定中的诸多不确定性已经在实践中造成了不利后果。虽然这些案件的罚款比例均处于1% ~10%这个区间内，大多数案件在1% ~4%范围内进行处罚，只有个别案件的罚款达到了8%和10%，符合法律的规定。但我们需要注意以下几个不容忽视的问题：第一，同类违法行为罚款比例的不确定性。例如，同样的固定价格案件，不少案件按照1%的比例来处罚（上海黄金垄断案、浙江保险业垄断案等），有的则按照8%的比例来处罚（日本企业汽车零部件垄断案），还有的甚至按照10%的比例来处罚（广东海砂价格垄断案、复方利血平原料药垄断案）。对于同样的市场分割行为，有的按照1%的比例处罚（连云港混凝土垄断案、辽宁水泥行业垄断案等），有的则按照8%的比例进行处罚（赤峰烟花垄断案）。甚至，同样的汽车行业转售价格维持案件，一汽大众按照6%的比例处罚，克莱斯勒和东风日产按照3%的比例进行处罚，奔驰按照7%的比例进行处罚，上海通用和长安福特按照4%比例进行处罚，而丰田汽车则按照2%比例进行处罚。第二，罚款裁量因素的不确定性。从《反垄断法》第49条的规定来看，违法行为的性质、程度和持续时间应该是确定罚款比例时要重点考虑的法定因素。然而，从现有的罚款案例来看，违法行为的性质和程度只在部分案件的罚款裁量中有明确体现，例如，别嘌醇片垄断案①和海尔家电销售垄断案②。违法行为的持续时间则对罚款比例的确定并没有起到应有的作用。例如，浙江保险行业垄断案违法行为持续时间4年、上海黄金垄断案违法行为持续时间6年，仅按照1%的比例处罚；复方利血平原料药垄断案和广东海砂垄断案违法行为持续时间1年左右，但按照10%的比例处罚；而海南东方水厂垄断案违法行为持续时间11年，仅按照2%的比例

---

① 反垄断执法机关认为，本案垄断协议涉及上涨价格、分割销售市场两种行为，性质较严重，持续时间为一年半，排除、限制别嘌醇片市场竞争的程度较深。参见国家发展和改革委员会行政处罚决定书〔2016〕1号。

② 考虑到当事人在调查前已经删除修改《海尔产品经销总合同》的限定最低转售价格的规定，在调查中能够积极主动进行整改，修订合同条款，废止违反《反垄断法》的经销商管理规定，进行内部合规培训与考核，积极清退"罚款"等情节，以及违法行为的性质和程度等因素，对3家公司处上一年度相关销售额3%的罚款，共计1234.80万元。参见上海市物价局第2520160009号行政处罚决定书。

进行处罚。在实践中,反垄断执法机关更注重配合调查的程度以及整改的主动性、积极性和有效性。[①] 国家发改委价格监督检查和反垄断局原局长许昆林接受采访时曾说,“我们罚款的依据主要看三方面,违法情节、配合调查以及整改情况。处罚轻重主要看企业是不是率先降价,是不是主动配合调查”。[②] 对此,有学者这样评价:“在某种程度上,执法机构为有利于执法调查,违法行为的性质、程度和持续时间等法定考虑因素可能在影响最终的处罚结果上所起的作用会远低于与执法机构的配合等非法定因素所起的作用。然而,如何认定‘配合’并没有明确的标准,如果不给予明确,执法实践中很有可能‘配合与否’就变成执法人员的直接感受,被调查企业无法进行申辩。”[③]第三,罚款裁量方法的不确定性。在所有处罚案件中,执法机关均没有阐明罚款确定的方法和步骤,对于决定罚款比例和数额的基本因素、从重和从轻情节也没有一个清晰的认识。在实践中,执法机关有时还将性质、程度、违法持续时间、从重和从轻因素一起罗列,缺少层次和章法。例如,在眼镜片企业垄断案中,国家发改委表示,这次处罚根据各涉案企业排除限制价格竞争行为违法情节、危害程度,以及配合检查、整改情况等因素,酌情处罚。[④] 在浙江江山混凝土垄断案中,浙江省工商局在罚款时“综合考虑当事人违法行为实施时间、影响范围、产生的社会危害”。[⑤] 在丰田汽车垄断案中,江苏省市场监管局在罚款时“综合当事人违法行为的性质、程度和持续时间等因素,考虑到当事人积极配合调查,承认存在违反《反垄断法》的行为,主动整改,依据《反垄断法》第 46 条、第 49 条的规定,该机关责令当事人停止违法行为,并决定对当事人处上一年度(2016 年度)销售额 2% 的罚款,即 87,613,059.48 元。”[⑥]

(三)罚款和没收违法所得关系的不确定性

我国《反垄断法》第 46 条和第 47 条规定,对于违反本法规定的行为,由反

---

① 参见许浩:《发改委加码反垄断执法 企业态度影响处罚力度》,载新浪财经网,http://finance.sina.com.cn/china/20140607/030719341736.shtml。

② 《高举反垄断利器维护市场公平竞争秩序》,载《内蒙古法制报》2013 年 8 月 9 日,第 24 版。

③ 魏士廪:《2013 年度中国反垄断报告——国家发改委与国家工商总局负责查处的垄断行为篇》,http://blog.sina.com.cn/s/blog_5a81db850101cxkm.html,最后访问时间:2014 年 9 月 1 日。

④ 参见陈红霞:《垄断成立:洋镜片被罚 1900 万元》,载《21 世纪经济报道》2014 年 5 月 30 日,第 17 版。

⑤ 参见浙工商案,〔2012〕16 号行政处罚决定书。

⑥ 参见苏市监反垄断案,〔2019〕1 号行政处罚决定书。

垄断执法机构责令停止违法行为,没收违法所得,并处上一年度销售额1%以上10%以下的罚款。上述法条均将“没收违法所得”明确列为违反《反垄断法》的直接后果,“并处”二字也表明,“没收违法所得”与“罚款”应一并适用,二者间并非可选择的“或”的关系。若仅仅处以罚款,而未没收违法所得,不仅在字面意义上遗漏了处罚的内容,而且由于未遵循“先填平,再处罚”的路径,也违背了《反垄断法》如此规定的立法意旨。① 还有的学者认为,按照我国《反垄断法》的规定,可以这么理解:要先计算经营者的违法所得才能作出罚款的决定。② 笔者认为,从我国《反垄断法》的规定来看,没收违法所得和罚款确实是并列关系,两者应该叠加适用。从逻辑关系来看,没收违法所得似乎应该优先于罚款而适用,因而不能排除没收违法所得而单独科处罚款。这种处罚方式实际上与我国历来重视没收违法所得这种处罚方式并且常基于违法所得计算罚款的固有思维是一脉相承的。2013年全年各级价格监管机构查处反垄断案件3.44万件,实施经济制裁31.25亿元。其中,退给消费者6.32亿元,没收违法所得9.07亿元,罚款15.8亿元。国家发改委价格监督检查和反垄断局原局长许昆林称,“这是我们这个机构成立30年首度罚款数超过我们处理违法所得数”③。

通过观察上述104个典型案例,笔者发现,反垄断罚款和没收违法所得并非如法律规定那样总是一并适用,实践中,只有少数案件是罚款和没收违法所得并用(有些案件没收违法所得数额超过了罚款数额),有些案件只是提及没收违法所得但由于违法所得无法计算等而单处罚款,而更多的案件是单独处以罚款。此外,不同的执法机关有不同的做法,这使两者之间的关系具有不确定性。国家发改委查处的47个案件中,只有复方利血平原料药垄断案、湖北景琦医药公司垄断案和吉化信息网络公司垄断案既没收了违法所得也处以了罚款,占比6.38%。然而,原国家工商行政管理机关处罚的40个案件中,有18个案件在罚款的同时处罚没收违法所得,占比45%。国家市场监管总局查办的17个案件中,有6个案件在罚款的同时处罚没收违法所得,占比35%。也就是说,没收违法所得并处罚款的比例总体上是不高的。造成实践做法与立法规定背离的原因是多方面的,其中,违法所得难以计算恐怕是最主要原因。正如有专家指出

① 参见王尔德:《今年的反垄断行动“不是风暴”,而是“新常态”》,载《21世纪经济报道》2014年9月17日,第2版。

② 参见戴龙:《滥用市场支配地位的规制研究》,中国人民大学出版社2012年版,第190页。

③ 赵嘉妮:《64家银行分支乱收费被罚4亿》,载《新京报》2014年2月20日,B03版。

的，“由于对违法所得界定很复杂，一般执法中停止违法行为和罚款使用的比较多”①。

（四）反垄断宽恕政策适用时减免罚款的不确定性

我国《反垄断法》第 46 条第 2 款规定，经营者主动向反垄断执法机构报告达成垄断协议的有关情况并提供重要证据的，反垄断执法机构可以酌情减轻或者免除对该经营者的处罚。这就是最近 20 年为众多国家所采用的宽恕制度。《反垄断法》实施后，国家发改委制定了《反价格垄断行政执法程序规定》，其中第 14 条规定，第一个主动报告达成价格垄断协议的有关情况并提供重要证据的，可以免除处罚；第二个主动报告达成价格垄断协议的有关情况并提供重要证据的，可以按照不低于 50% 的幅度减轻处罚；其他主动报告达成价格垄断协议的有关情况并提供重要证据的，可以按照不高于 50% 的幅度减轻处罚。原国家工商总局制定了《禁止垄断协议行为的规定》和《查处垄断协议、滥用市场支配地位案件程序》，其中规定：对第一个主动报告所达成垄断协议的有关情况、提供重要证据并全面主动配合调查的经营者，免除处罚。对主动向工商行政管理机关报告所达成垄断协议的有关情况并提供重要证据的其他经营者，酌情减轻处罚。对垄断协议的组织者则不适用宽恕政策。国家市场监管总局颁布并于 2019 年 9 月开始实施的《禁止垄断协议暂行规定》第 34 条规定，经营者根据本规定第 33 条提出申请的，反垄断执法机构应当根据经营者主动报告的时间顺序、提供证据的重要程度以及达成、实施垄断协议的有关情况，决定是否减轻或者免除处罚。对于第一个申请者，反垄断执法机构可以免除处罚或者按照不低于 80% 的幅度减轻罚款；对于第二个申请者，可以按照 30% ~50% 的幅度减轻罚款；对于第三个申请者，可以按照 20% ~30% 的幅度减轻罚款。

《反垄断法》实施以来，我国已经在广东海砂矿垄断案、奶粉企业垄断案、眼镜片生产企业垄断案、海南加气砖企业垄断案、三亚水晶店垄断案、一汽大众奥迪垄断案、日本企业汽车零部件垄断案、浙江保险业垄断案、滚装货物国际海运企业垄断案、陕西机动车检测机构垄断案、天津港堆场垄断案、张家界永定区瓶装液化气垄断案等 10 多个案件中适用了宽恕制度。一般而言，确定性和可预见性是宽恕制度发挥作用的必备要素。“如果适用条件和这样做的回报是明确

---

① 许浩：《发改委加码反垄断执法 企业态度影响处罚力度》，载新浪财经网，http://finance.sina.com.cn/china/20140607/030719341736.shtml。

的，企业就很可能提出宽恕申请”。[①] 然而，我国反垄断宽恕制度在适用过程中却存在诸多的不确定性。

第一，适用的主体是否包括所有的经营者还是应该排除一些特定的经营者？我国《反垄断法》对此没有规定。国家发改委的规定中也没有涉及这方面的内容。在实践中，国家发改委在日本企业汽车零部件垄断案中，组织者捷太格特因宽恕政策减少了20%的罚款；在广东海砂矿垄断案中，牵头企业宝海砂石有限公司因宽恕制度减少了50%的罚款。这似乎说明国家发改委对于垄断协议的组织者适用宽恕政策但不能免除罚款。原国家工商行政管理机关则明确规定“对垄断协议的组织者则不适用宽恕政策”。现在国家市场监管总局的规定也没有涉及这方面内容，目前其查办的15个案件中，只有一个案例涉及宽恕政策的适用，但我们不能从该案例得出国家市场监管总局对垄断协议的组织者一律适用宽恕政策从而减免罚款的结论。

第二，在行为条件上，我国法律规定主动报告并提供重要证据的，就有资格申请适用宽恕制度。然而，从实践情况来看，不同的案件在处理时对行为条件的要求是不同的：有些案件在适用宽恕政策时仅要求“主动报告并提供重要证据”（广东海砂矿垄断案、浙江保险业垄断案、一汽大众奥迪垄断案、海南加气砖垄断案、三亚水晶店垄断案、滚装货物国际海运企业垄断案、陕西机动车检测机构垄断案），有些案件除了“主动报告并提供重要证据”外还要求“且停止了违法行为”（日本企业汽车零部件垄断案），还有的要求“积极主动整改”（奶粉企业垄断案、眼镜片生产企业垄断案）。

第三，什么是重要证据？国家市场监管总局的规定解释为“能够对反垄断执法机构启动调查或者对认定垄断协议起到关键性作用的证据”。但何谓“关键作用的证据”，仍需要进一步解释。

第四，减免反垄断罚款的经营者数量有无限制？国家市场监管总局颁布的《禁止垄断协议暂行规定》第34条虽然规定“对于第一个申请者，反垄断执法机构可以免除处罚或者按照不低于80%的幅度减轻罚款；对于第二个申请者，可以按照30%至50%的幅度减轻罚款；对于第三个申请者，可以按照20%至30%的幅度减轻罚款”，但并没有限制其他经营者提出宽恕申请和适用宽恕政策。按照国家发改委和原国家工商行政管理机关的规定，只有第一个主动报告的经

---

① See OECD, *Using Leniency to Fight Hard Core Cartels*, OECD(Oct. 23, 2014), http://www.oecd.org/daf/ca/1890449.pdf.

营者才可以免除罚款,但在实践中却出现了 2 家免除罚款(眼镜片生产企业垄断案等)和 3 家免除罚款(奶粉企业垄断案等)的情形,而在广东海砂矿案中第一个主动报告的企业并没有给予免除罚款,只减少了 50% 的罚款。此外,按照规定,其他经营者似乎符合宽恕制度的要求就可以减轻处罚。从实践来看,一般情况下除了第一个主动报告的经营者免除罚款以外,只有 2 个经营者可以减轻处罚(如浙江保险业垄断案、滚装货物国际海运企业垄断案)。但在日本企业汽车零部件垄断案中,又出现了几乎所有的企业都因宽恕制度减少了罚款。

第五,减轻罚款的比例是多少?反垄断法的规定和原国家工商行政管理机关规定都是酌情减轻处罚;国家发改委规定,第二个主动报告的按照不低于 50% 的幅度减轻处罚,其他主动报告的,可以按照不高于 50% 的幅度减轻处罚。国家市场监管总局的规定赋予执法机关减轻罚款的自由裁量幅度也很大,而且不具有确定性。这种弹性的减轻处罚导致执法机关的自由裁量太大,具有很大的不确定性。例如,同样是第二个报告的经营者,其减轻罚款的比例有很大的不同:在浙江保险业垄断案中,第二家按照 90% 的幅度减轻罚款;在日本企业汽车零部件垄断案和滚装货物国际海运企业垄断案中按照 60% 的幅度减轻罚款;在一汽大众奥迪垄断案中却按照 50% 的幅度减轻罚款。

第二节 克服反垄断罚款不确定性的目标、路径和方法

一、目标确定:追寻绝对确定还是相对确定?

由于大多数国家采用的是倍率封顶式罚款和组合式的罚款设定方式,因此,反垄断执法机关在确定罚款数额时享有较大的自由裁量权,这会导致反垄断罚款在实践中具有相当大的不确定性。在欧盟 1998 年罚款指南制定之前,不少人就认为:“欧盟的罚款看起来是在空气中随意抓个数字,被认为是一种碰运气的事。这种日益提高的罚款缺少可识别的分析方法。”①欧盟委员会所做的决定总是一成不变地列举罚款数额确定时考虑的因素,是一种纯粹的定性分

① Alison Jones & Brenda Sufrin, *EU Competition Law: Text, Cases & Materials*, Oxford University Press, 2010, p. 1102.

析方法。然而,最终的罚款是怎么基于列举的因素计算出来的则从来没有解释。[①] 对于这种不确定性,有人认为,对违法行为的惩罚应该是不确定的。其理由在于:如果一个罪犯在犯罪决定作出之前就确定知道犯罪的处罚后果,罪犯就会作出其最大可容忍的犯罪行为。因此,量刑实践的透明度是一个坏的公共政策,因为它可以鼓励罪犯做对社会损害更大的行为。当犯罪的惩罚是不确定时,它的危害会轻一些。[②] 与此同理,在对垄断违法行为进行罚款时,也不应该让违法者可以准确预见其违法行为可能遭受的罚款金额,罚款的不确定性有利于威慑违法行为。根据这种观点,在罚款时给予反垄断执法机关更大的自由裁量权是一个好的选择。在很长一段时间内,反垄断罚款的不确定性确实是一种常态,而且这种观念受到各国反垄断执法机关的广泛推崇。然而,随着反垄断法实施的逐步深入和罚款案件的显著增加,反垄断罚款不确定性的弊端逐渐显现。不确定的罚款可能会违反行政法上的公平、比例和充分衡量原则,会造成过度威慑或威慑不足。这种不确定性还导致了大量不服违法决定中罚款计算方式的上诉案件,特别是卡特尔案件。[③] 这也浪费了司法资源。此外,与反垄断罚款不确定性相伴的执法机关享有的太多的自由裁量权会导致执法的任意性,这可能既威慑了违法行为,也威慑了合法并且有效率的行为。于是,人们开始追寻反垄断罚款确定性的理论和方法,以克服反垄断罚款不确定性的弊端。从某种程度上来说,追求反垄断罚款的确定性实际上也是对反垄断执法机关自由裁量的一种限制。在这种背景下,法经济学中的威慑理论开始得到重视并在反垄断罚款的设计和应用中得到体现。

威慑理论认为,反垄断罚款既要避免威慑不足,更要防范过度威慑,反垄断罚款所追求的应是最优化威慑(optimal deterrence)。最优化威慑要求对有限的实施资源加以配置,以最少的成本实现有效威慑目标。20 世纪 90 年代以后特别是 21 世纪以来,优化反垄断罚款制度以实现最优化威慑目标已经成为各国反垄断法的基本政策,并取得了显著效果。各国以威慑理论为指导来设定罚款制度时,一般是通过提高反垄断罚款的严厉性和确定性来实现有效威慑目标

---

① See Mario Siragusa & Cesare Rizza, *Cartel Law: Restrictive Agreements and Practices between Competitors*, 3 Eu Competition Law 524(2007).

② See John M. Connor & Douglas J. Miller, *The Predictability of Global Cartel Fines*, 2 Review of Competition Law 1(2010).

③ See Alison Jones & Brenda Sufrin, *EU Competition Law: Text, Cases & Materials*, Oxford University Press, 2010, p. 1103.

的。这样,既可以对违法者予以惩罚,又可以威慑违法者和其他人,以避免相同的违法行为再次发生。因此,追寻罚款的确定性是威慑理论的重要支柱。现在,世界上大多数国家的反垄断执法当局将最优化威慑作为它们执法活动的基本目标。ICN 调查的 18 个成员国也都是将最优化威慑作为它们反垄断执行的目标。2005 年,一项针对 17 个重要反垄断执法机构的调查发现,这些机构一致支持将最优化威慑作为包括罚款在内的卡特尔制裁的主要目标。① 至于如何实现反垄断罚款的确定性,威慑理论认为,透明度和可预见性是两个重要指标。加强反垄断罚款的确定性,就是提高透明度和改善可预见性。一方面,对执法机关而言,反垄断罚款要有透明度;另一方面,对企业而言,反垄断罚款要具有可预见性。透明度可以通过一定的载体如罚款指南或罚款裁量基准等来实现;可预见性就是反垄断执法机关应该明确罚款基数、罚款计算步骤、罚款裁量因素等内容,让企业能够大致预见反垄断罚款的比例和数额。也就是说,追寻反垄断罚款的确定性,应该走定性和定量相结合的办法,要清晰说明罚款是如何计算出来的。只有这样,才能提高罚款的可预见性,加强罚款的确定性。

威慑理论要求提高罚款的可预见性,应该追求一种确定性的罚款。但这种确定性的罚款到底是绝对确定的还是相对确定的罚款呢?如果是绝对确定,就意味着一旦违法行为确认,企业就可以精确计算出罚款数额;而相对确定指的是企业知道罚款的计算方法、步骤和裁量因素,可以大致预见罚款的比例和数额高低,但不能非常精确地计算。有人赞同罚款数额的计算应该更精确,更具有可预见性,但反垄断执法机关和法院则通常警告罚款计算的可预见性太高会有很大的风险。在实践中,案件的多样性和宽泛的考虑因素使通过起草指南知道罚款的确切数额和在所有案件中都能预见这些罚款数额是不可能的。否则,将不可避免地导致在有些案件中威慑不足和/或其他案件中罚款数额太高,完全不成比例。罚款的过分精确可能使企业通过计算成本收益后,选择从事违法行为而不是遵守法律。还有,罚款数额的过分精确可能会弱化罚款的道德效应。② 相比罚款的不确定性而言,追求罚款的绝对确定是走向了另一个极端。绝对确定的罚款缺少应有的弹性,会彻底导致行政灵活性的丧失;而且精确计

---

① See John M. Connor & Douglas J. Miller, *The Predictability of Global Cartel Fines*, 2 Review of Competition Law 2(2010).

② See Wouter P. J. Wils, *Efficiency and Justice in European Antitrust Enforcement*, Hart Publishing, 2008, p. 87 – 88.

算罚款确实可能起到鼓励违法行为发生的作用。因此,各国反垄断罚款的确定性是指相对确定而不是绝对确定。

对于反垄断罚款的确定性,日本一开始是绝对确定,但已经提议走向相对确定;而欧盟等国家和地区则走了一条相反的道路,从不确定逐步走向相对确定。这两条道路殊途同归,最后都指向了罚款的相对确定性。日本的反垄断罚款被称为课征金,是一种固定比例的罚款,它根据行业的不同确定了不同比例的课征金,这是一种具有绝对确定性的罚款。在日本,对于是否征收课征金以及征收多少课征金,公正交易委员会没有裁量权。在决定课征金时,对于违法行为者应当承担的责任进行加重或减轻的任何因素都不予考虑。就这一点来说,"课征金"是一种极为呆板的行政罚款制度。① 2005 年日本修改反垄断法时,一方面,提高了课征金的征收比例,由原则上的 6% 提高到了 10%;另一方面,适当增加了课征金征收的灵活性,各规定了一种加重处罚(再度违反)和减轻处罚(提前退出)的情形。但仍没有赋予公正交易委员会是否征收以及征收多少课征金的自由裁量权。大多数发达经济体国家的反垄断罚款是可以自由裁量的,而日本是个例外。这种缺少弹性的罚款制度,一直广受诟病,不少人呼吁废除现行的课征金制度而引入欧盟的可裁量的行政罚款制度。在这种背景下,日本终于迈出了实质性的步伐:日本公正交易委员会决定对配合反垄断调查的经营者减少罚款,并明确提出要借鉴欧盟的做法,着手制定自由裁量罚款模式。②

欧盟的反垄断罚款规定得非常原则,仅规定了 10% 的罚款上限,以及罚款时要考虑严重性和持续时间两个因素。从 1969 年第一次罚款开始,其后 30 年左右时间是没有罚款指南的,实践中罚款的标准不一且缺乏透明度,反垄断罚款具有明显的不确定性,一直争议不断。③ 在 1998 年罚款指南出台以前,欧盟

---

① [日]村上政博:《日本禁止垄断法》,姜珊译,法律出版社 2008 年版,第 68 页。

② 参见日经新闻:《日本竞争监管机构将对配合调查企业降低罚款》,载微信公众号"反垄断实务评论"2016 年 1 月 6 日,http://mp.weixin.qq.com/s?__biz=MzA3NTMwMTkxNA==&mid=406319287&idx=3&sn=04a1a9ff3c77b39247aa499556aa6275&scene=23&srcid=0107Zj4HQDcr9zrI6MqNpLv1#rd。

③ 欧盟成员国一般都以欧盟的规定为模板制定本国的反垄断罚款规定。在德国,还出现了 10% 的罚款上限规定有没有违反法律的确定性原则的争议。直到 2013 年 2 月 26 日,德国联邦法院在判决中认为,10% 的上限罚款符合宪法规定,没有违反法律的确定性原则。See *Explanatory notes on the Guidelines for the setting of fines in cartel administrative offence proceedings*, p. 1, Bundeskartellamt (Nov. 8, 2015), http://www.bundeskartellamt.de/SharedDocs/Publikation/EN/Leitlinien/Guidelines%20for%20the%20setting%20of%20fines.pdf?__blob=publicationFile&v=3.

委员会在处罚时通常会列举一些考虑因素，欧盟委员会考虑的罚款方法的信息也可以在法院的判决中看到，还有些罚款信息可以在欧盟委员会的公告或新闻发布会上获得。总之，关于欧盟委员会确定罚款的信息是非常零碎的，不成系统，企业根本无法预测罚款数额。欧洲初审法院①在1995年3个焊接钢网卡特尔判决中认为，欧盟委员会将其罚款确定方法变得更透明将是明智的。这些判决最终导致了1998年罚款指南的出台。② 1998年的罚款指南有双重目标，一是提高透明度和确保欧盟委员会决定的前后一致，二是对欧洲初审法院批评的回应和改善法律的确定性。1998年罚款指南制定后，欧盟委员会清晰地说明了罚款是如何一步一步计算出来的。但是，1998年罚款指南还是因为基础罚款金额的不可预见性和模糊性受到了持续批评。尽管从罚款决定书来看，基础罚款金额与涉案产品的市场销售额有复杂的关系，但人们还是怀疑基础罚款的金额确定在很大程度上是比较随意和武断的。2006年6月28日，欧盟委员会公布修改后的罚款指南。该指南再次强调，应当在提高罚款威慑效果的同时改善透明度和可预见性。③ 罚款指南使欧盟的反垄断罚款具有相对确定性，卡特尔成员在一定范围内计算其责任成为可能。然而，欧盟委员会仍然在不同场合声称，为了有效威慑，一个威慑政策应该有较大的自由裁量空间，在对违法行为罚款时不应该是完全透明的，一定程度的不确定是必须的，让企业知道太多罚款计算细节的是不可取的。“确保企业不能轻易预见罚款金额是重要的。如果让委员会在决定中披露与罚款数额计算方法有关的确切数字，将损害威慑效果。”④欧盟委员会没有考虑设定一个精确的数学公式来计算罚款数额。

二、路径依赖：罚款指南还是司法审查？

反垄断罚款不确定性的另一面就是反垄断执法机关享有较大的行政裁量权。追寻反垄断罚款的确定性就是对反垄断执法机关行政裁量权的限制。这

---

① 2009年12月1日《里斯本条约》生效后，欧洲初审法院（Court of First Instance，CFI）更名为普通法院（General Court，GC），实质上没有区别。

② See Wouter P. J. Wils, *Efficiency and Justice in European Antitrust Enforcement*, Hart Publishing, 2008, p. 82 – 83.

③ See Mario Siragusa & Cesare Rizza, *Cartel Law: Restrictive Agreements and Practices between Competitors*, 3 Eu Comoetition Law 524 (2007).

④ Alison Jones & Brenda Sufrin, *EU Competition Law: Text, Cases & Materials*, Oxford University Press, 2010, p. 1114.

种限制通常依赖两种路径，一种是执法机关自我约束权力的运用，另一种是通过法院的司法审查来控制权力的运用。一方面，依照行政法理，行政机关享有裁量权是应对纷繁复杂的现代社会的必然选择，扩大行政裁量权是现代依法行政的必然趋势。另一方面，为了防范行政裁量权的滥用，加强对行政裁量权的控制成为依法行政的必然要求。这种控制，既可以通过司法审查来实现，也可以通过制定裁量准则来进行自我约束。这就意味着，当一个行政机关作出了裁量处分，如果它超越了裁量范围，或是有滥用裁量权的情况，法院可以撤销这个违法的行政处分。相反，如果原来的行政机关是在裁量权限范围之内而加以裁量的话，那么法院在审查的时候就必须加以尊重而不能加以审查。① 此外，行政机关通过制定裁量基准可以自我防范和约束行政裁量权的运用，避免执法的随意性。同时也可以使行政程序透明化，增进效能，保障人民对于行政决定的预测可能性。②

就追寻反垄断罚款确定性的路径依赖而言，行政机关通过制定各种罚款裁量办法（反垄断法中通常称为“指南”）自我约束权力运用，比法院的司法审查控制权力运用更有效，也更有利于实现反垄断罚款的确定性目标。按照英国学者戴维斯（Davis）的看法，行政机关的规则是比法院审查更加有效的控制裁量工具。当然，用规则克制裁量不可能彻底解决所有问题，但它却可以缩小裁量行使的误差，是一个可取的治理路径。③ 法院基于自身的角色定位，不会主动干预反垄断罚款事宜，而只能通过个案审查来判定罚款是否合法。法院也不会针对一部法律中规定的罚款事宜专门规定“一揽子”解决方案。从各国反垄断罚款的司法审查实践来看，法院最多在案件中阐述对反垄断罚款的意见和指导原则，并且通过司法审查要求执法机关增加罚款的透明度和确定性。法院的司法审查也能够间接促使罚款指南出台。欧盟 1998 年罚款指南出台的部分原因就是回应欧洲初审法院改善罚款透明度和罚款确定性的要求。尽管反垄断执法机关在法定罚款幅度范围内享有裁量权，但就从该最高及最低额度之间正确地选择一个适合该具体个案的罚款额度而言，是不能为所欲为的，而需要遵循比

① ［日］铃木孝之：《独占禁止法上公平交易委员会与法院功能之关系》，载《铭传大学 2014 追求高教卓越国际学术研讨会：法学新知国际学术研讨会论文集》，铭传大学法律学院 2014 年版，第 226 ~ 227 页。

② 参见翁岳生编：《行政法》（上册），中国法制出版社 2002 年版，第 244 页。

③ 参见余凌云：《现代行政法上的指南、手册和裁量基准》，载《中国法学》2012 年第 4 期。

例原则以及必要时平等原则的适用。[①] 德国罚款指南明确规定罚款时要考虑比例原则。当反垄断执法机关的罚款裁量自由度太大，自身又不能进行有效约束的情况下，很可能会出现罚款与应受责难程度不相匹配、同类案件不同处罚等情形，这就进一步放大了罚款的不确定性，相应的罚款行政诉讼就会不断产生。[②] 此时，法院对这些案件进行司法审查，有利于澄清罚款的争议焦点，让罚款在比例原则和平等原则的指引下更具可预见性和确定性。然而，这种通过个案司法审查的积累来促进反垄断罚款的确定性的做法过于被动、缓慢和零碎，也不可能提出一个体系化的反垄断罚款确定性的思路。

反垄断执法裁量专业性强，对专业性极强的反垄断执法裁量进行司法审查是法院面临的重大挑战。实践中，各国法院一般会尊重反垄断执法机关的裁量决定（包括最终的罚款决定），对反垄断执法机关的裁量决定进行的司法审查是一种低密度审查，是一种最小限度的司法审查。在具有高度专业性并关乎公平交易秩序领域所作行政处分，应享有最大之判断余地。公平会之裁量决定接近准司法机关之决定，如法官具有独立之裁量权，应给予充分之尊重。[③] 在欧盟，学者的实证研究显示，欧洲法院在大多数案件中支持委员会的决定，在宣告欧盟委员会决定无效和减少罚款方面进行了严格的自我限制，这种趋势近年来表现更为明显。[④] 尽管根据欧盟法律规定，欧洲初审法院和欧洲法院有权审查委员会的罚款水平。但种种迹象表明，欧洲初审法院很不情愿限制欧盟委员会的自由裁量权。初审法院认为，不能为了限制欧盟委员会的自由裁量权而强迫欧盟委员会用精确的数字公式确定罚款总额。[⑤] 欧洲法院现在的审查重点在于欧盟委员会有无罚款权力，而不是罚款数额是否合适，只要欧盟委员会的罚款决定没有明显的错误就会得到支持。[⑥] 欧盟 2006 年罚款指南规定，当涉案企业存在法律规定的从重或从轻情节时，将提高或减少基础罚款金额。2006 年罚款指南列举了从重或从轻要考虑的因素，但这种列举并没有穷尽所有因素。在实践

---

① 参见廖义男等：《行政罚法》，台北，元照出版有限公司 2007 年版，第 191 页。

② 参见许永钦：《违反公平交易法行为制裁制度之研究》，台北大学 2004 年博士学位论文，第 463 ~ 468 页。

③ 参见张丽卿：《公平交易委员裁处罚款额度之研究》，载《公平交易季刊》2007 年第 2 期。

④ 参见游钰：《论反垄断执法的司法审查》，载《中国法学》2013 年第 6 期。

⑤ 参见郑鹏程：《反垄断法专题研究》，法律出版社 2008 年版，第 217 页。

⑥ See Mariusz Baran & Adam Doniec, *EU Courts' Jurisdiction over and Review of Decisions Imposing Fines in EU Competiton Law*, 3 Yearbook of Antitrust and Regulatory Studies 242(2010).

中,欧盟委员会在分析从重或从轻情节时采用的是个案分析方法,这种方法严重依赖每个案件的特殊性。这会导致一个案件中的做法与其他案件并不必然一致,尽管这些案件考虑的相关因素相同并且这些因素对罚款的计算是有影响的。这对于企业和法律顾问来说存在法律不确定性,但欧盟法院并没有认为这有什么不妥。欧洲初审法院一再申明,企业不能期望从欧盟委员会以前的从重、从轻情节判断中获得经验教训。

鉴于法院对反垄断执法机关罚款决定的司法审查的有限性和法院自身功能的局限性,落实反垄断罚款确定性主要还得依赖执法机关通过罚款指南自我约束权力的运用。也就是说,罚款指南(实践中也称罚款计算办法、罚款裁量办法)是实现反垄断罚款确定性目标的主要依赖路径。制定罚款指南可以提高罚款的可预见性和确定性,还可以规范反垄断执法机关的权力运用和限制执法机关的任意裁量。因此,有些国家或地区的法律明确规定要制定罚款指南。例如,德国《反限制竞争法》第81(7)条规定,联邦卡特尔局得就裁处罚款特别是罚款数额时其裁量权之行使及与外国竞争法主管机关的合作等事项,制定一般性之行政原则。德国罚款指南第1条明确规定,为了行使自由裁量权和贯彻第81(7)条要求制定罚款的一般性原则,德国联邦卡特尔局制定了本指南。英国1998年竞争法第38(1)条规定,OFT必须制定并公布关于罚款合适数额的指南。此种做法符合处罚金额明确性、可预测性原则,不仅可以防范竞争主管机关滥用罚款金额裁量权限,且当事人得以预估其可能获得减免之罚款额度,有促使其申请适用宽恕政策诱因之效果。①

三、方法选择:二步法、三步法还是六步法?

这里的方法选择,指的是罚款裁量方法的选择。各国反垄断法除了规定罚款数额设定或罚款组合方式以外,还会进一步规定罚款裁量时要考虑的各种事项。例如,欧盟2006年罚款指南第23(2)条规定,在处以上一年度全球总营业额10%以下罚款时,应考虑违法行为的严重性(gravity)和违法行为的持续时间(duration)。德国《反限制竞争法》第81(4)条规定,决定罚款额度时,须一并考量违法行为之严重性及持续时间。韩国《反垄断法》第55条之三规定,公平交易委员会责令缴纳本法规定的课征金时,应当参考以下各项规定事项:(1)违法

① 参见颜廷栋:《联合行为之执法检讨与展望》,载《公平交易季刊》2012年第4期。

行为的性质与程度;(2)违法行为的期间与次数;(3)因违法行为取得的利益。澳大利亚2010年《竞争与消费者保护法》第76(1)(f)条规定,在决定合适罚款时,法庭应考虑所有相关事项,包括违法行为的性质和程度、违法行为所造成的任何损失或损害、违法行为发生的环境和是否再次从事法院已经判定违法的任何类似行为。然而,这种列举式的"一揽子"规定方式并没有说明裁量时该如何考虑这些因素,以及这些因素在罚款中的地位、作用和权重。如果不建立科学的裁量方法,肯定会导致反垄断罚款极大的不确定性,各国反垄断罚款的初期实践也已经证明了这一点。因此,为了追求反垄断罚款的确定性,必须要依赖对一个裁量方法加以体系化来解决。

由于罚款的裁处与刑法的量刑法理相通,因此,罚款的相关规定亦深受刑法的影响,刑法学上的相关理论与实务也同样具有比较与参考的价值。[①] 就裁量方法而言,刑罚裁量方法对罚款裁量方法同样有借鉴价值。学理与实务在刑罚裁量方法的选择上,有不同的意见,其中主要的裁量方法理论有3种,即原点理论、精确刑理论和裁量空间理论。原点理论思考刑罚裁量的出发点,在于法定刑上度与下度的中点(平均值),作为对于通常犯罪行为的刑罚裁量基准。当裁量的负面事由增加,则刑度从此平均值往上提升;反之则往下降。精确刑理论强调法官在精确地衡酌所有犯罪事实之后,必须精确地得出一个明确的法律效果。裁量空间理论认为,所存在的法定刑,已经是一个相当限缩的刑罚刻度,其刑度范围的上下度,基本上就是合乎罪责范围的界限,在刑度范围内所有刑罚裁量的层次,都是符合罪责的刑罚,亦即刑度确保罪责相称性。其中,裁量空间理论对于反垄断罚款的裁量最具指导意义。反垄断罚款的裁量不是呆板的数学计算,原点理论将想象中的平均值作为裁量基准太过牵强,不能反映个案的差异性。精确刑理论过分追求量刑的精确度,相当于依据数学公式机械计算罚款,基本上不存在所谓的裁量问题,因此,也不符合反垄断罚款追求的相对确定性目标。刑罚的裁量是一种具体实用的评价科学,其系以一定的对象作为评价的内容,基于目的性导向得出最终刑罚,为一连串的评价工作。这一处理方式,应该有一定的逻辑思维步骤。反垄断罚款的裁量同样是一个评价工作,要考虑各种裁量因素,而且很多裁量因素如严重性本身就是主观性很强的概念,是不能进行精确量化的。然而,为了实现反垄断罚款的相对确定性,关于罚款

---

① 参见廖义男等:《行政罚法》,台北,元照出版有限公司2008年版,第188页。

与裁量因素之间的关系必须要遵循一定的步骤,沿着一条主线进行一系列评价,由此产生了二步法、三步法、六步法等裁量方法。

欧盟是二步法反垄断罚款裁量的典型代表。欧盟2006年发布实施的2006年罚款指南给出了一种"两步走"的计算罚款数额的方法:第一步是计算基础罚款金额;第二步是根据案件具体情节,增加或减少基础罚款金额,以确定最终的罚款金额。确定基础罚款金额时,欧盟委员会要考虑企业从事违法行为最近一个年度直接或间接获得的与违法行为相关的营业额,然后综合违法行为之性质、涉案企业之市场占有率总和、违法行为影响之地理范围、涉案行为是否付诸实施等因素,在30%范围内,依照个案决定计算比率;再以该违法期间之年数,乘以年度营业额及计算比率,算出基础罚款金额。此外,针对恶性重大之卡特尔案件,得于该基础罚款金额上,加计其最近年度营业额15%～25%之金额。①计算出基础罚款金额以后,欧盟委员会根据再犯、拒绝或妨碍调查行为、居于主导或煽动地位等从重因素增加基础罚款金额或根据立即停止违法行为、积极协助调查、居于从属地位等从轻因素减少基础罚款金额。欧盟委员会还会考虑企业的财务状况和支付能力,如果罚款数额超过支付能力,则可能会再减少基础罚款金额。对于那些违法对象商品的营业额与该企业的营业总额相比明显较少的违法企业可以进行裁量性地增加罚款金额。再者,如果可以推定违法企业所得到的不法利益金额,那么就可以把罚款金额增加到非法利益金额之上。②

美国和德国的罚款裁量采纳的是三步法模式。根据美国《联邦量刑指南》的规定,第一步是确定基础罚金金额。美国法院通常将遭受违法行为影响的美国境内营业额的20%作为基础罚金金额。至于其百分比定为20%之理由,乃系以其10%推定为价格卡特尔之平均不法利得;另外之10%,推定为消费者由于价格过高而未能购买之无谓损失(dead-weight loss)。③ 第二步是计算责任积分以确定罚金额度范围。在决定责任积分时,5分为基本点数,并就以下6项依其责任得分加以增减,包括:(1)干部参与程度、法人之规模;(2)有无同种行为之前科;(3)违反之命令;(4)有无妨碍司法;(5)为发现、防止违法行为采取产

---

① 参见颜廷栋:《竞争法宽恕政策之研究》,载漆多俊主编:《经济法论丛》第15卷,中国方正出版社2008年版,第52页。

② 参见文学国、孟雁北、高重迎:《反垄断法执行制度研究》,中国社会科学出版社2011年版,第188页。

③ 参见颜廷栋:《宽恕政策实施子法之研究》,载《公平交易季刊》2008年第4期。

生效果之计划;(6)通报、协助、责任之承担。① 算出最终的责任积分后,再对照倍数表的最小倍数和最大倍数分别乘以基础罚金金额,即得到罚金金额的上、下限。第三步是确定具体的罚金金额。在上述额度范围内,法院将斟酌刑罚的目的、该法人于违法行为担任的角色、有罪判决的影响等因素,决定最后具体的罚金金额。德国罚款指南中规定了计算罚款数额的三步法,包括确定罚款基数、确定罚款倍数和罚款数额的调整。关于确定罚款基数,德国罚款指南第 9 条规定,一个特定案件罚款的范围取决于可能的收益和损害以及公司的总的营业额。第 10 条规定,卡特尔局假定公司的可能收益和损害是违法期间因违法获得的营业额的 10% 。这是一个计算罚款的起点。相对于可能的收益和损害,这个比例可能是偏低的。第 12 条规定,如果违法行为并没有持续超过 12 个月,则按照 12 个月进行计算,即以违法行为停止前 12 个月的相关营业额作为计算基数。在此基础上,德国联邦卡特尔局要确定罚款倍数,一般根据违法企业的大小(以营业额为标准),需要将此前确定的罚款基数乘以一定的倍数(分为 2 ~3 倍、3 ~4 倍、4 ~5 倍、5 ~6 倍以及大于 6 倍 5 档)。计算出来的罚款数额,需要进一步通过考虑与违法行为以及违法者相关的事实予以调整,最终确定罚款数额。按照德国罚款指南第 16 条的规定,与违法行为相关的事实:包括违法行为的性质和持续时间、影响市场的严重性、组织紧密程度等;与违法者相关的事实,包括违法者在卡特尔中所扮演的角色、违法者在相关市场上的地位、违法者所处产业价值链的位置、作出违法行为的故意或者过失程度等。②

英国的罚款裁量方法与众不同,2018 年修订的罚款指南③第 2.1 条明确规定采用六步法(six-step approach)计算 1998 年《竞争法》第 36 条项下的罚款金额。第一步,根据违法行为的严重性和企业的相关营业额计算罚款的起点金额。严重性的考虑因素有违法行为的性质、任何消费者的损害和其他与违法行为有关的一般因素,如产品的性质、企业的市场份额以及对竞争者和第三人的影响。起点金额不能超过企业相关营业额的 30% 。企业的相关营业额是指上

---

① 参见王铭勇:《联合行为宽恕减免责任条款之研究》,载《公平交易季刊》2006 年第 1 期。

② 参见袁嘉、郝俊淇:《国际反垄断行政罚款制度评析及其对我国的启示》,载《价格理论与实践》2015 年第 5 期。

③ 英国 2004 年 12 月 21 日制定了《OFT 关于适当罚款金额的指南》(OFT's guidance as to the appropriate amount of a penalty),并于 2012 年 9 月修订。2018 年 4 月 18 日,英国新的竞争执法机构 CMA 经修订后重新颁布了《CMA 关于适当罚款金额的指南》(CMA's guidance as to the appropriate amount of a penalty)。

一个营业年度违法行为所影响的相关产品市场和相关地域市场中的营业额。第二步,根据违法行为的持续时间调整罚款。罚款的起点金额可能会因违法行为的持续时间而进行调整,这通常会乘以违法行为的准确时间。然而,不足1年的通常会作为1年来计算罚款。在涉及1998年《竞争法》第一章或《欧盟运行条约》第101条禁止性规定的案例时,违法行为时间从协议达成之日而不是协议实施之日起算,违法行为终止的日期是涉案企业停止违法行为的日期。第三步,根据从重或从轻因素进行调整罚款,包括8个从重因素和5个从轻因素。第四步,根据特定威慑和比例原则调整罚款。如果罚款不够高,为了保证威慑效果,则可以应用适当的罚款乘数。第五步,如果最高罚款金额超过了企业全球营业额的10%或为了避免双重风险,则要调整罚款。英国1998年《竞争法》第38(9)条规定:“若欧盟委员会、其他成员国的法院或其他机构对一项协议或合同已经作出罚款或惩罚决定,那么CMA、上诉法院或其他适格法院在适用本章规定对该协议或合同确定罚款金额时必须要考虑上述罚款或惩罚。”CMA已经指出,这是为了保证企业不因同一个反竞争行为而被惩罚两次。第六步,根据宽恕、和解折扣和/或经批准的自愿补偿计划调整罚款。如果一个企业有资格适用宽恕政策,将100%减少罚款。CMA还会因与企业达成和解协议、批准后的自愿补偿计划而减少罚款。

从上述罚款裁量方法的形式来看,欧盟、美国和德国的裁量方法比较简洁,英国的裁量方法略显复杂,但罚款裁量需要考虑的因素实际上各国大同小异,只不过美国、欧盟等国家或地区将一些裁量因素放在某一步骤一起考量,而英国则将这些裁量因素拆成更多的步骤逐一加以考虑。这些国家的罚款裁量还存在一些共同点,即罚款数额随企业的规模及违法行为持续时间成正比,违法程度越深,处罚越重;同时,配合调查程度越佳,处罚越轻。笔者注意到,在每一步骤具体适用时,二步法、三步法和六步法之间存在内容上的区别,包括:第一,确定基础罚款金额时的计算依据不同。美国的计算依据是违法行为影响交易额,欧盟和英国是企业上一个营业年度违法行为所影响的营业额,德国是违法期间因违法获得的营业额。如果违法期间超过1年,则欧盟和英国的计算基数最小。第二,确定基础罚款金额时的比例不同。美国和德国是固定比例,分别是20%、10%;欧盟和英国是弹性比例,最高不超过30%。第三,罚款倍数(系数)不同。欧盟比较复杂考虑因素比较多,美国依据责任积分确定一个倍数范围(最小倍数和最大倍数),德国则依据企业规模大小确定罚款倍数范围(最小倍数和最大倍数)。[①] 然而,笔者发现,无论是二步法、三步法还是六步法,一个基本思路实际上是先确定基础罚款金额(起点金额),再根据从重或从轻情节调整基础罚款金额以确定初步罚款金额,最后根据是否存在免除或减少罚款情节以及经济状况、有无超过10%上限等因素确定最终罚款金额。因此,上述裁量方法本身并无优劣之分,要根据本国反垄断罚款的目标和具体国情来加以选择。

第三节　走向弹性而确定的我国反垄断罚款制度

我国反垄断法规定的罚款裁量范围是上一年度销售额的1%以上10%以下。从已有罚款案例来看,这是一种具有一定弹性的罚款。这种不确定的罚款会影响罚款制度的威慑效果。因此,走向弹性而确定的反垄断罚款制度应是我国的必然选择。

一、从不确定性走向相对确定性

我国反垄断罚款所呈现的不确定性状态有深刻的原因,一方面,在反垄断法实施的早期就实现罚款的确定性欠缺现实可行性,各国一般都是经历一段较长时间的反垄断法实施和积累一定数量的罚款案例后才通过制定罚款指南逐步实现罚款的确定性的。另一方面,我国同样存在不确定性可以提高罚款威慑力的观点,将罚款的不确定性当作秘密武器来使用,认为只有不确定性才能提高罚款制度的威慑效果,因此并不希望过早实现反垄断罚款的确定性。实际上,我国反垄断罚款的不确定性可能会导致企业无法预见罚款数额和惩罚成本,这反而会放任和放大反垄断违法行为的发生,从而影响罚款制度的应用。此外,反垄断罚款的不确定性是一把“双刃剑”,它也许会增加罚款的威慑力,但同时也增大了执法机关滥用自由裁量权的可能性,让企业深陷恐惧之中,这一点我们是尤其要密切关注的。因此,有学者提出:唯有通过公开、透明、规范的

---

① 德国联邦卡特尔局在《关于适用卡特尔罚款指南的解释》中,解释了为什么需要根据涉案企业的大小适用不同的罚款倍数,即行政罚款的目的在于警戒涉案企业以及其他企业不得随意从事垄断违法行为,而企业越大,其违法成本相对较低,对于处罚的敏感性越低,所以只有对其给予足够的罚款,才能警示其不要再从事类似的行为。参见袁嘉、郝俊淇:《国际反垄断行政罚款制度评析及其对我国的启示》,载《价格理论与实践》2015年第5期。

执法实践,抽象规则的适用才能逐渐得以廓清,逐渐形成统一、连续的执法尺度,以便企业日常合规审查时参考,并在积累了一定实践经验后汇总成为相关配套规则和法律适用指南,更好地指导企业经营合规,同时也更好地约束执法者的恣意性。①

追寻反垄断罚款的确定性,实际上就是提高执法透明度和改善罚款的可预见性。在反垄断执法初期,公布反垄断执法信息是实现执法透明度的主要方式。企业可以通过已经公布的反垄断个案总结罚款的计算步骤、裁罚比例和最终数额,但这种个案分析方式只能略微改善罚款的可预见性,个案之间千差万别并不具备当然的参考价值,因此,距离罚款的相对确定性还有一段很长的距离。真正解决执法透明度和提高罚款的可预见性需要通过制定罚款指南来实现,即详细规定罚款的计算步骤和具体方法,从基础罚款金额的确定,到依据从重、从轻情节调整罚款金额,以及考虑一些特殊因素确定最终的罚款金额。

我国的罚款指南还在制定中,虽然 2016 年 6 月 17 日公布了《没收违法所得和罚款指南(征求意见稿)》,但估计到正式出台仍将持续一段较长时间。另外,虽然《反垄断法》第 44 条规定,反垄断执法机构对涉嫌垄断行为调查核实后,认为构成垄断行为的,应当依法作出处理决定,并可以向社会公布。但实际上完整公布反垄断执法信息的案件还不够多。"十二五"期间国家发改委共查处价格垄断案件 97 件,实施经济制裁 103.97 亿元。② 但在网站公布处罚决定书全文的只有浙江保险企业垄断协议案、日本企业汽车零配件垄断案、日本企业汽车轴承垄断案、美国高通垄断案、奔驰及经销商垄断案、别嘌醇片垄断案、滚装货物国际海运企业垄断案、上海韩泰公司垄断案和海尔家电销售垄断案等少数案件。原国家工商总局公布执法信息相对比较完整,通过"竞争执法公告"平台公布了其调查处理的反垄断案件,实现了将已经查处案件的处罚决定书全部公布。国家市场监管总局在其反垄断局网页的"通知公告"栏中将调查处理的案件进行了公布,也基本上实现了反垄断案件处罚决定书的完整公布。2020 年 1 月 9 月,国家市场监管总局开通了"中国市场监管行政处罚文书网"③,将进

---

① 参见刘旭:《中国的竞争政策,要直面问题,不能再做表面文章》,载知乎 2014 年 8 月 21 日,http://zhuanlan.zhihu.com/competitionlaw/19830959。

② 参见《中国"十二五"查处垄断案近百件　高通等遭制裁》,载中国新闻网,http://www.chinanews.com/cj/2016/03-04/7783655.shtml。

③ 网址:http://cfws.samr.gov.cn/。

一步完善市场监管部门行政执法信息公开工作，有效提高市场监管行政执法透明度。尽管如此，依据公开的反垄断执法信息来预测大致的罚款数额，即通过个案的执法透明度实现罚款的可预见性和相对确定性还需要加倍努力。

在克服我国反垄断罚款不确定性的道路上，我们还应同时警惕罚款的绝对确定，即罚款可以计算的倾向。我国自 2003 年开始就尝试行政处罚的裁量基准改革。2008 年至 2015 年，国务院相继出台一些决定或意见，[①]提出要细化、量化行政裁量权的行使，以避免执法的随意性和有效控制行政自由裁量权的滥用。这里的“细化和量化”实际上是对作出行政处罚需要考量因素的进一步梳理和针对性细化，对哪些需要从重、哪些需要从轻、哪些需要免除处罚，刻画出了更为清晰的线条，从而使原来线条较模糊的法律规定更贴近实际，更易于操作。[②] 然而，不少人将“细化和量化”理解为行政处罚是可以精确计算的，甚至要求规定罚款的计算公式。在国务院法制办起草的《关于规范行政裁量权指导意见》的征求意见稿中曾经规定，制定裁量基准应当合理划分裁量阶次，综合考虑法定裁量因素和酌定裁量因素，运用数学模式等方式，将裁量因素与阶次划分有效结合。在有些地方政府或主管机关制定的办法中，则直接规定了罚款的计算公式，例如，《北京市城管执法系统实施行政处罚自由裁量权一览表（草案）》规定，罚款数额 = 罚款基数 ×（基准系数 + 区域系数 + 情节系数 + 变量系数）。[③] 诚然，我国大多数法律规定的罚款裁量幅度都比较大，建立罚款裁量基准很有必要，但如果因此而规定罚款计算公式或运用数学模式进行罚款，则从一个极端走到了另一个极端，会导致罚款的机械化。罚款裁量并不是一项呆板的数学运算，有很多不能量化的标准要考虑，会涉及一些价值判断、经济评估和经验法则的运用。利用数学计算公式实现罚款的绝对确定，表面上看起来简便和客观，但实际上会导致罚款特殊威慑功能的丧失，同时还可能会违反平等对待原则。

在实现反垄断罚款相对确定性的进程中，我们应该重视法经济学的威慑理

---

① 包括《关于加强市县政府依法行政的决定》（2008 年 5 月）、《关于加强法治政府建设的意见》（2010 年 10 月）、《关于促进市场公平竞争维护市场正常秩序的若干意见》（2014 年 6 月）以及《法治政府建设实施纲要（2015—2020 年）》（2015 年 12 月）等。

② 参见江子浩等：《上海市推动建立行政处罚裁量基准的调研报告》，载《政府法制研究》2013 年第 6 期。

③ 参见杜丁：《北京城管处罚依据拟全部量化 规范自由裁量权》，载中新网，https://www.chinanews.com.cn/gn/news/2010/02-23/2132320.shtml。

论。威慑理论所强调的罚款确定性便于企业评估和大致预见违法行为的成本和收益,同时与罚款的严厉性叠加适用,会极大提高罚款的威慑效果。这种确定性的思路要贯穿于罚款的整个过程。

随着反垄断调查力度的加大,我国反垄断罚款案件逐年增加,罚款金额在最近几年也得以迅速增长,其中的成绩值得肯定。然而,我国反垄断执法机关似乎更强调罚款的适度制裁功能,将罚款的威慑功能放在次要地位或者根本没有提及罚款的威慑功能。例如,国家发改委价格监督检查和反垄断局原局长许昆林在接受反垄断资讯(The Antitrust Source)专访时说:“对于罚金数额的大小,发改委有自由裁量权。《反垄断法》将‘上一年度销售额’作为计算罚款的基础。如何解释这将会对被处罚主体的权益产生巨大影响。在过去几年的执法实践中,我们倾向于对‘上一年度销售额’做严格解释,目的是避免高额的处罚对被罚企业的生产经营造成不必要的影响。”①对于这种状况,时建中教授认为,《反垄断法》立法之初,由于影响力有限,对于违法企业的处罚力度偏轻,主要意义在于宣传教育改正。越往后敢于违反反垄断法的公司,遭受处罚的力度加重,其付出的代价将会更大。② 还有学者认为,在我国实行严苛的罚款可能对企业经营造成过度打击,甚至拖累产业发展。因此,我国应明确适度罚款的指导思想,以有利于违法经营者“复归”市场为界限,重视对反垄断法的宣传、对经营者的引导,兼顾罚款的威慑作用。③ 按照法经济学的威慑理论,罚款兼具制裁违法企业和威慑其他企业从事反垄断违法行为的功能。这种适度制裁的理念实际上会导致罚款的威慑不足问题。更重要的是,如果过分强调罚款的(适度)制裁功能而忽视罚款的威慑功能,将会导致罚款存在极大的随意性和不确定性。

迄今为止,我国反垄断执法机关官方文件中尚未见到罚款要体现威慑理念、威慑原则或威慑目标的阐述和说明。在2016年制定《没收违法所得和罚款指南(征求意见稿)》的过程中,原国家发改委价格监督检查和反垄断局有关负责人指出,科学合理地认定垄断行为违法所得和确定罚款,是实现《反垄断法》

---

① 《专访国家发展和改革委员会价格监督检查与反垄断局局长——许昆林》,载微信公众号“反垄断实务评论”2014年9月4日,https://mp.weixin.qq.com/s/48Zc75aolUW4b2sVleYvkA。

② 参见万静:《从重处罚旨在重整市场秩序》,载《法制日报》2014年8月21日,第6版。

③ 参见袁嘉、郝俊淇:《国际反垄断行政罚款制度评析及其对我国的启示》,载《价格理论与实践》2015年第5期。

预防和制止垄断行为目标的关键,也是提高反垄断执法机构工作透明度、规范反垄断行政处罚权、增强经营者法律预期的必要举措。[①] 这里的提高工作透明度和增强经营者的法律预期实际上就是指要提高罚款的确定性。对于如何提高罚款的确定性,国外的经验表明需要高度重视罚款的威慑理念和法经济学中的威慑理论的指导。这也应该成为我国反垄断罚款的指导思想和基本原则。尽管在《没收违法所得和罚款指南(征求意见稿)》中有两处体现了罚款的威慑理念,包括第 3 条"基本原则"提到"保证反垄断执法的威慑效果",第 18 条"销售额的含义"中提到反垄断执法的威慑力问题,但还不够系统和全面,也未将威慑作为制定罚款指南的指导思想和政策目标。

二、依赖罚款指南主路径实现反垄断罚款的确定性

我国要实现反垄断罚款的确定性,对反垄断执法机关的罚款裁量权进行适当的限制也是十分必要的。如上所述,这种限制有两种路径可以参考:一种是执法机关通过制定罚款指南或类似的规定来进行自我约束,另一种是通过法院的司法审查来进行外部约束。

从公开渠道可获得的资料来看,我国因不服反垄断执法机关处罚决定而提起行政诉讼要求司法审查的案例并不多,包括南京混凝土企业诉江苏省物价局行政诉讼案、海南裕泰科技饲料有限公司诉海南省物价局行政诉讼案、临沂盛大联合会计师事务所诉山东省工商局和国家工商总局行政诉讼案、上海海基业高科技有限公司诉安徽省工商局和国家工商总局行政诉讼案。其中,南京混凝土企业诉江苏省物价局的行政诉讼案是我国第一件提起反垄断行政诉讼的案件,但最后因超过诉讼时效被南京市中级人民法院裁定驳回。其余 3 个案件均走完了一审和二审程序,海南裕泰科技饲料有限公司诉海南省物价局行政诉讼案甚至还启动了最高人民法院的再审程序,但均以反垄断执法机关的胜诉告终。

在我国,反垄断处罚决定的司法审查是通过行政诉讼来实现的,《行政诉讼法》中规定了司法审查的基本规则。《反垄断法》第 53 条规定,对反垄断执法机构作出的行政处罚决定不服的,可以依法申请行政复议或者提起行政诉讼。该条的规定非常原则,没有涉及反垄断处罚决定的审查原则、审查标准和审查方

---

① 参见国家发展改革委价监局:《国家发展改革委价监局召开"认定垄断行为违法所得和确定罚款的指南"研讨会》,载《中国价格监管与反垄断》2015 年第 12 期。

法等具体规则,因而只能适用《行政诉讼法》的一般规定。《行政诉讼法》第6条规定,人民法院审理行政案件,对行政行为是否合法进行审查。最高人民法院行政庭负责人谈反垄断法适用问题时明确指出,反垄断法主要涉及行政许可、行政处罚、行政处理决定、行政审批、行政强制措施以及相应的履行法定职责行为,无论何种行政行为被诉讼到法院,法院依据行政诉讼法的规定均对该行为进行合法性审查,且实行全面审查。即不仅审查适用法律法规是否正确、认定事实是否清楚、是否遵守正当法律程序,而且对是否滥用职权、超越职权进行审查;不仅审查是否显失公正,而且审查是否履行法定职责;不仅依据合法性审查标准,而且依据合理性审查标准。[①]《行政诉讼法》第77条还规定,行政处罚明显不当,或者其他行政行为涉及对款额的确定、认定确有错误的,人民法院可以判决变更。从我国的法律规定和最高人民法院行政庭负责人的解释来看,我国对反垄断处罚决定秉持的是全面审查原则,既进行合法性审查,也进行合理性审查;既进行法律审查,也要进行事实审查。

我国反垄断法规定了"双层次多机构"的执法体制。[②] 国务院规定国家市场监管总局和经授权的省级相应执法机构均有执法权。实践中,不少反垄断案件是由地方反垄断执法机构进行执法的。如果对这些执法机构的处罚决定不服,该向基层还是中级人民法院提起行政诉讼,抑或由指定的人民法院专属管辖?从目前的实际做法来看,如果是针对国家市场监管总局作出的行政处罚决定提起诉讼,按照行政诉讼法的规定应由中级人民法院管辖;对于省一级执法机构的反垄断处罚决定,由哪一个层级的法院管辖,则有待明确。国家发改委系统查处的案件一般规定向中级人民法院提起行政诉讼[③],原国家工商系统的处罚决定书一般规定向基层人民法院提起行政诉讼[④]。现国家市场监管总局公布的处罚决定书有的规定向中级人民法院提起行政诉讼[⑤],有的规定向基层人

① 参见刘岚:《最高人民法院行政庭负责人谈反垄断法适用问题》,载凤凰资讯网,https://news.ifeng.com/mainland/200811/1103_17_859647.shtml。

② 参见王先林:《竞争法学》,中国人民大学出版社2009年版,第274页。

③ 例如,在奔驰公司垄断案中,〔2014〕苏价反垄断案2号行政处罚决定书规定"向南京市中级人民法院起诉"。

④ 例如,在青岛新奥燃气公司垄断案中,鲁工商公处字〔2016〕第24号行政处罚决定书规定"向济南市历下区人民法院提起诉讼"。

⑤ 例如,在丰田汽车垄断案中,苏市监反垄断案〔2019〕1号行政处罚决定书规定"依法直接向南京市中级人民法院起诉"。

民法院提起行政诉讼[1],还有的只是模糊规定依法向人民法院提起行政诉讼[2]。也就是说,对反垄断执法机关处罚决定不服提起行政诉讼的,中级人民法院和基层人民法院均承担了司法审查的职能。

然而,反垄断案件专业性强、案情复杂、影响力大,实际上并不是每一个法院都有能力进行司法审查的。现有的这种管辖制度会影响司法审查效果。笔者期待,在《反垄断法》修改时,明确反垄断行政处罚案件由反垄断执法机关所在地的中级人民法院专属管辖,以初步解决法院司法审查能力的欠缺问题。

当法院的司法审查不能成为当下中国实现反垄断罚款确定性的主要依赖路径时,通过反垄断执法机关制定罚款指南或类似的罚款办法或规定进行裁量权的自我约束就显得尤为重要了。国家发改委曾做了一些有益的尝试,在确定反垄断罚款比例方面内部有大致的规定。国家发改委执法人员认为,除非参与达成横向垄断协议的经营者违法性质特别恶劣、情节特别严重、危害特别巨大,否则,不宜按10%的比例顶格罚款。情节严重的,罚款8%以上;情节较重的,罚款5%～8%;情节轻微的,罚款3%～5%;情节显著轻微的,罚款1%～3%即可。[3] 这种根据情节轻重确定反垄断罚款的大致比例,表面上看起来罚款确定性有所提高,实际上还是非常不够的。国家发改委这种内部的罚款裁量办法,一方面,没有透明度,对于企业而言无法预见和掌握;另一方面,由于裁量办法仍然不够具体,根据情节轻重确定罚款比例本身也存在很大的不确定性,因此,很难实现罚款裁量权的自我约束和限制,只能说一定程度上解决了反垄断罚款的不确定问题。[4]

我国原有3个反垄断执法机构,现在已经统一归入国家市场监管总局。根据立法权限,国家市场监管总局只能制定和发布罚款裁量办法或规定。如果要制定统一的罚款指南,则由国务院反垄断委员会来行使。随着反垄断执法的常

---

① 例如,在浙江衢州混凝土垄断案中,浙市监案字〔2019〕1号行政处罚决定书规定"向杭州市西湖区人民法院提起行政诉讼"。

② 例如,在深圳理货公司垄断案中,国市监价监处罚〔2018〕1号行政处罚决定书规定"依法向人民法院提起行政诉讼"。

③ 李常青等:《横向垄断案件的调查处理》,载《中国价格监督检查》2013年第9期。

④ 欧共体1998年罚款指南曾经根据行为的严重程度将违法行为区分为轻度违法(minor infringement)、严重违法(serious infringement)和非常严重违法(very serious infringement),并据此来确定不同金额的基础罚款金额。然而,以这种分类方式来确定基础罚款金额因具有不可预见性和模糊性,受到了广泛的批评。欧盟2006年罚款指南制定时就彻底抛弃了这种基础罚款金额确定方法。

态化,反垄断执法案件数量和罚款数额最近几年有了明显的上升,反垄断罚款的不确定性问题日益突出。要解决这个问题,我国有两条道路可以选择,第一条道路是执法机关制定罚款办法或规定,第二条道路就是由国务院反垄断委员会制定罚款指南。从立法位阶来说,由国务院反垄断委员会直接制定罚款指南是一种最佳选择。制定罚款指南,可以提高反垄断行政罚款的操作性、透明性和正当性,增强经营者对垄断违法行为罚款数额的可预期性,同时为多元执法的行政机构提供统一、明确的指引,从而更好地规范和保障反垄断执法的自由裁量,维护反垄断法的安定性。①

从目前情况来看,国家层面也更倾向于制定罚款指南。2016 年,在《反垄断法》正式实施的第 8 年,按照国务院反垄断委员会的工作部署,国家发改委负责牵头"认定垄断行为违法所得和确定罚款的指南"起草工作,并于 2016 年 6 月 17 日颁布了《没收违法所得和罚款指南(征求意见稿)》。

三、基于裁量方法落实反垄断罚款的确定性

我国反垄断法规定的倍率数距式 1% ~10% 区间的罚款是一种弹性罚款,与世界主流做法基本一致。为了有效约束罚款裁量权,提高罚款的确定性,反垄断执法机构在确定具体罚款数额时,罚款比例如何取舍,按照《反垄断法》第 49 条的规定,应当考虑违法行为的性质、程度和持续的时间等裁量因素。其中,违法性质、程度和持续时间是法定裁量因素。当然,反垄断执法机构还可以考虑非法定裁量因素,例如,是否配合调查,是否已经停止违法行为,在垄断行为实施中是居于主导还是从属地位,等等。然而,《反垄断法》没有规定这些法定裁量因素在确定罚款比例时的地位和权重,反垄断执法机构也没有明确非法定裁量因素的种类和作用,更没有涉及反垄断罚款裁量的方法和具体步骤。因此,在具体适用第 49 条的规定时出现了比较混乱和不确定的局面。

通过检索和分析国家市场监管总局、原国家工商总局、国家发改委公布的反垄断处罚决定书,笔者发现,原国家工商管理机关处理的反垄断案件中,没有一个案件在处罚时适用第 49 条有关裁量因素的规定,它们直接根据第 46 条和第 47 条规定确定罚款比例和数额,还有少数案件在处罚时适用了《国家工商行政管理总局关于工商行政管理机关正确行使行政处罚自由裁量权的指导意见》

① 参见袁嘉、郝俊淇:《国际反垄断行政罚款制度评析及其对我国的启示》,载《价格理论与实践》2015 年第 5 期。

和《行政处罚法》第27条有关从轻减轻的规定。在国家发改委公布的处罚决定书中,关于裁量因素的考虑有两种方式:第一种是概括适用,即概括说明依据《反垄断法》第46条或第47条以及第49条的规定作出处罚决定,但没有列明考虑了哪些裁量因素。例如,在奔驰及经销商垄断案中,江苏省物价局认为:"依据《反垄断法》第四十六条、第四十九条规定,本机关决定处罚如下:一、责令当事人立即停止限定经销商向第三人转售商品的最低价格的违法行为;二、对当事人处以上一年度相关市场销售额五十亿零八十五万九千八百六十六元百分之七的罚款三亿五千零六万零一百九十元六角二分。"①第二种是综合适用,即综合考虑法定裁量因素和非法定裁量因素后确定罚款比例和数额。例如,在别嘌醇片垄断案中,国家发改委认为,本案垄断协议涉及上涨价格、分割销售市场两种行为,性质较严重,持续时间为一年半,排除、限制别嘌醇片市场竞争的程度较深。当事人(重庆青阳药业有限公司和重庆大同医药有限公司)在别嘌醇片垄断协议的达成实施过程中处于主导地位,并且当事人在调查过程中不能积极配合,在调查初期否认相关事实。处当事人2014年度别嘌醇片对外销售额2256.58万元的8%的罚款,计180.52万元。② 国家发改委还有少量案件的处罚只综合考虑了法定裁量因素,没有涉及非法定裁量因素。例如,在美国高通垄断案中,国家发改委认为,当事人滥用市场支配地位行为的性质严重,程度较深,持续时间较长,于是决定对当事人处2013年度在中华人民共和国境内销售额8%的罚款,计60.88亿元人民币。③ 国家市场监管总局调查处理的反垄断案件也是以概括适用和综合适用《反垄断法》第49条为主,但还有不少案件没有适用第49条有关裁量因素的规定,如天津自来水公司垄断案、巴林左旗餐饮行业垄断案、宿迁正源自来水公司垄断案、湖南张家界永定区瓶装液化气垄断案和杭州混凝土垄断案。

这种现象充分说明,《反垄断法》第49条的罚款裁量规定在原国家工商管理机关的反垄断处罚实践中已经摈弃不用,在国家市场监管局和国家发改委的反垄断处罚实践中只是笼统和模糊适用。这实际上导致无法对反垄断执法机关的罚款裁量权进行有效约束和限制,同时也造成我国反垄断罚款存在不确定性。

---

① 参见江苏省物价局〔2014〕苏价反垄断案2号行政处罚决定书。

② 参见国家发展和改革委员会〔2016〕1号行政处罚决定书。

③ 参见国家发展和改革委员会发改办价监处罚〔2015〕1号行政处罚决定书。

我国反垄断罚款实践出现的不考虑罚款裁量因素或概括考虑和综合考虑罚款裁量因素,在很大程度上是由于缺乏统一的罚款裁量方法造成的。不考虑或笼统考虑有可能导致裁量恣意,只考虑部分裁量因素或主要考虑非法定裁量因素则可能导致裁量滥用,从而涉嫌违反公平、平等、比例原则。因此,一定的裁量方法就非常重要。同时应在裁量方法基础上,确定每一步骤中罚款需要考虑的裁量因素。

就全球范围而言,各国在制定罚款指南时,根据本国的实际情况规定了二步法、三步法、六步法等裁量方法。这些方法的核心内容就是“确定基础罚款金额”和“调整基础罚款金额”两个步骤。欧盟由此规定了“两步裁量法”,其他国家所谓的“三步裁量法”或“六步裁量法”就实质内容而言无非是这两个步骤的延伸和细化而已。我国2016年发布的《没收违法所得和罚款指南(征求意见稿)》在第三章“罚款的确定”第16条规定了“三步裁量法”,反垄断执法机构分三步确定对经营者的罚款:第一步,确定违法经营者的上一年度销售额;第二步,考虑违法行为性质和持续时间确定基础罚款比例;第三步,考虑其他从重、从轻、减轻因素对基础罚款比例进行调整,并根据违法行为的程度进行调整,确定最终罚款比例,据此计算出罚款数额。这里所谓的上一年度销售额,按照《没收违法所得和罚款指南(征求意见稿)》第17条和第18条的规定,反垄断执法机构通常以启动调查时的上一个会计年度来计算经营者销售额。一般情况下,是指反垄断执法机构以经营者在实施垄断行为的地域范围内涉案商品的销售收入作为计算罚款所依据的销售额。我国这种直接在上一年度涉案销售额1% ~10%裁量范围内“确定基础罚款比例”和“调整基础罚款比例”的罚款裁量方法,与欧美国家的“确定基础罚款金额”和“调整基础罚款金额”的做法完全不同。

在欧盟及其成员国,上一年度销售额10%的罚款比例是指企业上一年度全球销售额的10%,它不是确定基础罚款金额的依据,而是作为反垄断罚款的最高限额来使用。首先,具体计算罚款金额时,通常先基于违法严重性按照不超过上一年度涉案销售额的一定比例(30%或20%)来确定罚款起点金额,然后乘以持续时间以“确定基础罚款金额”;其次,根据其他裁量因素“调整基础罚款金额”。按照我国《没收违法所得和罚款指南(征求意见稿)》规定的“三步裁量法”计算出来的反垄断罚款,由于罚款裁量基数“上一年度销售额”的严格解释,其最终计算出来的反垄断罚款数额与国外同类案件相比会相差甚远。如果在确定罚款数额时不并处没收违法所得,那么就根本不能实现有效威慑目标,存在威慑力不足的问题。然而,如果每一个反垄断案件在处罚时都并处罚款和没收违法所得,那么就会产生威慑过度的问题。正如美国律师协会在就《没收违法所得和罚款指南(征求意见稿)》提供意见时指出:并处没收违法所得和罚款会产生抑制有利于竞争或竞争中立行为的效果并可能在其他方面损害消费者福利。超过威慑违法行为的必要限度的惩罚和剥夺违法者的违法所得的惩罚可能会导致对消费者的非必要价格提高,并背离了竞争政策所追求的资源有效分配的初衷。①

根据前文对案例的统计分析可知,我国反垄断实践中很少采用没收违法所得的处罚方式,在很多案件中,罚款是唯一的金钱处罚方式。如果仅以上一年度的涉案销售额作为罚款裁量的基数乘以一定的百分比确定和调整反垄断罚款数额,很难达到罚款的威慑效果,因此,必须要将上一年度销售额作扩大解释,即从特定地域的涉案销售额扩大到全球销售额,将10%的全球销售额作为罚款的最高限额。与此同时,建议当前将没收违法所得和罚款从并用方式改为选用方式,而且将反垄断罚款的理论定位于"基于获利的反垄断罚款"。"对违法者的罚款,应高于其预期所得(预期净收益),以使违法者在违法行为中无利可图。这就是以获利为基础的反垄断罚款的设定水平,即将违法者在垄断行为中所获利益全部剥夺。"②在很多情况下,当违法所得无法计算时,在一定的裁量方法指引下直接处以具有足够威慑力的罚款。如果企业的违法所得是可以评估的而且数额高于已经确定的罚款时,应将罚款额提高到违法所得数额的水平。通过这种方式可以缓解罚款与违法所得之间的紧张关系。在此基础上,建议运用"五步裁量法"来确定和调整反垄断罚款金额,以最大程度实现反垄断罚款的确定性。

"五步裁量法",是指反垄断执法机构分五步确定对企业的罚款:第一,基础罚款金额的确定;第二,基础罚款金额的调整;第三,基于特别威慑的调整;第四,罚款的特别调整;第五,最终罚款金额的确定。第一步"基础罚款金额的确定"涉及上一年度销售额、罚款比例、持续时间和进入费等因素。"上一年度销

---

① ABA:《美国律师协会对我国〈关于认定经营者垄断行为违法所得和确定罚款的指南(征求意见稿)〉提供意见》,载微信公众号"反垄断实务评论"2016年8月5日,https://mp.weixin.qq.com/s/dmEjHXlkAh__K43ZGwV9Cw。

② 王健、张靖:《威慑理论与我国反垄断罚款制度的完善——法经济学的研究进路》,载《法律科学(西北政法大学学报)》2016年第4期。

售额”一般应界定为反垄断执法机构启动调查时上一会计年度国内市场涉案销售额；罚款比例建议最高不超过30%，至于具体的比例则应根据违法行为的性质和危害程度来确定。一般来说，横向垄断协议特别是固定价格、市场分割和限制数量协议是性质严重的违法行为，直接按照涉案销售额的30%或接近30%计算基础罚款的起点金额；其他垄断行为根据社会危害程度来确定具体罚款比例以计算基础罚款的起点金额。在判断社会危害程度时，要综合考察企业的市场份额、违法行为的地域范围、违法行为是否已经实施等因素。为了使罚款比例区间更明确，提高罚款的确定性，笔者建议，根据违法行为性质和程度的不同情况计算责任积分，再根据不同的积分对应不同的罚款比例区间。当基础罚款起点金额确定后，再乘以违法行为持续时间的年限数，以提高对违法行为持续时间较长企业的威慑力度。横向垄断协议是一种恶性卡特尔，对竞争的影响最严重。为了提高对横向垄断协议的威慑力度，建议对参与横向垄断协议的企业另外加处15%～25%年销售额的罚款，我们将这个附加的罚款称为进入费（Entry Fee）。通过上述方法确定基础罚款金额以后，如果出现从重或从轻情节，就要启动第二步“基础罚款金额的调整”。这些从重或从轻情节属于我国《反垄断法》第49条所规定的非法定裁量因素。《没收违法所得和罚款指南（征求意见稿）》列举了一些从重和从轻情节及其对罚款比例的影响，有利于解决目前反垄断罚款实践中存在的非法定裁量因素的不确定性问题。从世界范围来看，各国对于从重和从轻情节的认识并不一致，虽然都列举了从重和从轻情节，但并没有穷尽所有因素。我们不仅要详细列举从重和从轻情节，同时也要规定这些从重和从轻情节对于基础罚款金额的影响及具体比例。此外，我们要特别重视对重复违法行为的惩罚，重复违法证明先前罚款的威慑力是不足的，因此，有必要加大惩罚力度，最高可增加到基础罚款金额的100%。

一般情况下，基于从重和从轻情节调整基础罚款金额后，就可以计算出最终的罚款数额，但在一些特殊情况下，还可能要启动第三步“基于特别威慑的调整”和第四步“罚款的特别调整”。基于特别威慑的调整主要有两种情形，一种是针对大企业的特别威慑调整，即对于除了涉案销售或服务金额以外有着特别巨大的销售额的违法企业，将提高对该企业的罚款。这种针对大企业的特别威慑调整，一般控制在基础罚款金额的1倍（100%）以内。另一种是违法所得超过罚款数额的调整。如果该违法所得的数额可以估算并且高于确定的罚款数额，还应考虑提高罚款数额，目的是使罚款超过违法所得的数额。只有这样，才能够有效威慑违法企业。第四步“罚款的特别调整”有四种情形，一是如果计算的罚款数额超过该企业处罚时全球销售额的10%，应该调整到10%以内，主要目的是防止施加的罚款与违法行为不成比例并且可能威胁企业财务的稳定。二是因宽恕减免罚款，反垄断罚款应该与宽恕政策有效对接，我国正在制定的宽恕指南提高了宽恕减免罚款的确定性。三是因和解而减少罚款。和解有利于案件的快速解决，可以提高执法效率。四是因支付不能（Inability to Pay，ITP）减少罚款数额。我们通常是针对一般情况设置罚款，实际上，罚款时考虑当事人的财力也很重要。当上述四个步骤全部完成后，第五步"最终罚款金额的确定"无非就是一个数字计算的问题，很容易解决。"五步裁量法"可以通过表3－2清楚呈现，基于"五步裁量法"基本可以获得相对确定的反垄断罚款金额。

表3－2　五步裁量法

步骤	裁量内容
第一步：基础罚款金额的确定	上一年度国内涉案销售额
	不高于30%的罚款比例（根据违法性质和程度）
	持续时间乘数
	进入费（15%～25%）
	基础罚款金额
第二步：基础罚款金额的调整	从重因素及调整比例
	从轻因素及调整比例
第三步：基于特别威慑的调整	威慑大企业的调整
	收缴违法所得的调整
第四步：罚款的特别调整	10%处罚上限
	因宽恕减免罚款
	因和解减少罚款
	因支付不能减少罚款
第五步：最终罚款金额的确定	

第四章　反垄断罚款并科没收违法所得的现状及其完善

我国《反垄断法》规定的行政处罚方式主要是没收违法所得和罚款，其第46条、第47条规定，经营者违反规定，达成并实施垄断协议的，以及滥用市场支配地位的，由反垄断执法机构责令停止违法行为，没收违法所得，并处上一年度销售额1%以上10%以下的罚款。依文义解释，立法原意应是确立没收违法所得与罚款的并科模式；而且，从立法逻辑来看，该条规定似乎还确定了没收违法所得优先于罚款而适用。这实际上与我国历来重视没收违法所得这一处罚措施并依据违法所得来计算罚款数额的固有思维是一脉相承的。① 自2008年《反垄断法》实施以来，反垄断执法机关调查并处罚了不少垄断协议和滥用市场支配地位的案件，但通过认真比对和分析，笔者发现，没收违法所得并不是主流的处罚方式，反垄断实践中单科罚款更常见，导致实践和立法的背离。而且，就没收违法所得而言，这些反垄断案件呈现的违法所得的计算方式具有模糊性。那些单处罚款的案件则面临威慑不足的窘境；但若并科没收违法所得和罚款，则会面临是否威慑过度的质疑。针对这些现实适用中的困境，我国立法应该努力作出回应并加以

---

① 参见王健：《追寻反垄断罚款的确定性——基于我国反垄断典型罚款案例的分析》，载《法学》2016年第12期。

澄清。2016 年 6 月 17 日，国家发改委根据国务院反垄断委员会的工作计划颁布了《没收违法所得和罚款指南（征求意见稿）》，对违法所得进行了界定，但依然未对没收违法所得和罚款在个案中普遍同时适用还是在特定条件下同时适用作出指引，未能有效解决这一制度在现实中的困境。在这种情况下，相关的理论研究应快步跟上，以找出切实可行的对策和建议。

第一节　我国反垄断没收违法所得适用的现状

一、反垄断行政处罚典型案例梳理

为更直观地了解我国反垄断没收违法所得处罚的适用现状，我们梳理了 2008 年 8 月 1 日至 2020 年 4 月 14 日原国家工商总局、国家发改委系统以及国家市场监管局网站公布的经营者实施垄断协议、滥用市场支配地位的 104 起典型案件（详见表 4－1、表 4－2、表 4－3），有关没收违法所得行政处罚适用的情况，发现存在一定的问题。

表 4－1　原国家工商总局竞争执法公告公布的垄断案件

序号	案件名称	没收违法所得	罚款
1	连云港混凝土垄断案	√	√
2	辽宁水泥行业垄断案		√
3	江山混凝土垄断案		√
4	江西泰和液化石油垄断案	√	√
5	河南二手车垄断案	√	√
6	宜宾砖瓦企业垄断案		√
7	大亚湾溢源净水公司垄断案	√	√
8	赤峰烟草垄断案		√
9	赤峰烟花垄断案		√
10	重庆采石场垄断案		√
11	徐州烟草垄断案		√
12	重庆燃气公司垄断案		√
13	海南东方水厂垄断案	√	√

续表

序号	案件名称	没收违法所得	罚款
14	麻阳页岩砖垄断案		√
15	抚顺烟草垄断案		√
16	青阳药业垄断案		√
17	湖北保险公司垄断案	√	√
18	江西保险公司垄断案		√
19	新奥燃气公司垄断案	√	√
20	山东会计师事务所垄断案		√
21	内蒙古给排水公司垄断案	√	√
22	内蒙古广播电视公司垄断案	√	√
23	内蒙古赤峰盐业公司垄断案	√	√
24	安徽支付密码器垄断案	√	√
25	利乐公司垄断案		√
26	新疆乌鲁木齐水业集团垄断案		√
27	重庆西南制药二厂垄断案	√	√
28	宿迁自来水公司垄断案	√	√
29	湖南永州盐业公司垄断案	√	√
30	河南固始烟花爆竹垄断案	√	√
31	吴江华衍水务公司垄断案		√
32	新兴精英医药公司垄断案	√	√
33	河池保险业垄断案		√
34	宿迁中石油昆仑燃气公司垄断案		√
35	四川广元医保支付软件垄断案	√	√
36	湖南增值税发票系统垄断案		√
37	湖北银杏沱公司垄断案		√
38	山东日照会计师事务所垄断案		√

续表

序号	案件名称	没收违法所得	罚款
39	广西钦州烟花爆竹垄断案		√
40	河南濮阳工程质量检测垄断案	√	√

表 4-2 国家发改委公布的垄断案件

序号	案件名称	没收违法所得	罚款
1	茅台垄断案		√
2	五粮液垄断案		√
3	上海黄金垄断案		√
4	复方利血平原料药垄断案	√	√
5	广东海砂垄断案		√
6	奶粉企业垄断案		√
7	眼镜镜片生产企业垄断案		√
8	三亚水晶店垄断案		√
9	丽江旅行社垄断案		√
10	海南加气砖垄断案		√
11	日本企业汽车零部件垄断案		√
12	日本企业汽车轴承垄断案		√
13	浙江保险业垄断案		√
14	吉林水泥垄断案		√
15	一汽大众及湖北奥迪经销商垄断案		√
16	克莱斯勒及上海经销商垄断案		√
17	美国高通垄断案		√
18	奔驰及经销商垄断案		√
19	云南电信运营商垄断案		√
20	东风日产及经销商垄断案		√
21	湖北景琦医药公司垄断案	√	√

续表

序号	案件名称	没收违法所得	罚款
22	滚装货物国际海运企业垄断案		√
23	别嘌醇片垄断案		√
24	陕西机动车检测机构垄断案		√
25	上海韩泰公司垄断案		√
26	江苏化工企业垄断案		√
27	艾司唑仑药品垄断案		√
28	海尔家电垄断案		√
29	上海通用汽车垄断案		√
30	美敦力垄断案		√
31	施乐辉垄断案		√
32	上海领鲜物流公司垄断案		√
33	山西机动车检测垄断案		√
34	吉化信息网络公司垄断案	√	√
35	北京物业服务评估监理收费垄断案		√
36	杭州富阳卷筒白板纸垄断案		√
37	异烟肼原料药垄断案		√
38	山西直供电价格垄断案		√
39	百胜电子 VIVO 手机销售垄断案		√
40	PVC 垄断案		√
41	陕西完达山奶粉垄断案		√
42	陕西人防门垄断案		√
43	捷波朗耳机垄断案		√
44	航空涡轮润滑油垄断案		√
45	中石油大庆天然气 RPM 案		√
46	天津港堆场垄断案		√
47	惠州河砂垄断案		√

表 4-3　国家市场监管总局公布的垄断案件

序号	案件名称	没收违法所得	罚款
1	深圳拖轮公司垄断案		√
2	深圳理货公司垄断案		√
3	冰醋酸垄断案	√	√
4	扑尔敏原料药垄断案	√	√
5	咸宁机动车检测垄断案	√	√
6	伊士曼公司垄断案		√
7	衢州混凝土垄断案		√
8	天津自来水集团垄断案		√
9	长安福特垄断案		√
10	巴林左旗餐饮行业垄断案		√
11	云阳烧结砖垄断案	√	√
12	延安混凝土垄断案		√
13	宿迁正源自来水公司垄断案	√	√
14	张家界永定区瓶装液化气垄断案		√
15	丰田汽车垄断案		√
16	贵州黔西南驾校垄断案		√
17	注射用葡萄糖酸钙原料药垄断案	√	√

二、实践与立法

从以上典型案件的梳理结果来看，在反垄断执法实践中，罚款是所有反垄断案件都适用的处罚方式，但没收违法所得这一处罚方式则常常不明确。国家发改委系统查处的 47 起案件仅有 3 起适用了没收违法所得，原国家工商系统查处的 40 起案件中有 18 起适用了没收违法所得，现国家市场监管系统查处的 17 起案件也只有 6 起适用了没收违法所得。上述案件中总计有 27 件适用了没收违法所得，占所有处罚案件的 25.96%。如果仅计算国家市场监管系统的案件，没收违法所得的案件也仅有 35%。没收违法所得似乎成为一种可选择的处罚方式，与反垄断立法原意呈现相背离的现象。

尤其值得注意的是，在以上未进行没收违法所得处罚的案件中，仅有麻阳苗族页岩砖垄断案、重庆巫溪采石场垄断案、内蒙古赤峰烟花爆竹垄断案、浙江江山混凝土垄断案、惠州河砂垄断案、巴林左旗餐饮行业垄断案和张家界永定瓶装液化气垄断案等7起案件阐明了理由（详见表4－4）。此种做法会导致反垄断执法的权威大打折扣，更容易滋长执法机关自由裁量权的滥用。此外，上述阐明理由的7起未没收违法所得的案件，均是因为违法所得无法（精确）计算（处理），执法机关对此选择不予没收，这可能会引发不良示范效应，即在后续的反垄断案件中，经营者会竞相效仿，通过采取毁灭会计账簿等方式造成违法所得事实上无法计算，从而规避没收违法所得的处罚。

表4－4　未没收违法所得的原因

序号	案件名称	原因
1	麻阳苗族页岩砖垄断案	由于当事人没有完整的财务账册和记账凭证，当事人生产销售页岩砖的利润无法计算
2	重庆巫溪采石场垄断案	因当事人为个体经营且未建立财务账册，成本及已缴纳的税金等无法核算，故当事人以垄断协议分割销售市场所获违法所得无法计算
3	内蒙古赤峰烟花爆竹垄断案	考虑到当事人批发销售额中可能存在部分零售商因交通条件以及对供货商的信赖等因素自愿与其交易而形成的合理交易额，但由于其中的“合理交易额”与因分割市场形成的“强制交易额”不易划分清楚，其违法所得应按无法计算处理
4	浙江江山混凝土垄断案	因混凝土行业的特殊情况，当事人无法提供实施垄断协议期间关于混凝土销售收入与原材料成本的财务资料，其在该特定期间的违法所得无法准确计算
5	惠州河砂垄断案	无法准确核算当事人实施垄断协议的违法所得数据
6	巴林左旗餐饮行业垄断案	涉案违法所得无法计算
7	张家界永定瓶装液化气垄断案	7家经营者均属小微私营企业，财务数据不完整，其假定竞争状态下的收入或支出无法合理计算，其违法所得无法科学合理计算。因此，该案无法计算当事人违法所得

三、违法所得计算的模糊性

通过表4－5对27起没收违法所得处罚案件计算依据的梳理，笔者发现，实践中违法所得的计算明显缺少统一标准，无法准确预期。不仅不同的执法机关在违法所得的认定和计算方式上存在差异，而且同一个执法机关在不同的案件中对违法所得计算的认识也不尽相同。对于违法所得的计算，大致有如下6种处理方式：一是选择避而不谈，一带而过。在处罚决定书中，大多数案件（56%）并未阐明违法所得的计算依据和过程，只是在最后的处罚决定中笼统地表述为“依据《反垄断法》第46条（或第47条），没收违法所得……”。二是将滥用市场支配地位取得的违法获利作为违法所得。例如，内蒙古广播电视公司垄断案，执法机关认定当事人通过各收费网点附加不合理交易条件，违法收取“4元基本付费节目包”共计9.16万元为违法所得。三是将违法收取的保证金、预付金等费用所产生的利息作为违法所得。针对海南东方自来水公司滥用市场支配地位，违规收取用户的用水保证金，并长期占有用户资金，行政机关在计算违法所得时，在扣除2008年8月1日《反垄断法》生效之前收取的保证金及退还的保证金后，以保证金余额产生的利息总额38，521.48元计为违法所得。四是将销售额作为违法所得。在安徽支付密码器垄断案中，执法机关对当事人在听证申辩时提出的违法所得应以其真正销售额330元/台计算的意见予以采纳，直接以其实际销售收入和实际所得330元/台计算。五是销售额（收入）扣除合理支出。在河南安阳旧机动车垄断案中，行政机关以垄断协议期间收取的交易服务费扣除合理费用，作为违法所得的数额。在国家工商总局后续的新闻报道中，进一步介绍了在该案中，专家组认为应以当事人违法生产、销售商品或者提供服务所获得的全部收入扣除当事人直接用于经营活动的适当的合理支出为违法所得。[①] 六是销售额（收入）扣除合理支出，或者在滥用市场支配地位取得的违法获利中，进一步扣除税费作为最终的违法所得。例如，在湖南永州盐业公司垄断案、大亚湾溢源净水公司垄断案和江西泰和液化石油气垄断案中，除了在销售额（营业收入）中扣除合理成本支出外，还明确将缴纳的税费予以扣除。在内蒙古给排水公司垄断案中，当事人通过附加不合理交易条件限定用户安装指定水表、自行安排施工等行为，获利311，261元，执法机关在扣

---

① 参见倪泰、李春喜：《磨砺精兵护公平——河南省工商机关查处全国首起二手车市场垄断案纪实》，载《中国工商报》2012年8月30日，A1版。

除已缴税金后予以没收。

表 4－5 没收违法所得案件计算依据

序号	案件名称		违法所得的计算
1	宿迁正源自来水公司垄断案		工程总收入—材料及人工成本—实际缴纳的税款
2	云阳烧结砖垄断案		停产补偿款
3	咸宁机动车检测垄断案		未提及
4	冰醋酸垄断案		未提及
5	扑尔敏原料药垄断案		未提及
6	河南濮阳工程质量检测垄断案		未提及
7	四川广元医保支付软件垄断案		搭售产品的销售额—采购成本
8	武汉新兴精英医药垄断案		未提及
9	固始烟花爆竹厂垄断案		未提及
10	宿迁银控自来水公司垄断案		未提及
11	重庆西南制药二厂垄断案		未提及
12	湖南永州盐业公司垄断案		总销售额—进货成本—税费
13	安徽支付密码器垄断案	信雅达公司	以销售额 330 元/台计算
		北京兆日公司	未提及
		上海海基业公司	未提及
14	内蒙古赤峰盐业公司垄断案		未提及
15	内蒙古广播电视公司垄断案		附加不合理交易条件的获利
16	内蒙古给排水公司垄断案		附加不合理交易条件的获利—税费
17	新奥燃气公司垄断案		违法占用预付气费款之利息
18	湖北保险公司垄断案		未提及
19	海南东方自来水公司垄断案		违法收取保证金之利息
20	大亚湾溢源净水公司垄断案		收入—成本—税费
21	河南安阳旧机动车垄断案		交易服务费—成本

续表

序号	案件名称	违法所得的计算
22	江西泰和液化石油气垄断案	销售额—成本支出—税费
23	连云港混凝土垄断案	未提及
24	吉化集团信息网络技术公司垄断案	违法收取的停机保号费总额
25	湖北景琦医药公司垄断案	进销差价
26	复方利血平原料药垄断案	未提及
27	注射用葡萄糖酸钙原料药垄断案	未提及

四、威慑不足和威慑过度

一个救济体系的基本目标就是威慑人们不敢违反法律,一个规划合理的威慑体系应把违法的概率降低到一个很低的水平。① 反垄断威慑理论认为,反垄断处罚既要避免威慑不足,更要防范威慑过度,反垄断处罚所追求的应是最优化威慑。② 如果反垄断处罚过轻,低于违法者的违法所得或者对社会造成的损失,那么就无法阻止违法者或同类企业以相同或类似的方法再次违法,从而产生威慑不足的问题。如果对行为人的惩罚设在显著高于该违法行为带给社会成本之上,则会导致一些给社会带来的收益大于成本的合法行为也受到了威慑,造成威慑过度。③

由于我国对于上一年度销售额的解释较严格、罚款比例偏低,如果单处罚款,不并处没收违法所得,违法者的违法成本是很低的,肯定会产生威慑不足的问题。例如,在别嘌醇片垄断案中,有学者通过研究认为,5 家企业通过达成并实施非法的垄断协议行为,获取了 80% ~138% 以上的非法垄断利润。相较于通过达成垄断协议非法的涨价幅度与执法机关判罚的罚款比例,两者相距甚远,罚款的比例几乎可以忽略不计,罚款的数额与涨价的非法利润相比,可谓九

① 参见[美]理查德·A. 波斯纳:《反托拉斯法》,孙秋宁译,中国政法大学出版社 2003 年版,第 313 页。

② 参见王健:《追寻反垄断罚款的确定性——基于我国反垄断典型罚款案例的分析》,载《法学》2016 年第 12 期。

③ 参见[美]理查德·A. 波斯纳:《反托拉斯法》,孙秋宁译,中国政法大学出版社 2003 年版,第 314 页。

牛一毛，反垄断执法机关的罚款处罚根本起不到对垄断违法行为的威慑作用。①

那么，没收违法所得并处罚款是否真的会威慑过度？笔者认为，我国《反垄断法》规定在没收违法所得的同时并处上一年度销售额1% ~10%的罚款，如果机械适用该条规定是很有可能带来威慑过度的后果的。首先，执法机构在没收违法所得与罚款的方式选择上没有任何裁量余地，针对一些限制竞争影响较小或者竞争中立的行为，其对社会造成的损害远小于获利水平，而执法机关不得不没收其违法所得并处罚款，这样会将超出损害的获利一并处罚，造成威慑过度。同时，这一超过威慑违法行为必要限度的惩罚和剥夺违法者的违法所得的惩罚可能会导致对消费者的非必要价格提高，这也背离了竞争政策所追求的资源有效分配的初衷。② 其次，如果经营者违法经营时间持续很长，违法所得数额会因违法行为持续时间的长度而大大增加。依据我国《反垄断法》第49条的规定，反垄断执法机构确定具体罚款数额时，应当考虑违法行为的性质、程度和持续的时间等因素，此时的罚款额度也会因违法行为持续时间的增加而变大，经营者在面临没收违法所得的同时，还将接受罚款的从重处罚，势必会导致经营者因巨大的惩罚而经营困难，乃至于破产。例如，在重庆西南制药二厂垄断案中，当事人在与新先锋公司签订独家销售协议后，持续23个月拒绝与其他商家交易苯酚原料药，执法机关据此认定这23个月拒绝交易期间内获得违法所得482,883.9元，在没收的同时依照上一年度销售额的1%处以罚款17,240元。通过比较可以发现，由于违法时间较长，违法所得数额占销售额的比例接近30%，很可能超过其利润率，即使再按照法定最低比例1%处以罚款，对当事人的制裁也显得过重。

第二节　没收违法所得在反垄断行政处罚中的地位

我国反垄断没收违法所得适用中的困境，有一部分属于具体计算中的问题，但更多的涉及反垄断行政处罚中没收违法所得与罚款关系的处理以及与此

---

① 参见蒋岩波、肖秀娟：《别嘌醇片垄断协议案行政处罚的法律适用问题探究——基于〈反垄断法〉第46条的规范分析》，载《江西财经大学学报》2017年第3期。

② 参见ABA：《美国律师协会对我国〈关于认定经营者垄断行为违法所得和确定罚款的指南(征求意见稿)〉提供意见》，载微信公众号“反垄断实务评论”2016年8月5日，https://mp.weixin.qq.com/s/dmEjHXlkAh__K43ZGwV9Cw。

有关的威慑效果问题。总的来说,世界上有三种处理模式。

一、整合没收违法所得功能的罚款中心主义是主流模式

罚款除具有压制及预防之作用外,尚具有剥夺所得之功能。[①] 世界大多数国家(地区)反垄断法将罚款作为最重要的行政处罚方式,并且在罚款中整合了没收违法所得的功能,这就是主流的"罚款中心主义"处罚模式。

为了达到有效的威慑效果,应当基于获利或损害来设定罚款数额。也就是说,反垄断罚款的数额应当等于或高于违法行为的所得或者对社会造成的损害。从理论上而言,以损害为基础的罚款要比以获利为基础的罚款更需优先考虑。[②] 但从实践来看,如何测算或估算违法所得或社会损害并不是一件容易的事情。基于这种情况,各国反垄断法或罚款指南并没有完全按照获利或损害来设定反垄断罚款,一般将销售额作为获利或损害的替代因素来计算反垄断罚款。[③] 尽管如此,这些国家和地区在计算反垄断罚款数额时,仍然非常重视获利和/或损害在确定反垄断罚款中的价值,特别是不少国家明确将违法所得作为调整罚款数额的重要考量因素,有些国家甚至直接将违法所得作为计算罚款数额的标准之一。这实际上赋予了罚款没收违法所得的功能和作用。

欧盟在确定反垄断罚款数额时,除了将违反行为造成包括消费者或竞争者所受之损害列为审酌参考系数之外,还将事业因违反行为所取得之利益加以摘取列入特别考量因素。执委会认为不能让事业因违反行为而变得富有为其执行重要原则。执委会亦早在第二十一次竞争报告中就指出:避免事业因违反行为取得不法利益将是日趋重要的执行原则。执委会在个案处理时所秉持原则即至少不会让违法事业因违法行为而获利,故会评估事业可能取得利益多寡来决定罚款数额,违法取得利益越多,罚款数额越大。[④] 否则,就不能发挥罚款的威慑效用。按照这种思路,欧盟2006年罚款指南第31条规定,欧盟委员会如果可以推定违法企业所获取的违法所得金额,那么就可以把罚款金额增加到违法

① 参见翁岳生编:《行政法》(上册),中国法制出版社2009年版,第805页。

② 参见[荷]伍特·威尔思:《欧共体竞争法中的罚款处罚》,李国海译,载漆多俊主编:《经济法论丛》第5卷,中国方正出版社1999年版,第261页。

③ 参见王健、张靖:《威慑理论与我国反垄断罚款制度的完善——法经济学的研究进路》,载《法律科学(西北政法大学学报)》2016年第4期。

④ 参见许永钦:《违反公平交易法行为制裁制度之研究》,台北大学2004年博士学位论文,第174页。

所得金额之上，即罚款超过违法所得。英国2012年罚款指南第2.17段也规定，反垄断执法机构如果有证据证明经营者从违法行为中获得的经济或财政利益已经或有可能超过依照前三个步骤确定的罚款数额时，那么就可以考虑进一步提高罚款数额。欧盟和英国的这种罚款制度实际上就具有了整合没收违法所得的功能。

还有些国家的做法更直接，将违法所得作为计算罚款数额的重要标准之一。例如，美国反托拉斯法规定，对于从事违法行为的企业，最高处1亿美元或违法行为所受利益/造成他人损害的2倍的罚金。澳大利亚2010年《竞争和消费者保护法》第76(1A)条规定，企业的罚款不超过下列规定的数额，以最高者为准：(1)1000万澳元；(2)如果能够确定违法所得，则是违法所得的3倍；(3)如果违法所得不能确定，则是企业结束违法之月起前12个月年销售额的10%。新西兰的规定与澳大利亚类似，其1986年《商业法》第80条规定，企业罚款最高不超过下列两项规定的数额，以高者为准：(1)1000万新西兰元；(2)或者如果能确定违法所得，则是违法所得的3倍，如果违法所得不能确定，则是企业销售额或全部关联企业销售额的10%。印度《竞争法》第27条规定，如果第3条规定的协议，参加方中有任一卡特尔，委员会应当对卡特尔中的所有生产商、销售商、分销商、贸易商或者服务提供者施以罚款。罚款的数额应当相当于卡特尔通过该种协议获得的利益的3倍，或者相当于卡特尔最近3个财年平均营业额的10%，两者中以较高者为准。①

二、没收违法所得与罚款的复用模式

对于没收违法所得和罚款关系的处理，德国《反限制竞争法》第34条第1款规定了违法利益收缴制度，企业因故意或过失违反该法及《欧共体条约》第81条、第82条的规定或卡特尔当局的裁决并获得经济利益，卡特尔当局可以收缴这一经济利益，并要求该企业缴纳相当于该项利益的金额。除了收缴违法利

① 美国、澳大利亚、新西兰和印度等国规定了罚款(罚金)应按照违法所得的3倍(或2倍)来计算，其主要来源是法经济学中的威慑理论。按照威慑理论，为了达到有效威慑目标，最优罚款(罚金)的设计应该是违法所得/社会损害除以惩罚概率或者是乘以惩罚概率的倒数。美国立法者可能将违法行为被惩罚的概率假设为1/2，从而将最优罚金设定在违法行为所受利益/造成他人损害的2倍；澳大利亚、新西兰和印度的立法者也许认为违法行为被惩罚的概率只有1/3，因此将最优罚款设定在违法所得的3倍。欧盟的罚款虽然没有上述国家罚款倍率的设定，但他们在罚款计算过程中通过特别威慑调整等方式同样体现了反垄断罚款的威慑理念。

益外,该法还规定了罚款制度。根据《反限制竞争法》第 81 条第 1 ~ 3 款的规定,行政违法指任何故意或过失违反《欧共体条约》第 81 条、第 82 条,以及实施垄断协议、滥用支配地位等限制竞争行为,或者拒不执行反垄断执法机构作出的停止垄断行为的命令、抗拒执法机构对其进行的垄断行为调查,或者违法进行经营者集中申报等。针对以上行政违法行为,第 4 款规定了可以对严重垄断行为处以 100 万欧元以下的罚款,对于参与违法的每个企业或企业联合的罚款不超过其上一年度营业总额的 10% 。所有的其他案件,行政违法可被处以 10 万欧元以下的罚款。关于违法利益收缴与罚款的关系,共有两个条文涉及。第 81 条第 5 款规定,因秩序违反行为所获得之经济上利益,在依本条第 4 款规定科处罚款时,得予以剥夺。第 34 条第 a 款规定,前款规定,于损害赔偿之给付、科处罚款或犯罪所得没收致使经济利益不复存在的程度内,不予适用。由此可以看出,德国的做法是,企业如果有违法利益,则要收缴违法利益。对同一违法行为还可以复用罚款处罚方式。如果通过罚款已经使违法利益不复存在,则不适用违法利益收缴制度。如果在罚款时未将违法利益收缴,则要考虑剥夺违法利益。

三、兼具没收违法所得与罚款功能的课征金制度

课征金是日本特有的行政罚款制度,它以剥夺卡特尔的不当得利为目的,以价格卡特尔为实施对象。① 通常认为其具有没收违法所得和行政罚款的双重性质。"课征金"这一法律术语最早出现在 1947 年日本国会通过的《日本财政法》中,指"国家依据其国家权力征纳的租税以外的金钱"。② 在 1977 年日本《禁止垄断法》的修改中,将"课征金"引入到了对卡特尔的制裁。公正交易委员会对此做了如下说明:课征金是由国家从参加卡特尔的事业者中剥夺其通过违法行为获得的不当得利,其金额以超过违反行为所获得的利益为基准来计算,在确保社会公正的同时,力图抑制违法行为的行政措施。在增设课征金制度之前,日本《禁止垄断法》的罚则参照美国反托拉斯法的模式已经规定了刑事罚金,两者同属于金钱性质的处罚,引起了学者的质疑:这样是否违反了日本宪法第 39 条关于禁止双重处罚的规定。对此,公平交易委员会作出解释称,课征

---

① 参见[日]村上政博:《日本禁止垄断法》,姜姗译,法律出版社 2008 年版,第 153 页。

② 参见王为农、黄芳:《日本禁止垄断法中的征缴"课征金"制度》,载《财经问题研究》2005 年第 5 期。

金制度是通过剥夺违法经营者的不法所得来抑制垄断行为的一种行政上的措施，并非是追究违法者责任的制裁措施，这与刑事罚金的目的、宗旨不同，因此不违反宪法规定。[①] 此后日本《禁止垄断法》的数次修订都是围绕课征金展开的。在2005年修订的日本《禁止垄断法》中，课征金征收的对象扩大到了不正当交易限制行为、私人垄断行为以及部分不公正交易方法。同时，扩大了公正交易委员会调查处理权限，导入了宽大制度。2009年日本对课征金制度再次作了修订，主要体现在拓展了宽大制度的适用范围，增加了对在不当交易限制行为中起主导作用的事业者的加重处罚。

对于课征金的征收与否、征收多少，均是按照法律的规定，公正交易委员会没有加重或减轻因素的裁量权，就这一点而言，课征金是一种极呆板的行政罚款制度。[②] 最初，课征金的缴付比率很小，只按照行为人违法经营期间销售额的1.5%予以征缴，不具备惩罚性质。但此后在日本反垄断法不断修订的过程中，课征金的计算比率逐步加大，从1991年由1.5%加大到6%，[③]直到2005年的《禁止垄断法》第7条之二规定，公正交易委员会责令违法经营者，就实施垄断行为期间的销售额乘以10%（零售业为3%、批发业为2%）作为课征金上缴国库。对于这一次课征金计算比率的提高，主要是根据对过去卡特尔、串通投标案件中的违法所得的推算，平均在16.5%左右，约有9成在8%以上，日本公正交易委员会对这次计算比率的提高作了说明：这是将课征金从以往的征收与违法所得相当的金钱，变更为征收超过违法所得金额的行政制裁。[④] 为了避免课征金与刑事罚金并存所产生的双重处罚和威慑过度，在2005年的修订中，还规定了可以从课征金的数额中扣除相当于刑事罚金数额的一半金额。

韩国反垄断法在吸收日本课征金制度经验的基础上，制定了具有本国特色的课征金制度，同样具有没收违法所得和行政罚款的双重性质。与日本相比，韩国的课征金制度相对灵活，公正交易委员会具有更多的裁量权。韩国2010年修订的《独占规制法》第6条规定，对滥用市场支配地位的违法者，公正交易

---

① 参见文学国、孟雁北、高重迎：《反垄断法执行制度研究》，中国社会科学出版社2011年版，第192页。

② 参见[日]村上政博：《日本禁止垄断法》，姜姗译，法律出版社2008年版，第68页。

③ 参见[日]根岸哲、舟田正之：《日本禁止垄断法概论》，王为农、陈杰译，中国法制出版社2007年版，第321页。

④ 参见[日]根岸哲、舟田正之：《日本禁止垄断法概论》，王为农、陈杰译，中国法制出版社2007年版，第322页。

委员会可以命令该事业者缴纳总统令规定的销售额的3%以内的课征金。但是,对于无销售额或者销售额难以计算的,可以命令其缴纳10亿元以内的课征金。第22条规定,事业者以契约、协定、决议等方式,与其他事业者共同实施限制竞争行为的,公正交易委员会可以命令其缴纳销售额10%以下的课征金,无销售额的,可以命令其缴纳不超过20亿元的课征金。这里的"总统令规定的销售额"系为2010年11月2日施行的《独占规制及公正交易法施行令》第9条中的规定,是指在违法期间违反事业者在一定的交易领域销售的商品或劳务的销售额或者参照该数的金额。

韩国课征金的具体算定基准在《独占规制法》第55条之三有明确规定:(1)确定基本课征金:公正交易委员会根据违反行为的内容与程度、因违反行为取得的利益规模等参考事项,确定违法行为的重大性系数再乘以销售额,得出基本课征金。(2)义务调整课征金:这里主要是结合违法行为持续的期间和次数,在基本课征金的基础上加重征收不超过50%的课征金。(3)任意调整课征金:公正交易委员会再次综合考量违法经营者的主观要素(故意或过失)、违法行为的性质以及相关事由、财政状况、市场环境等因素后,作出的加重或减轻(加重或减轻的范围不超过义务调整课征金的50%)课征金的决定。① 在完成以上3个环节后,公正交易委员会作出最终的征收课征金决定。

从日、韩两国课征金制度的设立宗旨看,随着课征金计算定率的不断提高,以及加重、减轻情节的引入,并正式规定了课征金的减免制度,课征金的征收数额超过了违法所得的金额,其性质也由最初"剥夺违法所得"发展为兼具"制止垄断行为"效果的行政制裁性质,并且更加倾向于行政制裁。②

第三节 改善现状的思路和对策

解决我国反垄断行政处罚中没收违法所得适用的现实困境,当前的任务是明确违法所得的界定和计算方式,实现没收违法所得适用的常态化,回归立法原意,解决立法与实践的背离问题、违法所得计算的模糊性问题,同时也可以克服因缺失没收违法所得而产生的反垄断行政处罚威慑不足的问题。另外,一旦

---

① 参见吴汉洪、权金亮:《日韩对达成垄断协议行为的处罚规定及其对中国的启示》,载《中国物价》2015年第3期。

② 参见郭娅丽:《日本课征金制度的重大变革及争议焦点》,载《日本研究》2007年第1期。

启动没收违法所得，我们更要注意对没收违法所得作适当限制性解释，以避免没收违法所得并用罚款可能带来的威慑过度问题。而要全面解决反垄断没收违法所得适用的现实困境，还需要通过对《反垄断法》的修订，取消“没收违法所得”处罚方式，将没收违法所得整合到罚款制度中，最终确立以罚款为中心的反垄断处罚模式。

一、近期解决思路和对策

（一）准确界定违法所得

关于违法所得的界定，理论上有不同见解。胡锦光教授认为，违法所得指公民、法人和其他组织在形式上有法律依据，但现实中的行为不符合法律要求而取得的收入。[①] 徐继敏教授认为，违法所得主要指行为人通过违法手段获取的收益。[②] 姜明安教授提出，行政处罚中的违法所得是指违法行为人从事非法经营等获得的利益。[③] 上述解释固然合理，但似乎存在同义反复的问题。在德国《违反秩序罚法》中有类似的“不法获利之追缴”（Verfall）制度，其性质为一种不具有处罚成分的准不当得利的措施，纯粹以剥夺不当得利为主要目标。[④] 不法利得的类型主要有积极利益和消极利益，积极利益是指行为人因违反行政法上的义务而获得的利益，而消极利益为行为人本应履行行政法上作为义务而不作为，以致减少的支出和节省的成本。[⑤] 我国《没收违法所得和罚款指南（征求意见稿）》对违法所得的界定也是如此，其第 5 条规定，垄断行为违法所得是指经营者实施垄断行为存续期间因该行为多得的收入或减少的支出。从实践案例的梳理中可以发现，不同执法机关对违法所得界定存在的问题主要聚焦在违法所得的范围，即违法所得除了经营者获得的积极利益以及减少支出的消极利益，是否还应当剔除经营成本、税费等合理费用？对此，可以从“没收”和“违法所得”这两个角度予以探讨。

没收（Confiscation）系为我国《行政处罚法》规定的处罚种类之一，具体又包括了没收违法所得和没收非法财物。对于没收的概念，理论上可以区分为一

① 参见胡锦光：《行政处罚研究》，法律出版社 1998 年版，第 37 页。
② 参见徐继敏主编：《行政处罚法的理论与实务》，法律出版社 1997 年版，第 94 页。
③ 参见姜明安主编：《行政法与行政诉讼法》，北京大学出版社 1999 年版，第 223 页。
④ 参见廖义男等：《行政罚法》，台北，元照出版有限公司 2008 年版，第 197 页。
⑤ 参见陈清秀：《行政罚法》，法律出版社 2016 年版，第 256 页。

般没收和特别没收。一般没收,是指对违法者财产的全部或部分予以剥夺,不论其财产之种类与范围,最常见的就是刑罚中的没收财产刑。特别没收,系指依据法律规定之范围,对违法者所有或占有的财产予以剥夺,对法律规定外的财产禁止没收。[①] 从各国法律规定来看,特别没收主要包括行政没收、民事没收和保安没收,其"特殊"之处就在于国家是基于维护行政管理秩序或相关政策的需要,对违法者给予财产处分,适用范围也被严格控制在特定之物,超过该范围的合法财产不得没收。因此,没收违法所得和没收非法财物的共性之处即在于,没收对象不包括违法者的合法财产,没收的行为实质上具有追缴的性质,并非违法者因实施违法行为而付出的代价。[②] 故而行为人支出的经营成本等合理费用均应当视为其合法财产,不得作为行政没收的对象。

从"违法所得"的角度看,德国《违反秩序罚法》对此曾展开过讨论,并产生了学理上关于"总额收入原则(Bruttoprinzip)"和"净额利益原则(Nettoprinzip)"的争论。德国通说认为,违法所得应当扣除违法行为人所作的对待给付及其他费用,而以收支结算后的净额所得为准,此即"净额利益原则"。"总额收入原则"认为,应以取得的标的物整体为认定标准,无须涵盖前述之对待给付或成本费用。如果根据"总额收入原则",违法所得不包括成本等合理支出,似乎有违行政法意义上的合理性原则。我国也有学者主张对违法所"得"作"外向化"思路的解释,要求执法者在整体化的过罚相当视野中合理确定违法所"得"的边界、理性定位"没收违法所得"的功能,避免"内向化"地对违法所"得"作扩张解释(包括利润和成本的违法收入)。[③]

综上,笔者认为,对违法所得的界定,首先,必须确保该违法所得与违法行为具有"因果关系",即所获经济利益只有与违法行为具有直接的因果关系,才能认定为违法所得。这里的经济利益不仅限于直接获取的利益,还包括了因违法行为节省支出所取得的间接利益。其次,对违法所得的计算应明确采取"净额利益原则"。事实上,在国家工商总局 2009 年颁布施行的《工商行政管理机关行政处罚案件违法所得认定办法》中就规定了要在违法收入中扣除当事人适

---

① 参见万志鹏:《没收财产刑研究》,西南政法大学 2010 年博士学位论文,第 33 页。

② 参见应松年主编:《行政法与行政诉讼法学》,法律出版社 2009 年版,第 229 页。

③ 参见宋功德:《没收违法所"得"应当缩水》,载《法制日报》2007 年 2 月 25 日,第 5 版。

当的合理支出,[①]但在实践操作中,合理支出的内涵欠缺明确规范,除了经营成本外,也应当对行为人已缴纳的税费予以扣除,避免出现无所得而课征税费的结果,造成当事人的重复负担,这也违反了公平负担的原则。[②]

(二)违法所得采"计算"还是"推估"?

无论是反垄断法还是行政法,违法所得的计算都是难点。根据《没收违法所得和罚款指南(征求意见稿)》的规定,反垄断执法机构将经营者的实际收入(支出)扣除假定收入(支出)后的余额,认定为垄断行为违法所得。此处的实际收入(支出)主要是参考经营者根据会计制度确定的金额,而假定收入(支出)用对照价格乘以对照数量的方法计算,或者通过综合考虑该经营者在垄断行为发生前市场占有率、销售量、历史利润率以及本行业利润率、近似市场利润率等因素来确定。不难发现,在计算实际收入(支出)时,依据的相关数据资料主要是违法经营者自行编制的会计账簿,但现实中也存在经营者未制定或者采取编造、毁灭账簿等情形,这样往往会导致违法所得计算无从依据。值得注意的是,在《没收违法所得和罚款指南(征求意见稿)》第 31 条认定违法所得和确定罚款的数据资料中规定,"如果经营者、利害关系人等不能提供完整、可信的相关数据,反垄断执法机构在确定罚款过程中可以使用调查获得的部分数据或者其他相关且适合的信息",但未提及此种情形下违法所得该如何计算。此外,在计算假定收入(支出)时,需要考量的因素有很多,这也会导致计算的结果存在很大的不确定性。[③] 反垄断法中的违法所得似乎具有难以计算的天然属性,从目前的实践操作及《没收违法所得和罚款指南(征求意见稿)》的规定来看,均不能有效解决违法所得计算的困境。

推估与计算的不同之处就在于,计算必须等同真实数字,推估只是对真实数字的贴近确定,无须达到确切证明的标准和精确的数字计算,只需要合理地估算出经济利益即可,例如,根据违法者的营业收入,或者财政部门每年公布的各行业的利润率等。"推估"的适用前提是欠缺其他更好的调查可能性,它是违法所得认定显有困难时的一种应急手段。这里的"认定显有困难",是指可预期

---

① 《工商行政管理机关行政处罚案件违法所得认定办法》第 2 条规定,工商行政管理机关认定违法所得的基本原则是:以当事人违法生产、销售商品或者提供服务所获得的全部收入扣除当事人直接用于经营活动的适当的合理支出,为违法所得。

② 参见陈清秀:《违法所得之课税问题》,载《当代财政》2013 年第 31 期。

③ 参见蒋岩波:《反垄断没收违法所得处罚问题研究——基于法经济学的视角》,载《经济法论丛》2017 年第 1 期。

无法对违法所得的范围作出具体确认，或者需要花费不合比例的时间才能查明。相反，如果在认定上并非显有困难，则执法机关必须履行通常的调查义务。原则上，必须先穷尽显而易见的调查可能性，之后仍无法确定没收违法所得的范围与数额时，才能适用推估的规定。[①] 为了保障当事人的权益，使双方权利均衡，行政机关应当在可能的范围之内进行充分调查，并充分说明推估依据，以便法院对其合法性予以审查。有学者主张，在行政处罚上应类推适用刑事诉讼法"不自证已罪"原则，[②]即由办案机关负举证责任，当事人无理由亦无协助调查之义务做出不利于自己的行为而遭致处罚。据此，在处罚程序上，行政机关无权命令行为人积极提供违法所得的数据。倘若行为人为了避免遭受不利的推估结果，则可以主动地提交违法所得的计算资料，供给行政机关认定参考。

在推估违法所得时，并不是完全依据违法经营者自身作为推估计算的基础，有时也会选择其他合法经营者作为推估计算的基础。例如，2007 年 6 月 19 日，德国联邦最高法院在一起联合垄断之卡特尔案件的判决中指出，计算违法所得应将违法行为存续期间的经营状况与经营者正常发挥市场功能的情形比较，超出部分的实际收入即作为违法所得的金额。如若不存在可比较的相关功能市场，则将其与国外的合适市场予以比较分析，或者引进专家进行调查假设的市场情况。此时，这一推估的计算方法必然会与真实情况有所出入，而行政机关不再采取存疑有利于被告的认定原则，对违法所得推估计算的基础也不再选择有利于当事人的比较计算基础。[③]

鉴于我国反垄断没收违法所得精确计算的实际困难，可以考虑在现有计算规定的基础上，借鉴"推估"制度，并将其作为无法或很难计算违法所得时的补充方案。通过制度上的设计，控制好"推估"适用的前提，即在执法机关穷尽所有调查方法，仍无法确定或难以计算违法所得的情况下，允许其援引相关功能市场的数据、专家论证等，合理推估出经营者的违法所得。同时，在程序设计上给予违法行为人反证的权利，当行为人对推估结果存疑，认为有不合理之处时，可以通过向执法机关提交相关证据予以反驳，这样便有效地平衡了双方权利，

---

① 参见许泽天：《没收之估算》，载《月旦法学杂志》2016 年第 5 期。

② 参见蔡震荣、郑善印：《行政罚法逐条释义》，台北，新学林出版股份有限公司 2006 年版，第 109 页。

③ Göhler，Ordnungswidrigkeitengesetz，16. Aufl. ，2012，§ 17Rn. 48a. 。转引自陈清秀：《行政罚法》，法律出版社 2016 年版，第 260 页。

提升了执法效率，也符合《反垄断法》的立法精神，能更科学、合理地认定垄断行为违法所得。

（三）没收违法所得适用的限制性解释

对于垄断行为，按照目前法律的规定，应并处没收违法所得和罚款。但如果对所有垄断行为均没收违法所得和罚款，从实践情况来看，可能会导致威慑过度。在当前情况下，对没收违法所得作适当的限制性解释也许是解决问题的一个思路。也就是说，并非任何垄断案件都"必须"没收违法所得，在一定情形下行政执法机关可以决定仅处以罚款，这事实上赋予了行政机关依据"便宜原则"而采取的斟酌裁量权。

具体来说，执法机关在何种情形下可以不没收违法所得呢？换言之，没收违法所得处罚的适用条件与适用范围该如何解释。有学者提出，按照"原则＋例外"的体例建构反垄断没收违法所得处罚的适用范围，即对于违法的垄断协议行为和滥用市场支配地位行为中的垄断高价行为，以应当适用没收违法所得处罚为基本原则，不适用没收违法所得处罚为例外情形；对于其他的滥用市场支配地位的行为，如掠夺性定价、拒绝交易、搭售等，以不适用没收违法所得处罚为原则，以没收违法所得处罚为例外。① 在确定没收违法所得处罚的适用范围时，要合理地区分对待垄断协议行为和滥用市场支配地位行为。由于垄断协议行为特别是固定价格行为主观恶性较大，并且在违法所得计算等方面相对较容易，可以考虑适用没收违法所得处罚措施；对于滥用市场支配地位行为，很多情况下违法所得较难计算或根本无法计算，可以赋予执法机关裁量权，不予没收违法所得。

二、远期解决思路和对策

（一）取消"没收违法所得"，采取以罚款为中心的反垄断行政处罚模式

"罚款中心主义"的优势主要表现在两个方面：一是越来越多的国家和地区的反垄断立法规定了罚款的制裁手段，并逐步提高罚款数额以起到足够的威慑力；二是在各国反垄断执法实践中，罚款这一制裁方式的适用频率也在逐步提高，行政罚款已经成为各国（地区）反垄断法中最为通用也最具威慑力的手

---

① 参见蒋岩波：《反垄断没收违法所得处罚问题研究——基于法经济学的视角》，载《经济法论丛》2017 年第 1 期。

段。[1] 对于违法者获得的"违法所得",往往被作为罚款的"酌量加重"情形,即认为罚款应尽量剥夺违法者所获得的经济利益,此种单一类型的处罚模式,可以减少很多适用中产生的疑义。[2] 此外,还有一个很重要的原因,罚款本身具备一定的优势。作为行政处罚措施的罚款,是指行政主体强制违法的行政相对人承担金钱给付义务的一种处罚形式,主要适用于通过剥夺违法者的财产来补偿因违法行为造成的经济损失的领域,或者以牟取非法经济利益为目的的行政违法行为。[3] 可以看出,罚款的性质属于经济性制裁的财产罚,如同刑罚上的罚金,都是以相对人的财产作为制裁的内容,其作用在于警戒贪婪,督促违法者履行义务。[4] 罚款的责任方式有利于增强违法者行政责任内容的制裁性和威慑性,特别是,近年来各国普遍加大了罚款力度,通过提高垄断行为者的违法成本,直接剥夺其经济收益,使其不得不考虑权衡垄断行为所获收益与垄断行为所导致的风险概率、遭受行政罚款的额度等因素之间的利弊得失。同时,罚款这一处罚方式灵活可操作,可以通过增减数额的方式达到最佳的威慑效果,并且能多次反复运用,除了给违法行为人造成金钱损失外,罚款本身并无其他不适当的消极影响,在执行过程中也不会妨碍经营者正常的生产经营。[5] 因此,我国反垄断立法可以考虑取消没收违法所得,在罚款中整合没收违法所得的功能,即采取以罚款为中心的反垄断行政处罚方式。

(二)整合没收违法所得功能的罚款制度

立足于最优威慑的目标,反垄断处罚应当等于违法行为造成的损害,或者被替代为按违法者获利水平加上安全余数来确定。我国可以选择将违法所得作为罚款的重要考量因素,使罚款具备没收违法所得的功能,以解决当前没收违法所得处罚适用的各种困境。

据此,执法机关在作出罚款决定前,应当充分考虑经营者的违法获利水平,将违法所得作为确定罚款比率的权重因素。当违法所得难以计算时,可以参照适用前述的"推估"方法,以确定违法所得的大致数额。倘若违法所得难以估算,或者没有违法所得,执法机关也不应当就此了事,可以考虑直接处以具有足

---

① 参见李国海:《反垄断法实施机制研究》,中国方正出版社2006年版,第193~195页。
② 参见陈清秀:《行政罚法》,法律出版社2016年版,第256页。
③ 参见应松年主编:《行政法与行政诉讼法学》,法律出版社2009年版,第229页。
④ 参见廖义男等:《行政罚法》,台北,元照出版有限公司2008年版,第31页。
⑤ 参见李国海:《反垄断法实施机制研究》,中国方正出版社2006年版,第195页。

够威慑力的罚款。通过罚款来整合没收违法所得,如此便有效解决罚款与违法所得之间的紧张关系,避免产生因无法计算、估算违法所得而放弃没收违法所得,致使行政执法的公信力下降,甚至“诱使”违法者铤而走险毁灭相关会计凭证等不良效应。

根据我国当前《反垄断法》的规定,执法机关只能处以违法经营者上一年度销售额1% ~10%的罚款。由于我国的反垄断实践将上一年度销售额解释为“上一年度涉案销售额”,因此在取消没收违法所得后,会出现违法所得数额要高于10%罚款数额的情形。此时,可以考虑将违法所得与法定罚款比较,如果违法所得数额超过10%罚款的最高额,则可以在违法所得的范围内酌量加重罚款,即在此种情形下,罚款不再受法律规定的10%最高额的限制,以避免产生威慑不足的状况。还有一种可行的处理方式,就是将来修订《反垄断法》时,将上一年度销售额进一步予以明确,即从特定地域的涉案销售额扩大到全球销售额,将10%的全球销售额作为罚款的最高限额。

在目前的过渡阶段,为了有效威慑反垄断违法行为,笔者建议如下改良方案:如果不能没收违法所得,则以涉案企业的总销售额为基数计算反垄断罚款;如果没收违法所得,则以涉案企业的涉案销售额为基数计算反垄断罚款。

第五章　反垄断罚款裁量基准的现实解构与制度完善

罚款是反垄断法运用最广泛、最有利于形成威慑的制裁手段。“只有赋予反垄断执法机关足够大的处罚权，才能够对经营者起到有效的威慑作用，让他们不敢轻易制定和实施垄断协议。”①我国《反垄断法》自2008年实施以来，执法机关始终保持对垄断行为的高压态势，有效地震慑了违法者。但也应看到，无论是立法还是执法，我国反垄断罚款制度均存在一些亟待解决的现实问题，最突出的表现即在于罚款裁量的不确定性。我国《反垄断法》第46条和第47条设置了对违法经营者上一年度销售额1% ~10%的罚款区间，同时在第49条规定了执法机关确定罚款数额时应当考虑的因素，包括违法行为的性质、程度和持续的时间等，但这些因素如何具体理解适用及其在罚款比例中的权重并未释明，而是将之作为执法机关自由裁量的范围。从实践效果看，这种罚款裁量权的运用似乎不尽如人意。有学者质疑，执法机关对于决定罚款比例和数额的基本因素、从重和从轻情节的认识比较模糊，甚至对同类违法行为作出的

---

① 全国人大常委会法制工作委员会经济法室编：《〈中华人民共和国反垄断法〉条文说明、立法理由及相关规定》，北京大学出版社2007年版，第277页。

罚款裁量比例也存在不一致的现象。[①] 现行《反垄断法》在赋予执法机关自由裁量权的同时也预留了“失控”的余地和空间，[②]难以形成统一的罚款标准，致使罚款的可预期性和透明度不高，影响了威慑功能的实现。诚然，适度的自由裁量权可以确保个案正义和实质正义的价值追求得以实现，但任何不受规制的裁量，都有酿成权力滥用的风险，也有违行政法中过罚相当和比例原则的要求，应当警惕。

当前，有效规制反垄断罚款裁量权可以通过裁量基准实现。所谓裁量基准，是行政机关专门为规范行政执法裁量制定的具体判断、裁量标准，通常是对法律、法规原则性、抽象性、弹性条款或裁量幅度过大的条款具体化、细化和量化。[③] 作为一种“规则化”的“行政自我规制”，[④]裁量基准具有控制行政裁量的运作、提升行政裁量的质量、减少裁量的不确定性等基本功能，[⑤]并成为当下中国法治推进过程中的一种重要裁量治理模式。特别是在行政处罚领域，我国各地行政机关也普遍制定了裁量基准（或称规则、指南、手册等），通过设置具体的裁量因素，对法律规定中较为宽泛的裁量幅度区分处罚格次，压缩了执法机关处罚的裁量空间。从全球视野考察，各大反垄断司法辖区克服反垄断罚款裁量不确定性的主要路径依赖于执法机关制定“罚款指南”（或称罚款计算办法、罚款裁量办法）。其中，裁量方法和裁量基准构成了反垄断罚款指南的主要内容，使执法更具操作性和透明度。我国反垄断执法机关曾在2016年起草了《没收违法所得和确定罚款的指南（征求意见稿）》并向社会公开征求意见，但迄今为止尚未正式发布。

理论上，裁量基准既包括成文基准也包括不成文基准，前者即以成文的形式集中展现裁量所遵循的基准，在反垄断法领域通常表现为罚款指南的形式，而不成文基准则散落在诸如个案处罚决定中的说理、行政惯例所形成的规则等文件资料中。[⑥] 基于平等对待原则的要求，不成文基准同样发挥着拘束执法者

---

① 参见王健：《追寻反垄断罚款的确定性——基于我国反垄断典型罚款案例的分析》，载《法学》2016年第12期。

② 参见杨兴：《域外反垄断自由酌处权的考察与借鉴》，载《政治与法律》2015年第8期。

③ 参见姜明安：《论行政裁量的自我规制》，载《行政法学研究》2012年第1期。

④ 参见周佑勇：《作为行政自制规范的裁量基准及其效力界定》，载《当代法学》2014年第1期。

⑤ 参见王贵松：《行政裁量的构造与审查》，中国人民大学出版社2016年版，第102～103页。

⑥ 参见王贵松：《行政裁量基准的设定与适用》，载《华东政法大学学报》2016年第3期。

的作用。因此,我国反垄断罚款裁量成文基准的缺失,并不能否认不成文裁量基准的存在,其发挥的功能与成文基准是一样的,但这一不成文基准如何,其在执法实践中发挥了怎样的作用,需要实证研究的系统检视。

综观目前国内研究,已有不少学者从完善立法的角度(规范面向),对反垄断行政法律责任和罚款制度提出修改建议,但较缺乏从执法视角出发的实证研究(经验面向),全面解构蕴含在若干执法案例中的不成文裁量基准。就某种意义而言,后者更具有现实性和紧迫性,这种经验事实的发掘和运用在论证规范命题中同样扮演了重要角色,并有助于解决规范问题本身。[①] 因此,在既有研究的基础上,本书采用量化分析的实证研究方法,对 2008 年以来执法机关查处并公开的垄断案件进行全样本统计与分析,探析其中对罚款决定具有影响作用的裁量因素及其影响程度(裁量效果),挖掘执法机关在认定罚款时的规律性做法,描摹出我国反垄断罚款裁量的不成文基准,对其中的问题进行反思与完善,也为将来成文基准的制定提供参考。

第一节　反垄断罚款裁量基准的实证分析进路

一、研究对象与样本来源

我国《反垄断法》罚款制度的总体设计是以倍率数距式为主、数值封顶式为辅的组合方式。适用倍率数距式罚款的主要依据是《反垄断法》第 46 条和第 47 条,对达成并实施垄断协议的或滥用市场支配地位的,由反垄断执法机关责令停止违法行为,没收违法所得,并处上一年度销售额 1% 以上 10% 以下的罚款。而适用数值封顶式罚款的主要是对于尚未实施所达成的垄断协议的、经营者违反本法规定实施集中的以及行业协会违法组织本行业的经营者达成垄断协议的,可以处 50 万元以下罚款。此外,《反垄断法》第 52 条还规定了程序性罚款事项,对拒绝、阻碍调查等行为的单位和个人采取 50 万元以下的数值封顶式罚款。由于适用数值封顶式罚款的案件并非反垄断法重点制裁的对象,且罚款数额和裁量空间较小,因此,本书的研究主要针对适用上一年度销售额 1% 以上 10% 以下的倍率数距式罚款案件,即以反垄断执法机关在经营者达成并实施垄断协议或滥用市场支配地位案件中的罚款裁量基准为研究对象。

---

① 参见王鹏翔、张永健:《经验面向的规范意义——论实证研究在法学中的角色》,载《北航法律评论》2016 年第 0 期。

按照这一思路，本书选取了《反垄断法》实施以来(2008 年 8 月至 2020 年 6 月底)，执法机关①查处并对社会公布的行政处罚决定书，共计 389 份。其中，剔除了适用反垄断宽恕制度的行政处罚决定书 14 份，以及未罚款的行政处罚决定书 10 份。② 之所以未将适用宽恕制度的案件纳入统计范围，乃因该制度下的罚款减免政策应被视为反垄断法中的特殊考虑，如若一并进行定量分析，则会干扰结果的计算，不能显著得知其他裁量因素是否起到了以及起到了何种裁量效果。综上所述，本书研究实际有效样本总数为 365 份处罚决定书。

二、研究方法与理论假设

笔者采取实证研究的方法，主要运用社会科学统计分析软件 SPSS，将行政处罚决定书中提取出的可能影响反垄断罚款决定的裁量因素分类输入，同最终的罚款比例进行综合分析。其中，具体使用了相关性检验和有序多分类的逻辑回归分析方法，对自变量(可能影响罚款决定的因素)和因变量(罚款比例)分别进行单因素和多因素分析，以求得相关因素对罚款决定是否具有显著影响及其对罚款比例的影响程度，用以分析我国反垄断罚款裁量的不成文基准。

鉴于定量分析的要求，需要事先对反垄断罚款的影响因素及其影响程度作出理论假设。反垄断罚款裁量的法定因素除了《反垄断法》第 49 条之规定，还包括《行政处罚法》第 27 条规定之情形，即具有主动消除或者减轻违法行为危害后果、受他人胁迫有违法行为、配合行政机关查处违法行为有立功表现和其他依法从轻或者减轻行政处罚的情形。基于学界的通说观点和执法实践的普遍做法，笔者作出以下 4 点理论假设：

第一，固定价格、划分市场和限制产量等主要横向垄断协议行为，其隐蔽性及对市场竞争秩序的损害程度相较于滥用市场支配地位行为更强，罚款比例更高。

第二，垄断行为的持续时间越长，罚款比例越高。

第三，参考学界的观点，基于一种中立的立场，本书假设符合《行政处罚法》

---

① 包括原国家工商总局、发改委系统，以及新组建并统一行使反垄断执法权的国家市场监管总局。

② 在未罚款的 10 份行政处罚决定书中，咸宁机动车检测机构垄断案、衢州混凝土企业垄断案以及惠州机动车检测行业垄断案共有 8 名当事人因上一年度无销售额而未罚款，另有重庆市烧结砖生产经营行业垄断协议案中的 2 个当事人王某某、周某某未予罚款，原因不详。

第27条规定的情节对罚款比例的减轻起到适度的作用。①

第四，除了《反垄断法》《行政处罚法》明确的法定裁量因素，本书假设，未明文列举的其他酌定裁量因素对反垄断罚款比例同样具有重要影响。

三、变量定义与描述性统计分析

笔者的实证研究将因变量设置为反垄断罚款比例，自变量则包括从365份行政处罚决定书中提取的共计9个罚款裁量因素。这里所称的裁量因素，是指对最终的反垄断罚款决定具有直接影响的各类主客观事实情况，既包括法定裁量因素也包括酌定裁量因素。由于逻辑回归分析对因变量有非连续的要求，因此本书将因变量（1%～10%的罚款区间）划分为1%～2%、2.01%～4%、4.01%～6%、6.01%～8%、8.01%～10% 5个罚款比例等级。②

基于立法规定、执法实践、学界讨论和前述理论假设，笔者选取"是否没收违法所得""垄断行为性质""社会危害程度""违法行为持续时间""是否是组织者""积极配合调查""主动整改"③"主动停止违法行为""提供证据"等9个裁量因素作为自变量。同时，在每个自变量项下，以处罚决定书中的客观事实和执法机关作出罚款决定说明的理由为依据，进一步展开了多项分类，确保分析结论的精确性。事实上，在反垄断罚款实践中，一些执法机关还会考虑其他因素，例如，多次实施违法行为④，当事人为小微企业且经营困难⑤，主动与受损企业达成和解协议并取得谅解⑥，在达成垄断协议前明确提出反对意见⑦等。但这些裁量因素样本数量很少，属于执法机关在个案裁量中的考虑因素，因此未纳入实证统计范围。描述性统计分析如表5-1所示：

---

① 符合《行政处罚法》第27条规定的情形，应当在多大程度上减轻罚款的比例，实践中并没有明确的裁量基准。有学者认为，我国反垄断执法机关在具体适用该条时，扩大了"配合调查""积极整改"等因素对罚款比例的影响，进而影响了罚款处罚的威慑效果。参见王健、张靖：《威慑理论与我国反垄断罚款制度的完善——法经济学的研究进路》，载《法律科学》2016年第4期。

② 在我国反垄断罚款实践中，执法机关通常会选取整数值的罚款比例，但为了研究的科学性，此处罚款等级的设置保留至小数点后两位。

③ 这里主要指《行政处罚法》第27条规定的减轻处罚因素，包括主动消除或者减轻违法行为危害后果、立功表现等。实践中，执法机关的表述方式不一致，此处统称为"主动整改"。

④ 如内蒙古赤峰烟花爆竹垄断案（内工商处罚字〔2014〕001号）。

⑤ 如湖南省张家界市永定区瓶装液化气垄断协议案（湘市监反垄断处字〔2019〕第1-7号）。

⑥ 如湖北银杏沱股份有限公司垄断案（鄂工商处字〔2018〕201号）。

⑦ 如山东会计师事务所垄断案中的部分当事人（鲁工商公处字〔2016〕第17-23号）。

表 5－1　描述性统计分析

裁量因素	多项分类		样本/个	频数/%	说明
是否没收违法所得	1	是	52	14.2	以客观事实为分类依据
	2	否	313	85.8	
垄断行为性质	1	横向垄断协议	282	77.3	以客观事实为分类依据,其中有1起案件同时涉及纵向垄断协议与滥用市场支配地位
	2	纵向垄断协议	20	5.5	
	3	滥用市场支配地位	62	17.0	
社会危害程度	1	危害程度轻	22	6.0	以罚款决定的说理部分是否提及为分类依据
	2	危害程度重	60	16.4	
	3	未提及	283	77.5	
违法行为持续时间/月	1	≤6	32	8.8	以客观事实为分类依据,有7份处罚决定书未记载或无法计算出违法行为持续时间
	2	>6 且≤12	102	27.9	
	3	>12 且≤18	11	3.0	
	4	>18 且≤24	40	11.0	
	5	>24	173	47.4	
是否是组织者	1	是组织者	31	8.5	以罚款决定的说理部分是否提及为分类依据
	2	不是组织者	94	25.8	
	3	未提及	240	65.8	
积极配合调查	1	积极配合调查	202	55.3	以罚款决定的说理部分是否提及为分类依据
	2	不积极配合调查	7	1.9	
	3	未提及	156	42.7	
主动整改	1	主动整改	110	30.1	以罚款决定的说理部分是否提及为分类依据
	2	不主动整改	2	0.5	
	3	未提及	253	69.3	
主动停止违法行为	1	主动停止违法行为	72	19.7	以罚款决定的说理部分是否提及为分类依据
	2	未提及	293	80.3	
提供证据	1	提供证据	31	8.5	以罚款决定的说理部分是否提及为分类依据
	2	未提及	334	91.5	

第二节 我国反垄断罚款的裁量基准

一、单因素分析:对罚款比例具有显著影响的裁量因素

本书首先进行的是单因素分析,旨在探讨影响罚款比例的相关因素。本部分主要采取方差分析来检测每项单因素对罚款比例的影响程度,从而判断该因素与罚款比例之间是否存在显著关联,并为后续回归分析提供数据基础。表5-2中的显著性是非参数检验中的一个统计量,如果显著性小于0.05,视为有统计学意义,说明两个变量是显著相关的。单因素分析的详细情况如表5-2所示。

表5-2 单因素分析:对罚款决定具有显著影响的裁量因素

影响因素	平方和	自由度	均方	F	显著性
是否没收违法所得	.526	1	.526	.463	.497
垄断行为性质	2.931	2	1.466	1.295	.275
社会危害程度	84.403	2	42.201	46.577	.000
违法行为持续时间	77.886	4	19.471	21.168	.000
是否是组织者	25.816	2	12.908	12.087	.000
积极配合调查	29.235	2	14.618	13.810	.000
主动整改	8.429	2	4.215	3.777	.024
主动停止违法行为	15.481	1	15.481	14.158	.000
提供证据	3.170	1	3.170	2.812	.094

由表5-2可知,对反垄断罚款比例有显著影响的因变量共有6个,分别是社会危害程度(显著性0.000<0.05)、违法行为持续时间(显著性0.000<0.05)、是否是组织者(显著性0.000<0.05)、积极配合调查(显著性0.000<0.05)、主动整改(显著性0.024<0.05)及主动停止违法行为(显著性0.000<0.05)。而是否没收违法所得、垄断行为的性质和提供证据,对反垄断罚款比例没有显著影响。

二、多因素分析:裁量因素对罚款比例的影响

上文得出了对于罚款比例具有显著影响的6项单因素,但在各项裁量因素

综合作用时,每项单因素对罚款比例产生的影响大小以及是否具有显著性无从得知。因此,还需要将这些单因素重新回归各自存在的样本进行多因素分析,综合研判其对罚款比例的影响程度。如前所述,由于因变量罚款比例具有连续性的特征,我们在将罚款比例分割为分类变量的时候不应改变其有序性的特征。考虑分割后的因变量为分类变量,且分类间有次序关系,故,本部分采用有序多分类的逻辑回归分析模型展开多因素分析。

根据本次有序多分类逻辑回归分析模型的检验结果,其中显著性小于0.05的变量共有9项,视为有统计学意义,具体包括社会危害程度轻、社会危害程度重、具有组织者的身份、积极配合调查、不积极配合调查、主动停止违法行为,以及违法行为持续时间在6个月内、12个月至18个月、24个月以上,说明这9项具体分类因素对罚款比例的影响程度更高。除此以外其他变量的显著性均大于0.05,在统计学中尚不能认定其对罚款比例有显著影响。

值得关注的是,在本次有序多分类逻辑回归模型的检验结果中,还有两项重要的参数值,可用于分析各裁量因素对罚款比例的影响程度。

其一,估算值。回归模型中的"估算"值主要反映了在控制其他变量影响的情况下,单个变量对罚款比例所产生的作用,因此,我们可以借助估算值来解释各项裁量因素对罚款比例的影响力大小。在本次检验结果中,估算值为正的裁量因素主要包括社会危害程度重(1.145)、组织者的身份(2.553)、不积极配合调查(1.835),这说明其对增加罚款比例的影响是积极的。估算值为负的裁量因素包括社会危害程度轻(-3.044)、积极配合调查(-0.573)、主动停止违法行为(-1.101)、违法行为持续时间在6个月内(-2.498)、12个月至18个月(-2.906)、24个月以上(-2.498),这说明其对增加罚款比例的影响是消极的,换言之,其对减轻罚款比例的影响是积极的。值得注意的是,在"违法行为持续时间"的多分类下,仍有三组变量("6个月至12个月"和"18个月至24个月")对罚款比例的影响不显著,因此很难得出罚款比例随着违法行为持续时间而增加的结论。

其二,发生比率。回归模型中的"OR"值在统计学定义中解释为"发生比率",OR值大于1的变量为危险因素,小于1的变量为保护因素。与估算值的功能类似,OR值也可以用来解释各项裁量因素对罚款比例的影响程度。两者的差异在于,估算值可以大概地反应各裁量因素对因变量罚款比例的影响大小以及这种影响是积极的还是消极的,而OR值则可以说明,有该裁量因素对罚款比例增高的影响概率是不具有该因素的多少倍。相较而言,OR值可以更直观地体现该裁量因素对罚款比例影响程度的大小。分析数据显示,在社会危害程度重的情况下,执法机关增加对其罚款比例的概率是没有该因素的 3.142 倍;具有垄断行为组织者身份和不积极配合调查的,执法机关增加对其罚款比例的概率分别是没有该因素的 12.846 倍和 6.265 倍;在经营者积极配合调查的情况下,增加罚款比例的概率下降了 43.6%,即只有无此情形时的 0.564 倍;当经营者主动停止违法行为时,增加罚款额比例的概率下降了 66.7%;在违法行为社会危害程度轻的情况下,增加罚款比例的概率下降了 95.2%。

三、我国反垄断罚款裁量不成文基准

在没有成文的罚款裁量基准的情况下,我国反垄断执法机关行使裁量权作出罚款决定时,不成文裁量基准依然是存在的,其形式为处罚决定书中的说理及执法实践所形成的规律性做法。① 通过前文对 365 份行政处罚决定书的实证分析,大致描摹出我国反垄断罚款裁量不成文基准的基本样貌:在裁量因素的选取上,《反垄断法》第 49 条规定的垄断行为的性质、程度和持续时间在实践中得到了应用;违法经营者的组织者身份、积极配合调查、主动整改、主动停止违法行为等酌定裁量因素也会被执法机关考虑。在裁量效果的确定上,法定裁量因素中只有垄断行为的社会危害程度对罚款比例有显著影响;社会危害程度重、不积极配合调查、具有垄断行为组织者身份对加重罚款的影响程度是递增的;积极配合调查、主动停止违法行为、社会危害程度轻对减轻罚款的影响程度是递增的。除此以外,实证分析结果显示,其他裁量因素尽管在处罚决定书中列明,但对罚款比例并没有显著影响。对照前文的理论假设,笔者认为,有以下四方面的具体问题值得关注。

第一,主观化的裁量因素对罚款比例的影响大于客观化的裁量因素。从分析数据可以看出,对罚款比例最具显著性影响的因素多为配合调查的积极性、停止违法行为的主动性等有赖于执法机关主观认定的裁量因素。相反,《反垄断法》第 49 条规定的违法行为性质和持续时间等能客观反应违法损害与情节恶劣程度的裁量因素,未能体现出其对罚款比例的显著影响,社会危害程度对罚款比例的影响也明显小于其他主观化的裁量因素。这种做法的风险在于割裂了罚款决定与违法严重性的关联性,过于依赖执法机构的主观感受,容易造

---

① 参见王天华:《裁量标准基本理论问题刍议》,载《浙江学刊》2006 年第 6 期。

成执法的随意性，也使罚款的威慑功能遭到破坏。[①] 这也说明，法定裁量因素有着高度抽象性和模糊性，在执法实践中较难把握，特别是在各项因素的综合作用下，会产生裁量效果的不确定性，难以发挥应有的作用。

第二，垄断行为的性质在罚款比例的裁量中未起到应有的作用，罚款的整体威慑水平较低。学理上，固定价格、划分市场和限制产量等横向垄断协议行为被称为核心卡特尔，其危害程度较于纵向垄断协议和滥用市场支配地位更甚，对其罚款幅度也理应有所不同，而这在我国反垄断罚款实践中没有得到显著体现。从统计数据看，有77.3%的案件为横向垄断协议，但在365份行政处罚决定书中，约有3/4的案件最终罚款比例不足违法经营者上一年度销售额的4%。其中，罚款为1%～2%的占案件总数的49%，罚款在2.01%～4%的占案件总数的25.2%。这足以说明违法成本是很低的，反垄断罚款并没有起到足够的威慑效果。

第三，垄断行为的持续时间与罚款比例的相关性不显著，裁量因素指向裁量效果的过程缺乏量化技术。垄断行为的持续时间通常指垄断行为从实施直到结束所持续的时间，它客观地反映了垄断行为在时间维度的严重程度。垄断行为的持续时间越长，对竞争秩序与利益相关人的损害越大，其处以罚款的数额也应当越高，但从实证分析的结果看，这一结论并没有得到清晰的验证。这说明反垄断执法机关对于如何量化垄断行为持续时间的裁量效果尚未形成清晰的认识和成熟的做法。

第四，没收违法所得与罚款的模糊关系，致使处罚的威慑效果欠佳。我国反垄断行政处罚采没收违法所得与罚款并科模式，但从统计结果看，只有14.2%的案件适用了没收违法所得，单科罚款的案件数量占到85.8%，这不仅造成实践与立法的背离，还有可能导致威慑不足。法经济学中的最优威慑理论认为，最优的罚款数额应当等于垄断对社会造成的损害或获利，那么在没收违法所得的情形下，罚款比例应适当减轻，避免过度威慑，而在单处罚款时，罚款比例应有所提高，方可实现剥夺获利之功能，克服威慑不足。[②] 但从相关性检验看，是否没收违法所得并没有对罚款比例产生影响，两者适用关系模糊不清，所产生的威慑效果欠佳。

---

① 参见刘武朝：《垄断协议行为罚款规则的适用及审思》，载《中国行政管理》2014年第5期。

② 参见王健、方翔：《威慑理念与我国反垄断制裁的有效协调》，载《经贸法律评论》2019年第2期。

第三节　我国反垄断罚款裁量基准的完善

如何科学、合理地制定反垄断罚款裁量基准，实际上是一项极具技术性和经验性的工作。总体而言，我国反垄断执法机关可通过制定成文裁量基准实现裁量因素的具体化、基于罚款裁量方法实现裁量因素的类型化、采用综合计算模式实现裁量效果的格次量化这 3 种方式，完善反垄断罚款裁量基准制度。

一、制定成文裁量基准实现裁量因素的具体化

反垄断立法通常仅对罚款责任作出一般规定，并原则性地列举出执法机关在罚款裁量时需要考虑的主要因素。这些裁量因素通常具有高度概括性和模糊性，这是因为现实世界的复杂性、变动性、个别性与法律的抽象性、稳定性、普遍性之间始终存在矛盾，立法难以用一义性的语言将现实的一切作出明确规范。① 因此，执法机关需要通过创制裁量基准，对立法规定的裁量因素和执法实践中的事实情节作出解释并加以具体化，从而将抽象模糊的立法语言、复杂的案件事实转化为明确可适用的裁量情节。这种创制既可以通过制定罚款指南以成文方式实现，也可以在处罚决定书的说理和执法惯例中以不成文的方式确立。基于本文的实证分析，我国反垄断罚款实践中所形成的不成文裁量基准缺少固定章法，其对《反垄断法》第 49 条规定的裁量因素的理解和适用并未形成统一标准，执法机关在裁量因素的选取和裁量效果的确定上都存在一定的酌处空间，亟待约束与规范。国务院在《关于加强法治政府建设的意见》（国发〔2010〕33 号）中已提出，行政执法机关应建立行政裁量权基准制度，科学合理细化、量化行政裁量权，避免执法的随意性。特别是在我国反垄断执法机构改革之后，国家市场监管总局已于 2018 年 12 月全面授权省级市场监管部门负责本行政区域内反垄断执法工作，这就更加需要制定一套成文的罚款裁量基准，以统一和规范反垄断执法尺度与标准。

为更好地把握执法实践中的法定裁量因素，我国反垄断执法机关可以在制定成文裁量基准时，采取“情形列举 + 情节补充”的方法实现裁量因素的具体化。具体来看，我国反垄断执法机关应在“违法行为性质”的裁量中区分考虑垄

① 参见王贵松：《行政裁量的构造与审查》，中国人民大学出版社 2016 年版，第 21 页。

断协议行为和滥用市场支配地位行为,这是因为其对社会竞争秩序和消费者利益的损害程度存在差异。在此基础上,执法机关可以进而根据具体的违法行为类型来判断严重性程度,在裁量基准中列举出"非常严重""严重""其他"3类裁量情形。非常严重的违法行为应包括固定价格、市场分割和限制生产数量的横向垄断协议,这些行为通常是秘密的,在本质上属于对竞争极其有害的协议;严重的违法行为可以包括其他横向垄断协议、维持转售价格的纵向垄断协议、具有严重限制或剥削效果的滥用市场支配地位行为等;其他违法行为则包括一般纵向垄断协议和其他滥用市场支配地位的行为。此外,为了帮助执法机关在个案裁量中更好地评估违法行为对竞争和消费者造成实际或潜在损害的程度和可能性,裁量基准还应在上述情形列举的基础上,细化裁量情节:其一,商品或服务的性质,例如,垄断行为所涉及的商品是关涉民生的药品、医疗器械等,其应被视为严重的违法行为。其二,市场结构状况,包括市场集中度、进入壁垒、违法企业的市场份额等。这是因为,在一个高度集中的市场,违法企业的市场份额越高,其对价格控制的能力越强,相应消费者寻求替代供应者的可能性也越小,其对竞争的损害越大。[①] 其三,相关消费者和经营者的损失程度以及违法企业的获利情况,这在客观上反映了违法行为造成的损害程度。其四,违法行为的影响范围,例如,是区域市场还是全国市场或是某一行业等。其五,垄断行为发生的背景,例如,在全社会遭遇重大疫情危机下,违法企业针对防疫物资的生产、销售市场实施的垄断行为。其六,对横向垄断协议的特别威慑,横向垄断协议是一种恶性卡特尔,对竞争的损害也最为严重,为提高对其威慑力度,建议对参与横向垄断协议的经营者另外加处15%～25%年销售额的罚款,这可以视为一种"进入费"。

二、基于罚款裁量方法实现裁量因素的类型化

除了反垄断法规定的裁量因素外,各国执法机关均会在成文裁量基准中设置一系列酌定裁量因素,包括与违法行为相关的裁量因素(如受违法行为影响的地域市场规模、涉案企业之间的组织紧密程度等)以及与违法者相关的裁量因素(如企业在卡特尔中的作用,在产业价值链所处的地位,故意和过失的程度,是否重复违法等)。但法定裁量因素与酌定裁量因素如何组合适用、如何确

---

① 参见刘武朝:《垄断协议行为罚款规则的适用及审思》,载《中国行政管理》2014年第5期。

定不同裁量因素的裁量效果，则需要通过罚款的裁量方法（步骤）来实现。事实上，罚款裁量基准与罚款裁量方法有着紧密联系，二者实际上是同一个问题的不同面向。裁量基准的核心要义是通过裁量因素的具体化，构成指向不同裁量效果的基础和依据，但这一过程的实现需要借助一定的裁量方法和步骤，将裁量因素指向符合罚款政策目标的裁量效果。反之，在不同的罚款计算步骤中，执法机关需要考虑的裁量因素以及这些裁量因素发挥的裁量效果是不同的，罚款裁量方法在客观上起到了将裁量因素类型化区分的作用，既有效避免了裁量因素的杂乱无序，又进一步增强了罚款的透明度和确定性。

如前文所述，世界主流的罚款裁量方法有两步法、五步法和六步法等，尽管裁量的步骤存在区别，但罚款裁量过程中需要考虑的因素基本相似，只不过两步法将一些裁量因素放在某一步骤一起考量，而五步法、六步法则将这些裁量因素拆成更多的步骤逐一加以考虑。但从反垄断执法机关确定罚款的总体思路看，实际上可以分为 3 个主要环节，一是根据违法行为严重性和持续时间等因素确定基础罚款金额，二是根据从重或从轻因素调整基础罚款金额，三是根据有无超过法定罚款上限、支付能力、宽恕制度等特别因素确定最终罚款金额。基于此，反垄断罚款裁量因素在客观上被划分为基础裁量因素、辅助裁量因素和特别裁量因素 3 个类型。

第一，基础裁量因素。所谓基础裁量因素，是指反垄断执法机关在罚款裁量中需要考量的首要因素，一般以能客观反映垄断行为所造成的危害后果为标准。基础裁量因素通常是反垄断执法机关在确定基础罚款金额时重点考虑的因素，往往也是反垄断法中规定的法定裁量因素，主要包括违法行为的性质、违法行为的持续时间、违法行为的严重程度等客观反映垄断损害程度的因素。实践中，如何细化理解和认定这些基础裁量因素，前文已经作了阐释。值得进一步关注的是，不少执法机关还将企业的“相关销售额（营业额）”列为基础裁量因素。例如，新加坡罚款指南第 2.2 条规定，确定一个企业的罚款起点金额应考虑违法行为的严重性和企业的相关营业额。捷克罚款指南第 18 条规定，基础罚款金额应当反映特定经营者在相关地域市场与违法行为直接或者间接有关的商品销售额、反竞争行为的严重性和持续时间。这里的销售额（营业额）是作为计算基础罚款数额的基数，①指违法企业在上一个营业年度中受到违法行

① 也有部分国家会将企业的相关营业额作为加重罚款的辅助裁量因素，用于对基础罚款数额的调整。例如，意大利竞争执法机关可以根据企业相关营业额大小，将罚款额提高到50%。

为影响的相关产品市场和相关地域市场中的销售额，其与作为最高罚款限额的“总销售额”存在差别。执法机关在综合研判违法行为严重性等基础裁量因素后，会根据相关销售额的某个百分比计算出基础罚款金额。

第二，辅助裁量因素。辅助裁量因素是指基础裁量因素之外，用以判断垄断行为违法程度和其他具有从重或从轻处罚的情节，主要应用于对基础罚款加减的裁量环节。辅助裁量因素通常与违法行为或者违法者相关，本质上说，其仍然属于对违法行为本身的评价范畴。各国反垄断执法机关凭借其专业知识和经验，在罚款指南中设置了若干具体细化的辅助裁量因素。根据2017年ICN对其成员国的调查统计，①从重罚款的辅助裁量因素通常包括：(1)重复违法行为。几乎在所有国家或地区都会将重复违法行为视为加重罚款的因素，日本会对再次违法的企业加征50%的课征金，墨西哥、欧盟则可能增加一倍的罚款。(2)在违法行为中起主导或煽动作用，包括违法行为的牵头人、发起人或诱导其他企业参与垄断行为等。(3)妨碍或拒绝调查。例如，荷兰执法机关可以对拒绝调查的企业处以高达90万欧元或相关营业额1%的单独罚款(以两者数额较大者为准)，意大利可能会对妨碍调查者增加15%的罚款。(4)参与违法行为的人员级别，例如，董事或高层管理人员参与违法，在英国、马来西亚等国家可能会据此加重罚款。(5)违法企业对其他卡特尔成员实施商业报复行为，欧盟、韩国和瑞士竞争主管部门可能会加重罚款。

从轻罚款的辅助裁量因素主要包括：(1)与执法机关开展有效的合作。由于垄断违法行为特别是卡特尔较隐蔽，执法机关需要调动大量执法资源和精力实施调查，因此，违法企业如能主动配合调查并进行有效的合作，绝大多数执法机关都会考虑减轻一定幅度的罚款，甚至在卡特尔刑事化的国家会考虑减轻刑事责任。(2)立即终止违法行为。违法企业及时终止违法行为可以避免损害的进一步扩大，但要获得从轻处罚的待遇，一些执法机关会规定更严格的条件，例如，日本要求违法企业必须在调查开始前一个月停止违法行为，且违法持续时间不得超过两年。在欧盟的执法实践中，该因素仅在部分违法行为类型中考虑，对于卡特尔案件不适用。(3)有限参与卡特尔或在违法行为中扮演次要角色，这与从重因素中的“在违法行为中起主导或煽动作用”相对应。(4)企业实

① See International Competition Network Cartels Working Group Subgroup 1, *Setting of Fines for Cartels in ICN Jurisdictions*, (May, 2017), https://www.internationalcompetitionnetwork.org/poltfolio/setting-fines/.

施了有效的竞争合规政策。这实际上是执法机关为了激励企业自觉遵守竞争法律、积极开展有效的竞争合规所作的政策考量。如何判断竞争合规的有效性,执法机关会给出一些评价指标,例如,新加坡罚款指南第 2.16 条规定,CCCS 主要考虑是否有适当的合规政策和程序、合规计划是否已经得到有效实施、是否得到高级管理层的支持与遵守、是否为员工开展积极和持续的合规培训、是否对合规计划进行定期评估和审查等。(5)尚未实施违法行为,这主要针对垄断协议行为,即违法企业之间仅达成但尚未实施垄断协议,执法机关可以考虑减轻罚款数额。(6)与受害者达成损害赔偿协议或已为损害实施补救措施。该因素考虑到罚款与民事损害赔偿之间的协调问题,既能鼓励违法企业积极赔偿受害者,又能避免行政罚款与民事赔偿并行造成的过度威慑。

第三,特别裁量因素。特别裁量因素则是指执法机关基于反垄断法中的特殊政策或立法中的特别规定,在罚款裁量中被特别考虑的因素。这些因素主要在罚款计算的最后环节被考虑,用以确定罚款的最终数额。特别裁量因素主要包括:(1)法定最高罚款限额。执法机关若在基础罚款之上连续适用若干从重裁量因素,得到的罚款数额可能会超过法定的最高罚款限额,此时执法机关需要作出必要调整以符合立法规定。(2)宽恕制度。宽恕制度是反垄断法为了破解卡特尔高度隐蔽性所作的特殊制度安排,其以严厉的处罚措施为基础、以对秘密卡特尔成员应受罚款的减免为手段。[①] (3)企业无力支付罚款。例如南非罚款指南中明确,执法机关在确定适当的行政罚款后,可以考虑企业支付罚款的能力。在这种情况下,执法机关主要考察企业的财务状况和市场情况,以避免对特定企业施加巨大困难,从而导致竞争显著减少。为此,企业必须向执法机关提供客观证据证明,如果施加罚款将无可挽回地损害其继续交易和退出市场的能力,此时执法机关可以考虑减少罚款。(4)违法所得。理论上,罚款只有剥夺了违法者的垄断获利,才有可能实现其抑制和预防的功能。因此,执法机关会在最终环节全面评估罚款数额是否超过了违法所得,并进行相应的调整。(5)因威慑而特别增加罚款。很多执法机关将威慑作为反垄断罚款的政策目标,为了实现必要的威慑,会在罚款计算的最终环节根据威慑效果而特别增加罚款。例如,2006 年罚款指南第 30 条规定,委员会特别关注并确保罚款具有充分的威慑效果。为了实现这个目的,对营业额特别大的企业,除了基于与违法

① 参见娄丙录:《反垄断法宽恕制度的理论基础与实效保障》,载《法律科学(西北政法大学学报)》2010 年第 5 期。

行为有关的商品或服务的销售额计算罚款金额以外,它还可以增加罚款金额。(6)其他特殊政策考虑。例如,英国罚款指南中规定的,企业与 CMA 达成和解协议(其中要求企业承认参与了违法行为),企业获得自愿补救的批准,均可以向执法机关申请减少罚款。新加坡 CCCS 还会考虑对同意采用快速程序的企业减少罚款金额。

就我国而言,结合前文笔者提议的罚款"五步裁量法",即基础罚款金额的确定、基础罚款金额的调整、基于特别威慑的调整、罚款的特别调整和最终罚款金额的确定,可以将一些步骤中的裁量因素进一步整合,进而在罚款裁量基准中确立"基础裁量因素—辅助裁量因素—特别裁量因素"的基本架构。其中,基础裁量因素应以《反垄断法》第 49 条提出的违法行为的性质、程度和持续时间为主。考虑到计算基础罚款还需要导入企业的销售额作为基数,可以选取违法企业上一年度的国内涉案销售额作为罚款基数,将其作为基础裁量因素予以考虑。

建议我国反垄断执法机关在成文裁量基准中进一步确认已被执法实践广泛运用的辅助裁量因素,包括违法经营者是否为组织者、是否积极配合调查、主动整改、主动停止违法行为、提供证据等,从而增强其适用的确定性,避免裁量因素的选择性与模糊性适用。笔者认为,以下辅助裁量因素也应当被执法机关考虑。一是重复违法行为。所谓重复违法行为,是指在执法机关认定违法企业从事了违反《反垄断法》的行为并作出处理决定后,该企业仍然或反复实施相同或相似的违法行为,应当予以从重处罚。我国反垄断执法机关曾在实践中考虑过重复违法的因素,但其将违法企业在一段时间内的连续性违法行为认定为"多次实施违法",并据此加重罚款,①存在理解上的偏差,应予纠正。二是区分不同产业及企业规模,体现对中小企业的"照顾"和对大企业的威慑。反垄断法的直接目标是保障竞争秩序,维护一个竞争者得以相互对抗的市场环境,但是其终极目标还是促进社会整体经济利益的协调发展。国家在反对大企业限制竞争行为的同时,应鼓励和扶持中小企业的发展,帮助它们增强抵御大企业的

① 在内蒙古赤峰烟花爆竹垄断案(内工商处罚字〔2014〕001 号)中,执法机关认为,当事人在反垄断法正式实施后,在长达 5 年多的时间里,仍以行政机关的行政限定为由实施分割批发销售市场的行为,且在每一销售年度的集中销售期间都借助安监部门的安全管理活动,对零售商违反其分割销售市场行为的情况进行检查,属于明知或应知情况下的连续违法行为。依据《反垄断法》第 46 条以及《内蒙古自治区工商行政管理机关行政处罚自由裁量权适用规则》第 10 条关于当事人多次实施违法行为的应当从重处罚的规定,对 6 名当事人分别处以 7% ~8% 的罚款。

排斥和歧视的能力。但企业经营者享有广泛的自主和自由，某些垄断和限制竞争性行为只要对社会经济无大的危害，法律也允许减轻或者豁免。[①] 因此，各国反垄断实践通常会区分对待不同规模的企业，突出对中小企业的照顾和对大企业的威慑。德国除了对大企业设置倍乘系数加大罚款力度外，还会考虑对中小企业卡特尔豁免适用《反限制竞争法》，日本 2005 年修订的《禁止垄断法》针对中小企业制定了更低的课征金算定率。我国反垄断执法机关应在实践中区分中小企业和弱势产业，将其作为从轻处罚的裁量因素之一。同时，为了威慑对罚款敏感度较低的大企业，可考虑一定幅度的从重处罚。三是企业实施有效的竞争合规计划。竞争合规是现代企业遵守和防范反垄断法律风险的重要制度，并构成反垄断法实施的重要组成部分。为了激励企业开展有效的竞争合规，一些执法机关会在罚款裁量中考虑减轻适当数额。例如，在英国，如果企业在违法行为发生前制定了有效的竞争合规，将会被考虑减轻 10% 以下的罚款，具体数额由 CMA 逐案评估决定。意大利 AGCM 在 2018 年发布的《反垄断合规指引》中表示，被调查企业如果承诺建立竞争合规或改进现有合规计划，AGCM 可依据相关标准给予 5% ~15% 不等的罚款减免。[②] 我国执法机关可以考虑将企业实施有效的竞争合规作为从轻处罚的辅助裁量因素，这也可以加大竞争合规与竞争文化的推进力度。

关于特别裁量因素的选取，其主要依据源于反垄断法的特别规定或特殊政策的考虑，包括法定最高罚款限额，即违法经营者上一年度销售额的 10%；宽恕制度下的罚款减免，其已在市场监管总局 2019 年发布的《禁止垄断协议暂行规定》中明确。此外，我国反垄断执法机关还应当重点考虑以下因素：一是企业支付能力。执法实践中可能会面临的一个问题是，如果罚款数额超出企业的支付能力，是否需要予以调整。事实上，罚款的最终目的并非彻底击垮企业。国际上，大多数执法机关会考虑这一因素，但会作出限制性规定。我国执法机关在考虑适用该因素时，可以进一步作出细化规定，只有当客观证据表明，拟作出的罚款将不可避免地危及涉案企业的经济生存能力，导致其资产丧失所有价值时，执法机关可以在罚款裁量的最后环节考虑减少罚款。二是违法所得。我国

---

① 参见漆多俊：《经济法基础理论》，法律出版社 2008 年版，第 195 页。

② See Autorità Garante della Concorrenza e del Mercato, *Linee Guida Sulla Compliance Antitrust*, AGCM (Setp. 25, 2018), https://en.agcm.it/dotcmsdoc/guidelines-compliance/guidelines_compliance.pdf.

反垄断法确立的没收违法所得与罚款并科的行政处罚模式，在实践中的实施效果并不理想。参考国际的主流做法，我国反垄断法可以在未来取消没收违法所得，建立整合没收违法所得功能的罚款制度，即将违法所得作为罚款的特别裁量因素，使罚款数额超过违法所得，实现罚款制裁剥夺违法获利的功能，从而解决当前没收违法所得处罚适用的困境。①

三、采用综合计算模式实现裁量效果的格次量化

如何依据裁量因素的事实判定结果科学合理地确定具有区分度的罚款数额，实现裁量效果的格次量化和层次区别，需要借助一定的技术方法实现。目前，主要有倍率加减、系数倍乘、综合计算三种技术模式。

第一，倍率加减模式。该模式各项裁量因素往往对应固定倍率或者固定倍率区间，通过倍率加减的方法计算最终罚款数额。日本《禁止垄断法》第 7 条规定，课征金数额为该事业人实施违法行为期间商品或服务销售额的 10%。同时，针对不同产业、不同企业规模、不同违法情形制定了不同的课征金算定率，例如，零售业的大企业是 3%（如果存在重复违法，则增加至 4.5%），零售业的中小企业是 1.2%（如果存在重复违法，则增加至 1.8%）；批发业的大企业是 2%（如果存在重复违法，则增加至 3%），批发业的中小企业是 1%（如果存在重复违法，则增加至 1.5%）。② 韩国课征金的具体算定基准在《独占规制法》第 55 条之三有明确规定，相对日本而言，其设置的是一种固定倍率区间。首先，公正交易委员会根据违法行为的内容与程度、因违反行为取得的利益规模等参考事项，确定基本课征金（通常会依据违法严重性区分为 0.5% ~3%，3% ~5%，5% ~7%，7% ~8%，8% ~10% 五个倍率区间）；其次，执法机关会结合违法行为持续时间和次数，在基本课征金的基础上增加不超过 50% 的课征金；最后，执法机关会再次综合考量违法经营者是故意还是过失、违法行为的性质及相关事由、财务状况、市场环境等因素，在前一环节基础上增加或减少不超过 50% 的课征金。③ 可以看出，在倍率加减模式下，对于课征金征收多少均是按照法律的规

① 参见王健、方翔：《反垄断没收违法所得适用的现实困境与解决思路》，载《竞争政策研究》2018 年第 1 期。

② 参见戴龙：《日本反垄断法研究》，中国政法大学出版社 2014 年版，第 65 页。

③ 参见吴汉洪、权金亮：《日韩对达成垄断协议行为的处罚规定及其对中国的启示》，载《中国物价》2015 年第 3 期。

定，特别是在日本固定倍率的模式下，反垄断执法机关几乎没有额外的加重或减轻的裁量空间，罚款的裁量过程得到了严格控制。但也有日本学者指出，课征金成为一种极为呆板的行政罚款制度。①

第二，系数倍乘模式。一些执法机关为了加大罚款的威慑力，会在基础罚款计算环节设置倍乘系数，乘以一定比例的相关销售额。一种典型的做法是将违法行为的持续时间作为倍乘系数，例如，捷克罚款指南第28条规定，基础罚款金额应按照销售价值乘以时间系数确定。其中，时间系数按违法行为持续时间的年数设定，少于1年的将被计算为1年，超过10年的则被计算为3年。南非罚款指南针对违法行为持续时间没有上限规定，持续多少年则倍乘系数即为几年，但对少于1年的情况，则采用违法行为持续时间占1年的比例作为时间系数，例如，8个月的时间系数计为8/12。不难发现，这种技术模式会显著地提高违法行为持续时间对罚款数额的影响程度，违法行为持续时间越长，罚款数额则会成倍的增加，这与一些将违法行为持续时间作为百分比增加的计算方法大相径庭。譬如，瑞士罚款指南规定，如果违法行为已持续1年至5年，则罚款起点金额最多增加50%；如果违法行为持续时间超过5年，则每增加1年，罚款起点金额最高可增加10%的额外罚款。在这种计算模式下，如果将增加的百分比转换为倍乘系数进行对比，违法行为持续时间在1年至5年的，基础罚款数额最多只会增加0.5倍，时间因素对罚款数额的影响程度则大打折扣。

另一种典型的系数倍乘模式，其根据违法企业规模设置了不同的倍乘系数，用以计算基础罚款数额。例如，德国联邦卡特尔局在德国罚款指南中认为，不同规模的企业对惩罚的敏感度不同。企业规模越大，对惩罚就越不敏感。而反垄断罚款要实现理想的威慑效果，必须超过违法企业的潜在收益或违法行为对社会经济造成损害（“潜在收益和损害”）的几倍。因此，联邦卡特尔局假设这一“潜在收益和损害”是企业在违法期间与违法行为相关的产品或服务的国内营业额（“违法行为获得的营业额”）的10%，同时，根据企业的规模（企业的总营业额）确定不同的倍乘系数，②将两者的乘积作为基础罚款数额。例如，在

① 参见［日］村上政博：《日本禁止垄断法》，姜姗译，法律出版社2008年版，第68页。

② 根据德国罚款指南，企业总营业额小于1亿欧元的，倍乘系数为2～3；企业总营业额在1亿欧元至10亿欧元的，倍乘系数为3～4；企业总营业额在10亿欧元至100亿欧元的，倍乘系数为4～5；企业总营业额在100亿欧元至1000亿欧元的，倍乘系数为5～6；总营业额大于1000亿欧元的，倍乘系数大于6。

联邦卡特尔局作出罚款决定前的一个营业年度，某违法企业的总营业额达到了100亿欧元，则其倍乘系数为5。假设该企业在过去的5年时间内实施了卡特尔行为，其“违法行为获得的营业额”为4000万欧元，联邦卡特尔局一般会假定“潜在收益和损害”为4000万欧元的10%，那么基础罚款的数额为2000万欧元（4000万欧元×10%×5）。此外，如果联邦卡特尔局有充分理由认为“潜在收益和损害”明显高于“违法行为获得的营业额”的10%，则可以作为例外使比例超出估算的10%范围，再乘以倍乘系数。

第三，综合计算模式。所谓综合计算模式，并非一种完全区别于倍率加减和系数倍乘的格次量化技术，而是在罚款裁量的各个环节，组合运用包括倍率加减和系数倍乘在内的多种方法，综合实现罚款裁量效果格次量化的技术模式，这也成为当今世界的一种主流做法。例如，为了确保反垄断罚款具有充分的威慑效果，欧盟委员会认为，将违法行为涉及的商品或服务的销售价值作为计算罚款的基础是恰当的。违法行为的持续时间在计算罚款的适当金额中应起到重要作用，因为它必然对市场潜在的违法后果产生影响。同时，在罚款中还需要考虑加入基于威慑目的的特别罚款数额。在以上原则的指导下，欧盟运用综合计算的技术模式来实现各环节的裁量效果。具体而言：

首先，是确定基础罚款金额（Basic Amount）。欧盟委员会依据违法行为的严重程度取0～30%的百分比作为重大性系数，乘以违法企业的销售价值①和违法行为持续的年数。原则上，重大性系数以30%为上限，并且在实践操作中，大多数核心卡特尔案件都接近于该上限，但也存在因案件的特殊性，超过30%上限的可能性。② 违法年数没有设定具体的上限，对于未满6个月的以0.5年计算，6个月以上未满1年的则按1年计算。此外，为了威慑企业达成横向固定价格、市场分割和限制生产数量协议，欧盟会额外加上销售价值的15%～25%作为“入门费”。确定基础罚款金额的计算公式为：基础罚款＝销售价值×（0～30%重大性系数）×时间＋（15%～25%威慑系数）×销售价值。

其次，欧盟委员会会根据从重和从轻的辅助裁量因素对基础罚款予以调

① 这里的“销售价值”，是指企业在欧洲经济区相关地域市场内与违法行为直接或间接有关的商品或服务的价值。通常情况下，委员会将选择企业参与违法行为最后一个完整营业年度的销售额作为销售价值。如果违法企业为国际企业或者实施的是国际卡特尔行为，则根据每一个违法企业的合计营业额乘以相应的市场份额得出各企业在欧洲经济区内的营业额。

② 参见文学国、孟雁北、高重迎：《反垄断法执行制度研究》，中国社会科学出版社2011年版，第185页。

整。从重因素包括:(1)重复违法,如果企业继续或重复相同或相似的违法行为,每确立一项违法行为,基础罚款金额将提高100%;(2)拒绝与欧盟委员会合作或妨碍欧盟委员会进行调查;(3)违法行为的领导者或发起者。从轻因素主要有:(1)在执法机关介入调查前,企业立即停止了违法行为;(2)企业提供证据表明违法行为是由于"过失"而实施的;(3)企业提供证据证明其在违法行为中的作用实质上是有限的,并由此证明,在其作为违法协议的当事人期间,它实际上通过在市场中采取竞争行为避免实施违法行为;(4)涉案企业与委员会开展有效合作;(5)企业的反竞争行为已被公共执法机关或立法授权或鼓励。据此,调整基础罚款环节的计算公式为:调整罚款 = 基础罚款 + 从重因素(0 ~ 100%基础罚款) - 从轻因素(0 ~ 100%基础罚款)。

最后,欧盟委员会还会依据一些特别裁量因素进一步调整罚款金额,以确定最终罚款金额。这些被特别考虑的因素主要包括:(1)因威慑而特别增加的罚款,这主要针对营业额特别大的企业,除了基于与违法行为有关的商品或服务的销售额计算罚款金额以外,还可以根据威慑效果增加罚款金额,并且该罚款数额应超过企业的违法所得;(2)以上计算出的罚款金额最高为该违法企业上一年度全球总营业额的10%;(3)根据企业请求,考虑在支付能力范围内对罚款金额作出调整;(4)凡是符合宽恕制度的企业可以获得罚款的减免。综合以上所有步骤,最终罚款的计算公式为:最终罚款 = (基础罚款 + 调整罚款 + 特别威慑罚款) < 10%总营业额 ≤ 支付能力 - 宽恕制度(0 ~ 100%)。

基于以上三种技术模式的比较,纯粹的倍率加减(特别是固定倍率的加减)具有一定局限性,尽管罚款计算的各个环节和步骤都能得到严格控制,但裁量基准的目的在于限制而非彻底消除裁量空间,绝对确定的裁量会造成基准的僵化。从成本收益角度分析,如果罚款裁量基准非常清晰和明确,以至于违法企业可以精确计算出违法成本和违法收益,此时的罚款或将沦为"鼓励性惩罚"。[①] 同时,随着社会经济水平的变化和执法政策的调整,固定倍率的加减模式还面临频繁调整的尴尬境遇。例如,日本《反垄断法》起初确定的课征金缴付比例很小,但此后经历了不断调整的过程,课征金的算定率从1991年的1.5%

① 参见冯博:《没收违法所得与罚款在反垄断执法中的组合适用》,载《法商研究》2018年第3期。

增加到6%，再到2005年的10%。[①] 相比之下，融入倍率加减和系数倍乘的综合计算模式是一种更加多元的格次量化技术，并被多数国家（地区）的反垄断执法机关所青睐。在综合计算模式下，系数倍乘的方法通常被应用在基础罚款计算环节，违法行为的性质、程度和持续时间等客观反映垄断损害与严重性的基础裁量因素得以发挥决定性作用，基础罚款的数额也大幅提高，从而保证了罚款的威慑水平，并可以有效避免多种裁量因素冲突适用时，那些依赖于执法机关主观化裁量的辅助因素占据主导地位。在此基础上，量化辅助裁量因素的增减幅度，运用固定倍率区间的加减方法对基础罚款进行适当调整，调整的上下幅度受到倍率区间的控制杜绝了裁量畸轻畸重的可能。笔者认为，这种通过综合计算模式落实裁量效果格次量化的技术，我国可以参考。

首先，在确定基础罚款环节宜采用系数倍乘模式，确保罚款处于较高的威慑水平。我国目前对违法行为持续时间的考量只是一种定性规定，没有明确的量化标准，并且从实证分析结果看，违法行为持续时间的长短与罚款比例的高低并没有显著的相关性。对此，可以将违法行为持续时间量化为倍乘系数，以实现足够的威慑效果。同时，作为基础罚款计算的基数，建议选取违法企业上一年度的国内涉案销售，根据违法行为的性质、严重程度等选取一定比例，再乘以违法行为持续时间。如何确定该比例可依据前文对裁量因素具体化的方法，针对"非常严重"的违法行为类型可选取20%～30%的比例，"严重"的违法行为类型选取10%～20%的比例，"其他"违法行为类型选取10%以下的比例。在此基础上，执法机关可再依据补充裁量情节，评估个案的违法严重性，上调不超过25%的比例。

其次，在调整基础罚款环节宜采用固定倍率区间的加减法，使罚款调整幅度实现格次区分。辅助裁量因素的设置旨在根据个案事实对罚款基础数额进行调整，以确保过罚相当，其对最终罚款数额的影响程度应次于基础裁量因素。由于我国反垄断罚款实践并没有对各项辅助裁量因素作出罚款幅度的层次区分，导致各项裁量因素综合作用时的模糊裁量、效果不佳。因此，建议在调整基础罚款环节采取固定倍率区间的加减法，在确保基础罚款具备一定威慑效果的前提下适度加重或减轻罚款数额，并给执法机关留有适度的裁量空间以应对复杂的现实案情。关于固定倍率区间的设置，每项因素的幅度空间不宜超过30%，

① 参见［日］根岸哲、舟田正之：《日本禁止垄断法概论》，王为农、陈杰译，中国法制出版社2007年版，第321页。

但对重复违法这种极具恶性的从重情节，建议设置不超过100%的倍率区间。

最后，在以上罚款裁量的基础之上，执法机关依据特别裁量因素对罚款数额进行最终调整。针对无力支付、违法所得、最高罚款限额、宽恕制度等特别裁量因素，执法机关可根据实际情况进行特别调整，以符合反垄断法律制度的要求。

我国反垄断罚款裁量基准建构如表5－3所示：

表5－3 我国反垄断罚款裁量基准建构

<table>
<tr><th colspan="2">裁量因素选取</th><th>裁量效果确定</th></tr>
<tr><td>基础裁量因素</td><td>违法行为的性质（非常严重、严重、其他），程度（商品或服务的性质、市场结构状况、损失或获利情况、影响范围、发生背景），持续时间，违法企业上一年度国内涉案销售额</td><td>基础罚款＝上一年度国内涉案销售额×（0～30%＋0～25%）×违法行为持续年数</td></tr>
<tr><td rowspan="2">辅助裁量因素</td><td>从重因素：重复违法行为，经营者为组织者，大规模企业，妨碍或拒绝调查</td><td rowspan="2">调整罚款＝基础罚款＋从重（0～100%基础罚款）－从轻（0～100%基础罚款）</td></tr>
<tr><td>从轻因素：积极配合调查，主动整改，主动停止违法行为，提供证据，中小规模企业，实施有效的竞争合规计划</td></tr>
<tr><td>特别裁量因素</td><td>无力支付，违法所得，最高罚款限额，宽恕制度</td><td>最终罚款＝{［基础罚款＋从重（0～100%基础罚款）－从轻（0～100%基础罚款）］＞违法所得且≤支付能力＜10%总销售额}－宽恕制度</td></tr>
</table>

第六章　反垄断罚款与竞争合规、民事赔偿制度的协调

第一节　反垄断罚款与竞争合规的协调

反垄断法实施路径不仅包括行政执法和司法，还包括反垄断法的遵守（守法），即社会主体自觉按照反垄断法的要求行为，从而使法律得以实施，这也是最符合效益和最理想的实施形式。[①] 兼具预防和抑制违法行为功能的竞争合规，是企业守法和防范反垄断法律风险的重要制度。自 20 世纪中后期以来，各国反垄断执法机构逐渐转变倚重执法制裁的传统反垄断法实施路径，更加注重竞争倡导，其中最关键的举措即是通过发布竞争合规指引（Guidance for Competition Compliance），推进企业制定竞争合规制度并从被迫守法转化为守法自觉。2019 年 7 月 9 日，浙江省市场监督管理局发布了《浙江省企业竞争合规指引》，拉开了中国竞争合规的大幕。同年 11 月 28 日，国家市场监管总局公布《经营者反垄断合规指南（公开征求意见稿）》；12 月 26 日，上海市市场监督管理局发布了《上海市经营者反垄断合规指引》。2020 年 4 月 2 日，山东省市场监督管理局颁布了《山东省经营者反垄断合规指引》和《山东省行业

---

① 参见王先林：《我国反垄断法实施的基本机制及其效果——兼论以垄断行业作为我国反垄断法实施的突破口》，载《法学评论》2012 年第 5 期。

协会反垄断合规指引》。从上述例子可以看出,我国反垄断执法机关也正在大力推进竞争合规制度。在竞争合规制度的制定和执行过程中,如何协调与反垄断罚款的关系是一个绕不开的问题,即在确定反垄断罚款金额时,是否应该将竞争合规作为激励因素从而减轻罚款?这是一个有争议的话题,各国做法也不尽相同,值得我们去深入研究。

一、竞争合规的内在动因

(一)从风险防范到商业伦理:竞争合规的形成与发展

企业对法律的自觉遵守是现代企业制度的重要标志。法律外观上,企业常被视为独立的"法人",但其实质是由众多个人、部门、文化和其他构成社会的要素的复杂集合。没有一个企业和社会能控制其所有成员的所有行为,但它们应当积极地防止违法行为的发生。对于企业而言,防止违法行为最重要且唯一的方法,就是使用管理工具来预防和发现违法行为,即制订并实施合规计划(Compliance Programs)。①

合规计划,或称"合规政策"(Compliance Policies)、"企业行为准则"(Codes of Corporate Conduct),系企业自发遵守法令而制定的系统性管理制度,其目的在于预防企业内部的违法行为,并在违法行为发生时提供有效的应对方法和报告程序,从而维护企业及其员工的安全与利益。② 合规计划属于企业"自愿治理"(Voluntary Governance),实际上是企业表达了对某些规则及其所依据的价值或目标的一项承诺,通常与公司的治理准则或其他行为准则相结合。③ 对企业而言,合规计划虽然不能完全保证企业不再发生违规行为,但可以降低违规的风险和成本。如果合规计划运行良好,违规行为可以在早期发现并停止,从而防止对公司和社会的进一步损害。因此,开展合规计划成为现代企业一项重要的治理战略。

---

① See Ted Banks & Joe Murphy, *The International Law of Antitrust Compliance*, 40 Denver Journal of International Law & Policy 368 (2012).

② See Charles J. Walsh & Alissa Pyrich, *Corporate Compliance Programs as a Defense to Criminal Liability: Can a Corporation Save Its Soul*, 47 Rutgers University Law Review 605(1995).

③ See Eva Lachnit, *Compliance Programmes in Competton Law: Improving the Approach of Competton Authorites*, 10 Utrecht Law Review,31 (2014).

自公司的概念诞生之初,其便具有实施自我监管的意识与行动,①1961 年,美国多家重型电气设备公司因参与价格合谋、操纵投标与市场分割等垄断行为,公司本身及其董事会成员遭到反垄断起诉,法院最终判处各公司近 200 万美元的刑事罚金,并有 7 名公司高层管理人员被判处有期徒刑,24 人被判处有期徒刑缓刑。② 以此事件为契机,合规管理随着企业防范反垄断法律风险的进程迅速得到普及,许多企业或是将竞争合规纳入既有的行为准则中,或是制定专门的竞争合规管理制度。③ 企业经营者愈发意识到,引入竞争合规管理制度是防范反垄断法律风险、增强企业核心竞争力的必由之路。此后的一段时间内,在反腐败、防止内幕交易、环境保护等多个领域都开始出现了企业合规管理,但竞争合规迄今仍是最常见,也是企业最主要的合规制度。④

截至 20 世纪 80 年代,合规管理制度在商业活动中的重要性被提升至一个相当的高度,受到了广泛的认同并被付诸实践。⑤ 实施合规的意义已不仅是证明企业在自身经营活动中表现出了相当的注意,还开始强调促进参与法令遵守的组织体文化(Organizational Culture)。⑥ 从更积极的角度来看,合规计划有助于企业被视为“伦理企业”(Ethical Businesses),可以增加其正面品牌效应,⑦企业经营的理想状态也逐渐改变,遵守商业伦理越来越成为企业的共识。也正因如此,20 世纪 80 年代被称为“伦理时代”(Age of Ethics),甚至出现“不重视商

---

① See Molly E. Joseph, *Organizational Sentencing*, 35 American Criminal Law Review 1017 (1998).

② See Harvey L. Pitt & Karl A. Groskaufmanis, *Minimizing Corporate Civil and Criminal Liability: A Second Look at Corporate Codes of Conduct*, 78 The Georgetown Law Journal 1559(1990).

③ 有美国学者曾在 1987 年作过调查,其调研对象中有68%的企业制定了竞争合规政策。See Harvey L. Pitt & Karl A. Groskaufmanis, *Minimizing Corporate Civil and Criminal Liability: A Second Look at Corporate Codes of Conduct*, 78 The Georgetown Law Journal 1559(1990).

④ See Charles J. Walsh & Alissa Pyrich, *Corporate Compliance Programs as a Defense to Criminal Liability: Can a Corporation Save Its Soul*, 47 Rutgers University Law Review 605(1995).

⑤ 参见[日]川崎友巳:《合规管理制度的产生与发展》,李世阳译,载李本灿等编译:《合规与刑法:全球视野的考察》,中国政法大学出版社 2018 年版,第 15 页。

⑥ See Lynn Sharp Paine, *Managing for Organizational Integrity*, 72 Harvard Business Review 106(1994).

⑦ See Eva Lachnit, *Compliance Programmes in Competton Law: Improving the Approach of Competton Authorites*, 10 Utrecht Law Review 31(2014).

业伦理的企业为非主流企业”的论断。[①] 20 世纪 90 年代中后期以后，美国企业开始实践更高水准的合规计划目标，在进行合规计划的制度设计时，更加重视对伦理性价值判断的影响，并力争采取伦理上最理想的行动。这一时期得到强调的企业社会责任和商业伦理深入人心，也使美国企业实施合规管理的水平提升至更高的层次，兼具质（内容的充实）与量（适用范围的扩大）两方面的效果。[②]

从竞争合规的形成与发展历程看，企业自主推进竞争合规的内在动因表现为两方面：一是源于对违法行为被发现和遭受法律制裁的恐惧，二是源于一种内生的规范义务感，理论上将这两类动因称为合规的消极基础（negative basis for compliance）与合规的积极基础（affirmative basis for compliance）。[③] OFT 曾对国内大企业进行了 22 次采访，更细致地洞察企业竞争合规的内在动因，所有答复者均表示，高达全球营业额 10% 的罚款风险是企业开展竞争合规的主要动因。大多数受访者认为，对企业造成的潜在声誉损害是企业合规更大的驱动力，因为该违法成本可能高达罚款数额的几倍。一些受访者还表示，个人可能遭受的法律制裁，包括罚款、董事资格剥夺、刑事监禁等也是合规的重要动因。与此同时，促进企业竞争合规的内在动因还包括一些非基于制裁威慑的内容，其中最重要的即是企业、行业和/或国家内部的竞争文化。很多受访企业坦言，当竞争理念得到广泛理解认同、反垄断法得到充分尊重时，企业和个人遵守反垄断法的效果更理想。[④] 由“消极合规”到“积极合规”的动因转向，寓示竞争合规在企业内部的价值逐渐提高，并外化为自觉守法。

（二）从制裁威慑到合规指引：反垄断法实施的突破

垄断一直被视为对社会经济秩序和消费者福利极具损害的违法行为，各国（地区）竞争主管机构均对其施以严厉的制裁，并将“威慑”作为制裁最重要的

---

① See Thomas W. Duneff, *The Case for Professional Norms of Business Ethics*, 25 American Business Law Journal 385 (1987).

② 参见［日］川崎友巳：《合规计划的现状》，曾文科译，载李本灿等编译：《合规与刑法：全球视野的考察》，中国政法大学出版社 2018 年版，第 21 页。

③ See May P. J., *Compliance Motivations: Affirmative and Negative Bases*, 38 Law & Society Review 41 (2004).

④ OFT, *Drivers of Compliance and Non-Compliance with Competition Law* (*OFT*1227), OFT (May 2010), https://assets.publishing.service.gov.uk/government/uploads/system/uploads/attachment_data/file/284405/oft1227.pdf.

目标，目的是阻止违法者再次从事同样的非法行为（具体威慑），以及劝阻其他潜在的经营者从事非法行为（一般威慑）。① 一直以来，反垄断制裁被视为反垄断法实施的主路径，特别是进入21世纪，各国（地区）反垄断制裁力度明显加大。与此同时，当前被广泛运用的反垄断制裁手段亦存在效果上的局限性。例如，反垄断罚款在威慑目标的实现上是最优的，但对于实现其他政策目标可能是欠佳的。愈高的反垄断罚款甚至会适得其反，当其超过公司支付能力时，企业或因破产而永久性退出市场，即使幸存，也将导致市场竞争力的降低。消费者将为此支付更高的价格，获得更差的服务，受益于更少的创新。② 欧洲议会就曾指出，"使用越来越高的罚款作为制裁违反反垄断法行为的唯一手段可能过于生硬，尤其是当企业无力支付而造成失业问题"。③ 此外，高额的罚款还会引起不合比例、威慑过度的质疑与担忧。无论如何优化罚款的计算，当其数额过高，以至于公众开始认为罚款具有报复性，则会破坏对反垄断法的尊重。④ 依靠制裁实现威慑的传统反垄断法实施路径似乎陷入了困境，亟须重新审视并作出调整。

事实上，反垄断法所确立的规范之所以被接受，是因为社会公众的理解并从中受益，但是这些行为准则乃至背后的价值目标要被更广泛地接受，仅依靠执行反垄断法或制裁威慑是远远不够的，执法机构应当认识到，还必须要有私人行动来执行公司内部的政策，并证明不遵守法律是不可容忍的。⑤ 作为防止违反反垄断法而自愿实施的企业竞争合规管理制度迅速得到了竞争主管机构和学术界的高度关注，并被视为制裁威慑的主要补充。⑥

越来越多国家（地区）的反垄断执法机构意识到企业建立竞争合规所能发

---

① 参见王健、方翔：《威慑理念与我国反垄断制裁的有效协调》，载《经贸法律评论》2019年第2期。

② See Gregory Werden, *Sanctioning Cartel Activity: Let the Punishment Fit the Crime*, 5 European Competition Journal 1(2009).

③ See OECD Competition Policy Roundtables, *Promoting Compliance with Competition Law*, SSRN(Sept. 2, 2012), https://ssrn.com/abstract=2139358.

④ See OECD Competition Policy Roundtables, *Promoting Compliance with Competition Law*, SSRN(Sept. 2, 2012), https://ssrn.com/abstract=2139358.

⑤ See Ted Banks & Joe Murphy, *The International Law of Antitrust Compliance*, 40 Denver Journal of International Law & Policy 368 (2012).

⑥ See Anzhela Korzhevskaya, *Achieving a Competition Compliance Culture in Russia: Assessing the UK Experience in Compliance Programmes to Deter Cartels*, 3 Russian Law Journal 62(2015).

挥的独特效用,逐渐从竞争执法者的角色转向竞争的倡导者,通过制定发布竞争合规指引(Compliance Guidance),引导企业为自己量身定制竞争合规制度,这也加速了竞争合规在企业中的推广。[①] 一项实证研究表明,竞争合规有效地减少了企业“非理性”(因忽视竞争执法环境)违法行为的发生频率,[②]这在很大程度上缓解了反垄断执法的压力,法国更是将其作为反垄断执法机构的“有力武器”。欧盟同样将竞争合规视为企业实现风险实质性降低的重要手段,并建立了专门的竞争合规网站,[③]为企业制定合规计划提供诸多建议。竞争合规已经成为现代反垄断法实施的重要方式。

二、强健有效的竞争合规

(一)促进竞争合规的强健有效

竞争合规的基本目标即是帮助企业预防和抑制反垄断法律风险,要实现这一目标,竞争合规的内容必须是实质性的,并以有效的方式进行设计、实施、审查和修订,而不仅仅是一份“纸面计划”(Paper Program)。[④] 但在实践中却鲜有企业投入必要的时间、资源和精力来制定和实施有效的竞争合规计划,这也同竞争合规的本义相背离。为避免企业竞争合规沦为“表面合规”(Cosmetic Compliance),反垄断执法机构需要对一项成功的竞争合规应达到的总体目标及其基本特征予以明确,更有针对性地给予企业制定竞争合规制度的清晰指引。从实践结果看,各国(地区)反垄断执法机构普遍以促进竞争合规的“强健有效”(Robust & Effective)作为其核心价值目标,确保竞争合规有效实现在反垄断法实施中的重要功能。而如何判断企业竞争合规是否强健有效,并真正发挥自我治理和自我规制的作用,一直是广泛讨论的话题。OECD 曾将这一目标概括为“5C”,即承诺(Commitment)、文化(Culture)、合规指南和机构(Compliance know-how and organisation)、控制点(Controls)以及持续监测和改进(Constant monitoring and improvement)。一些国家的竞争主管机构在其发布

---

① See Richard A. Whiting, *Antitrust and the Corporate Excutive* Ⅱ, 48 Virginia Law Review 1 (1962).

② See Beckenstein & Gabel, *Antitrust Compliance: Results of a Survey of Legal Opinion*, 51 Antitrust Law Journal 459 (1982).

③ See http://ec.europa.eu/competition/antitrust/compliance/index_en.html.

④ See Jesse W. Jr. Markham, *The Failure of Corporate Governance Standards and Antitrust Compliance*, 58 University of San Francisco School of Law 499(2013).

的竞争合规指引中给出了更具体的指导意见。法国竞争管理局(Autorité de la concurrence)2012 年发布了《竞争合规计划框架文件》(以下简称法国竞争合规指引),其第三章详细列明了有助于提高竞争合规制度有效性的"最佳做法"清单。法国竞争管理局认为,有效的竞争合规制度应具备五个方面特征:一是公司管理层(包括高级管理层和更广泛意义上的管理层)的竞争合规承诺;二是任命一名或多名有权制定和监督竞争合规方案各个方面的"合规官"(Compliance Officer);三是采取提供有效的信息、开展培训和提高合规认识的各项举措;四是建立有效的防控、审计和举报系统,以评估并确保遵守合规方案的有效性;五是建立有效的监督机制,包括处理咨询请求和审查侵权报告的程序,以及违反公司合规政策的内部处罚制度等。荷兰 ACM 认为,每个公司必须量身定制竞争合规制度,但成功的合规应包含 7 项指标,即管理层的合规承诺,对违规行为的解释,员工积极参与并长期接受教育,企业成员参与合规的诚信声明,风险管理,处理违法行为的规则,及时更新合规方案。① 加拿大 CB 提出,无论企业的业务规模和商业模式如何,有效可信的竞争合规应包括 5 个基本要素:高级管理层的参与和支持,公司合规政策和程序,培训和教育,监测、审计和报告机制以及内部惩戒程序和激励措施。② 英国 CMA 在执法实践中,通常将两项要素作为合规方案强健有效的充分证据:引入适合企业规模的正式合规政策以及公司员工对竞争法义务的充分认识。③

(二)强健有效的竞争合规的关键要素

尽管各国对认定强健有效的竞争合规存在实践做法的差异,但具体厘定的要素或特征具有内在关联性,其背后的基本考虑与目标理念完全一致,即通过构建一种有效的机制,最大限度地降低企业违反反垄断法的风险。从实现这一目标出发,综观既有理论研究和实践经验,强健有效的竞争合规至少可以概括为以下 5 个关键要素。

第一,管理层的竞争合规承诺。管理层明确、坚定和公开的承诺,表明了企

---

① See Eva Lachnit, *Compliance Programmes in Competton Law: Improving the Approach of Competton Authorites*, 10 Utrecht Law Review, 31 (2014).

② See OFT, *Drivers of Compliance and Non-Compliance with Competition Law* (*OFT*1227), OFT (May 2010), https://assets.publishing.service.gov.uk/government/uploads/system/uploads/attachment_data/file/284405/oft1227.pdf.

③ See Anzhela Korzhevskaya, *Achieving a Competition Compliance Culture in Russia: Assessing the UK Experience in Compliance Programmes to Deter Cartels*, 3 Russian Law Journal 62(2015).

业守法的决心，是竞争合规强健有效的必要条件。特别是高级管理层的合规承诺，会为企业奠定自觉守法的基调，并向全体员工释放强烈的信号——竞争合规是高级管理层积极拥护的企业战略愿景的重要部分，这对于建立和传播企业竞争合规文化具有不可替代的作用。反之，如果高级管理层对反垄断法表现出漠不关心的态度，则企业员工必会漠然置之。当然，这里的管理层并不局限于高级管理层，还包括更广泛意义的管理层，如销售经理、财务主管、生产经理等对员工同样具有重要影响力和示范作用的管理者。① 高层管理者的合规态度有时可能会难以传达至企业的一线员工，因此，还需要企业各级管理层同等程度的竞争合规承诺，让一线员工清晰地看到他们的"直属领导"期望他们遵守反垄断法。②

第二，竞争合规政策。有效的竞争合规不仅需要管理层口头或书面的合规承诺，为了确保其有效实施，企业还应制定成文的竞争合规政策，事先将具体的行为规范、操作规程等制作成书面的政策文件或手册指南向全体员工提供，最大限度地降低反垄断法律风险。竞争合规政策应根据企业相关业务结构、内部既有的行为准则以及所面临的反垄断法律风险的性质进行调整，并可以根据不同部门违法风险程度的高低制定更具体的合规政策。须注意的是，有效的竞争合规必须明确表示企业内部任何人员如果违反反垄断法将受到严厉的纪律处分，这反映了企业对竞争合规的真正支持。因此，竞争合规政策中应设计相应的纪律准则与奖惩制度，提高员工合规的积极性，并对不遵守合规政策的员工给予惩处。

第三，竞争合规执行程序。执行程序可谓竞争合规的"灵魂"，强健有效的竞争合规必须要有一套内嵌于企业管理制度中的执行程序，帮助企业及其员工有效识别、评估并处置反垄断法律风险，实质性地预防和减少企业内部违法行为的发生。英国 OFT 在 2011 年修订颁布的《企业如何遵守竞争法指引》（以下简称英国竞争合规指引）中，为企业设计了一套包含风险识别、风险评定、风险

① See James R. Jr. Withrow, *Compliance with the Antitrust Laws*, 9 New York Law Forum 187 (1963).

② See OFT, *Drivers of Compliance and Non-Compliance with Competition Law* (*OFT*1227), OFT (May 2010), https://assets.publishing.service.gov.uk/government/uploads/system/uploads/attachment_data/file/284405/oft1227.pdf.

消减和定期检审的“四步合规法”①作为参考,其中最重要的内容就是构建了以反垄断法律风险为中心的合规执行程序,对企业及其员工如何实施竞争合规提供了清晰思路,取得了良好效果,并得到国际社会的广泛认可和相继仿效。

第四,竞争合规负责人。竞争合规得以有效实施,必须设立专门从事监督和管理竞争合规事项的负责人(合规官或其他符合的岗位)。② 理想情况下,企业应专门任命一名高级管理人员负责竞争合规的实施,以展示企业最高层对竞争合规的充分重视及监管。美国《联邦量刑指南》特别强调了合规负责人应拥有足够的资源和独立性以实施监督职能,被任命的合规负责人有直接向董事会或高级管理层,以及公司内部审计委员会、公司法律顾问或法律总监等汇报的职责。③ 同时,合规负责人还需要承担企业内部投诉和举报的处理工作,其必须是一个可被员工信任的人。④ 对于尚不具备资源条件设立竞争合规负责人的中小企业,则可以考虑由财务主管或经理等兼职负责竞争合规的运行。⑤

第五,竞争合规教育培训。各国(地区)竞争合规指引都强调了教育培训的重要意义,甚至给出了培训频次的具体意见。为员工提供竞争合规教育培训的目的是保持员工较强的合规意识及前瞻性思维,让其充分理解竞争合规的政策与程序,清晰知晓合规与违规的界限,有效消解员工在适用反垄断法时存在的困惑和不确定性,这有助于将违规风险发生的概率降至最低,并获取员工更广

---

① 英国“四步合规法”主要内容包括:风险识别(第一步),为企业及其员工提供反垄断知识,使其了解“卡特尔”、“其他潜在反竞争协议”和“滥用市场支配地位”等竞争法律风险的内容;风险评定(第二步),根据企业员工的工作性质、内容等可能会引发的反垄断法律风险为标准,开展企业内部的风险评定,将公司人员评定为高度风险类型、中度风险类型和低度风险类型,有针对性的防控风险;风险消减(第三步),通过采取科学的政策、程序和培训来检查和处理企业面临的潜在反垄断法律风险;定期检审(第四步),强调企业应常规性地检审竞争合规工作,并通过考查的方式来检视企业内部竞争合规的政策、程序和培训的效用性。See OFT, *How Your Business can Achieve Compliance with Competition Law Guidance*(*OFT*1341).

② See Andreas Stephan, *Why the U. K. 's New Approach to Competition Compliance Makes for Good Enforcement*, Competition Policy International (Feb. 14, 2012), https://www.competitionpolicyinternational.com/why-the-u-k-s-new-approach-to-competition-compliance-makes-for-good-enforcement/.

③ See Ryan D. McConnell, *Plan Now or Pay latter: The Role of Compliance in Crimininal Cases*, 33 Houston Journal of International Law 509(2011).

④ See Eva Lachnit, *Compliance Programmes in Competton Law: Improving the Approach of Competton Authorites*, 10 Utrecht Law Review 31 (2014).

⑤ 参见国际商会竞争委员会:《中小企业和大型企业的反垄断合规管理实用工具包》,载国际商会网, https://iccwbo. org/content/uploads/sites/3/2015/11/ICC-Antitrust-Compliance-Toolkit-MANDARIN.pdf。

泛的合规承诺,这亦是最高效的合规方式。竞争合规教育培训的对象应包括所有的决策层和高级管理层人员,所有与竞争者可能有接触的员工,以及所有从事商品价格制定和销售的员工。企业可邀请外部专家学者或内部已具备足够专业能力的法务人员、资深管理人员,以及反垄断执法机构人员担任培训教员。对参加教育培训的员工可予以适当的测验、考评,并将整个过程以适当的方式存档记录。对于大型企业以及涉外经营企业而言,还应特别注意对其分公司和境外工作员工进行合规教育培训,使其了解当地的反垄断法,降低违法风险。

三、协调反垄断罚款与竞争合规的三种机制

美国、英国、法国和巴西等司法辖区将是否存在竞争合规制度作为企业获得垄断处罚减轻的考量因素。相比之下,欧盟、德国、西班牙等司法辖区内的反垄断执法机构在决定反垄断罚款的最终水平时,根本没有考虑是否存在合规制度。[①] 此外,还有一些司法辖区如意大利在特定情形下,将竞争合规制度的存在作为加重处罚的因素。

(一)激励:作为罚款减轻因素的竞争合规

美国《联邦量刑指南》作为确定反垄断和其他犯罪行为罚款数额的基本文件,将被告实施"有效的合规和道德规范方案"列为可能导致减少罚金的情况之一。根据《联邦量刑指南》,为了拥有一个"有效的合规和道德规范方案",企业必须开展以下两方面工作:一是进行尽职调查,以防止和侦查犯罪行为;二是促进一种鼓励道德行为和承诺遵守法律的组织文化。[②] 2015 年,在美国诉卡亚巴(Kayaba)公司垄断案[③]中,一家日本汽车减震器制造商被指控操纵投标和操纵在美国销售的汽车减震器的价格。在量刑备忘录中,美国司法部建议大幅减少对卡亚巴公司的罚款(比《联邦量刑指南》规定的最低罚款还要低 40%),因为被告实施了一项新的"全面和创新的合规政策","试图改变公司文化,防止再次犯罪"。[④] 美国司法部还指出,被告的合规政策"具有有效合规政策的特征,

---

① See Luis Blanquez, *Antitrust Compliance Programs in the US and the European Union*, The Antitrust Attorney Blog (May 26, 2019), https://www.theantitrustattorney.com/antitrust-compliance-programs-us-european-union/.

② See U.S. Sentencing Guidelines, § 8B2.1.

③ See U.S. V. KAYABA INDUSTRY CO., LTD, D/B/A KYB CORPORATION, DOJ(Feb. 12,2020), https://www.justice.gov/atr/case/us-v-kayaba-industry-co-ltd-dba-kyb-corporation.

④ See Sentencing Memorandum in United States of America v. Kayaba Industry Co.

包括来自公司最高管理层的指示、培训、匿名举报、主动监察和审计,以及对违反合规政策的员工进行纪律处分”。①

在英国,2012 年英国罚款指南并不将仅仅存在一个企业合规体系就作为减轻处罚的因素。但是,其罚款指南指出,“在个别情况下,如有证据表明企业已经采取充分步骤,从上至下明确承诺遵守反垄断法,并采取有关反垄断法风险识别、风险评估、风险消减和系统检审②的适当步骤,这将会被视为一个减轻处罚的因素”。③ 有很多企业已经成功减少了被施加的罚款。例如,2003 年,孩之宝公司获得了英国前反垄断主管机构——公平贸易办公室给予的最高 10% 的罚款减免,理由是该公司为确保遵守反垄断法而采取了“足够的措施”。④ 英国新的反垄断执法机构竞争和市场管理局也采取了同样的做法。

在法国,《法国商法典》第 L464 - 2 条规定,如果违法企业已承诺不对法国反垄断主管机构提出的异议声明提出质疑,则反垄断主管机构可以减轻对企业的财务处罚。在这种情况下,如果该企业承诺建立合规制度(或升级现有的合规制度),将可以获得额外的罚款减免,这个罚款减免最高可达 10% 。⑤

在巴西,根据巴西经济保护与行政委员会 2016 年发布的《关于反垄断合规的指南》,一个寻求实施“稳健”合规制度(包括比例和诚信措施,proportionate and good faith measures)的企业,在违反反垄断法的情况下,有资格获得处罚的减轻。⑥

(二)中立:罚款时不考虑竞争合规

在欧盟,欧盟委员会在 1982 年至 1992 年通过的 7 项决定中,减少了对企业

---

① See Sentencing Memorandum in United States of America v. Kayaba Industry Co.

② 丁茂中:《英国竞争合规指引机制的考察与思考》,载《价格理论与实践》2014 年第 9 期。

③ See *OFT's guidance as to the appropriate amount of a penalty* (2012), OFT 423, Gov. UK (Apr. 18,2018), https://www. gov. uk/government/publications/appropriate-ca98 – penalty-calculation.

④ See Wouter P. J. Wils, *Antitrust Compliance Programmes and Optimal Antitrust Enforcement*, 1 Journal of Antitrust Enforcement 55(2013).

⑤ See Stefan Weber, Tatiana Dovgan & Artem Kara, "*Discount*" *for antitrust compliance: Proposed reduction in fines based on effective compliance systems in Russia*, Mondap (Oct. 25, 2017), https://www. mondaq. com/russianfederation/antitrust-eu-competition-/640376/discount-for-antitrust-compliance-proposed-reduction-in-fines-based-on-effective-compliance-systems-in-russia.

⑥ See Conselho Administrativo de Defese Economica (CADE), *CADE Publishes the English version for the Compliance Guidelines*, CADE's official website (18 February 2016), http://en. cade. gov. br/press-releases/cade-publishes-the-english-version-for-the-compliance-guidelines.

的罚款,因为有关企业在欧盟委员会开始调查后建立了合规制度。到2000年,欧盟委员会的做法发生了变化,它开始对合规制度采取中立立场,即合规制度的存在既不被视为加重罚款的因素,也不被视为减轻罚款的因素。① 在2011年的《合规指引手册》中,欧盟委员会确认了其立场,即不会仅仅因为企业的合规尝试而减少罚款。欧盟委员会指出:"为了确定罚款的数额,企业的具体情况会得到适当考虑。但是,仅仅存在合规方案不会被认为是一种应当减轻处罚的情形。在对一项违法行为进行调查后,设立合规方案也不会被认为是减少罚款的正当理由。"②欧洲法院也维持了同样的立场。

在德国,联邦卡特尔局对已通过的合规计划采取中立立场,其方式与欧盟委员会类似。2013年,联邦卡特尔局发布了罚款指南,但没有提到竞争合规。联邦卡特尔局仅指出,遵守竞争规则有助于防止未来的违法行为,或有助于发现已有的违法行为,这对企业在申请免予罚款的时间上具有优势。③

在西班牙,根据其2015年修订的《刑法》,在违法行为发生前就有合规制度的企业,只有合规制度符合法律规定的条件,才可以免除企业的刑事责任。但是,这些规定并不直接适用于反垄断案主管机构所设定的处罚。④

(三)惩罚:作为罚款加重因素的竞争合规

在意大利,虽然反垄断主管机构通常并不认为竞争合规制度的存在是不利的,但在以下四种情况,合规制度的存在将成为加重处罚的因素:一是企业利用竞争合规制度促进、掩盖违法垄断行为;二是企业通过隐瞒、阻碍、拖延调查,有效地在违法垄断行为的存在、性质方面误导反垄断主管机构;三是企业是反复违规者(a repeated offender),在先前的调查中已因减轻处罚而受惠;四是企业

---

① See Andras Toth, *Framework for the Recognition of Competition Compliance Programs and Dilemmas Faced by Competition Authorities*, 30 Loy. Consumer Law Review 95(2018).

② See European Commission, "Compliance Matters" European Commission (November 2011), http://ec. europa. eu/competition/antitrust/compliance/index_en. html.

③ See Andras Toth, *How Could Competition Authorities Reward Competition Compliance Programmes*, 1 European Competition & Regulation Law Review 4(2017).

④ See Stefan Weber, Tatiana Dovgan & Artem Kara, "*Discount*" *for Antitrust Compliance: Proposed Reduction in Fines based on Effective Compliance Systems in Russia*, Mondap (Oct. 25, 2017), https://www. mondaq. com/russianfederation/antitrust-eu-competition-/640376/discount-for-antitrust-compliance-proposed-reduction-in-fines-based-on-effective-compliance-systems-in-russia.

没有遵守反垄断主管机构的决定。①

四、构建反垄断罚款的竞争合规激励机制

(一)激励导向的竞争合规的理由

是否应当建立激励导向的竞争合规以减轻企业的反垄断罚款,学界进行了充分讨论。反对观点认为,减轻罚款会错误地激励企业通过竞争合规来获得罚款"优惠",而非通过竞争合规来防止发生违法行为。当罚款减轻额度过高时,竞争合规则将沦为"反垄断法律责任的廉价保单"。同意减轻罚款将传递出这样的信息,即反垄断违法行为属于正常业务行为的一部分,企业没有避免其发生的全部责任。② 有学者提出,反垄断执法机构应将缺乏竞争合规视为处罚的加重因素,③但这一观点迅速遭受质疑,因为很难找到企业实施这一义务的充分理由,并且在强制性的规范下,企业只会消极地完成最低限度的合规。④

欧盟关于竞争合规应否被激励的态度经历了由肯定到中立的转变。早在20世纪90年代,即便在违法行为出现之后才制定竞争合规,甚至在出现核心卡特尔的情形下,欧盟仍零星地将合规作为减轻情节加以考虑,欧盟法院也肯定这一实践操作。⑤ 但在最近十年,尤其是在涉及核心卡特尔时,欧盟完全否决了此种考虑,原欧盟竞争事务专员华金·阿尔穆尼亚(Joaquín Almunia)在2010年的一次主旨演讲中表示,"为什么要奖励一个失败的合规计划?合规计划的益处在于降低企业参与卡特尔的风险,这也是企业获得的回报。……合规计划不会让已有的违法行为发生任何变化,因此,合规计划不应被看作减轻事由。

---

① See Emilio De Giorgi, *The Italian Antitrust Authority has Published the Guidelines on Compliance Programmes*, ALLEN & OVERY (09 October 2018), http://www.allenovery.com/publications/en-gb/Pages/The-Italian-Antitrust-Authority-has-published-the-guidelines-on-compliance-programmes.aspx.

② See Wouter P. J. Wils, *Antitrust Compliance Programmes & Optimal Antitrust Enforcement*, 1 Journal of Antitrust Enforcement 52(2013).

③ See A. Riley & M. Bloom, *Antitrust Compliance Programmes-Can Companies and Antitrust Agencies Do More?* 21 Journal of Competition Law 21(2011).

④ See Damien Geradin, *Antitrust Compliance Programmes and Optimal Antitrust Enforcement a Reply to Wouter Wils*, 1 Journal of Antitrust Enforcement 325(2013).

⑤ 参见[德]马克·恩格尔哈特:《欧盟领域中的刑事合规》,蔡仙译,载李本灿等编译:《合规与刑法:全球视野的考察》,中国政法大学出版社2018年版,第81页。

违法行为本身已经表明,不存在任何有效的计划”。① 2011 年 11 月,欧盟在其竞争合规指引中正式重申不因存在合规方案而减少罚款数额的立场,“委员会欢迎并支持公司的所有合规努力……为了确定罚款水平,适当考虑了公司的具体情况。但是,仅仅存在一个合规方案不会被视为减轻情节。设立合规方案也不会被视为在调查违法行为后减轻罚款的正当理由”②。有学者指出,欧盟的做法实际上是浪费了一个真正激励企业设立预防措施的宝贵机会,“执法机构从一个错误的主张出发,认为违反反垄断法本身就表明了竞争合规存在问题。但是,违法仅仅只能是竞争合规无效的一个迹象,因为即便是制定一个完美的计划,也不能完全避免违反法律的情况发生”③。与欧盟立场呈现鲜明对比,美国量刑委员会在《联邦量刑指南》中规定,企业在实施有效的合规计划(包括竞争合规在内的所有合规计划)的情况下,可对罚金数额进行必要的减免,其目的在于“通过给予企业奖励,鼓励其创造并维持预防犯罪、发现犯罪和报告犯罪的良好机制”。同时,《联邦量刑指南》特别声明,“未能预防或阻止犯罪,不意味合规计划是无效的”。④

从既有理论研究和各国实践看,更多学者和反垄断执法机构⑤认为,企业建立并实施强健有效的竞争合规应得到反垄断法的激励。甚至有观点提出,如果一家公司已经尽了合理的努力遵守反垄断法,而员工仍然参与操纵价格,那么对该公司罚款是没有意义的,拥有合规计划的公司不仅应获得更低的罚款,而且应该免于此类罚款。⑥ 对此,可从企业和反垄断执法机构两个不同视角全面

---

① See Joaquín Almunia, Compliance and Competition Policy, European Commission, US Chamber (Oct. 25, 2010), https://www.uschamber.com/sites/default/files/legacy/grc/SPEECH-Almunia.pdf.

② Nathalie Jalabert-Doury, *Compliance matters-What Companies can do Better to Respect EU Competition*, 3 Journal of European Competition Law & Practice 260 (2012).

③ [德]马克·恩格尔哈特:《欧盟领域中的刑事合规》,蔡仙译,载李本灿等编译:《合规与刑法:全球视野的考察》,中国政法大学出版社 2018 年版,第 82 页。

④ United States Sentencing Commission, Guidelines Manual, § 8B2.1 (Nov. 2007).

⑤ 据不完全统计,截至 2017 年包括英国、法国、澳大利亚、巴西、加拿大、德国、意大利、马来西亚、墨西哥、新加坡和美国等在内的数十个国家,明确将竞争合规作为反垄断罚款的减轻因素予以考虑。See International Competition Network Cartels Working Group Subgroup 1, *Setting of Fines for Cartels in ICN Jurisdictions*, (May, 2017), https://www.internationalcompetitionnetwork.org/poltfolio/setting-fines/.

⑥ See Karl Hofstetter & Melanie Ludescher, *Fines against Parent Companies in EU Antitrust Law: Setting Incentives for "Best Practice Compliance"*, 33 World Competition 55 (2010).

考察设置竞争合规反垄断法激励机制的价值。

实施竞争合规需要一定的经济成本,起草制定一套适应企业自身特点的合规制度需要专业的法律咨询和附带的法律费用。短期来看,竞争合规的实施和维护成本很高,企业必须设有专门负责监督、实施和审查竞争合规政策的负责部门(人),员工本可以用于工作的时间也将用于合规培训。在执行合规计划时,企业还可能面临两难抉择,例如,终止某些有盈利但可能滋生合规风险的业务关系等。① 特别是对于管理资源有限的中小企业而言,竞争合规更有可能被视为一个"费钱费时"的过程,尽管这些中小企业通常更容易卷入卡特尔,也更需要竞争合规。值得注意的是,竞争合规不同于其他法律领域的合规,由于反垄断法的行为规范是以较为抽象的方式制定,且该法本身亦具有不确定性,这使企业遵守反垄断法面临更多挑战,企业需要紧密和动态地跟踪反垄断执法和司法实践,这无异于加重了竞争合规的难度与成本。因此,企业必然会权衡实施竞争合规的成本与其带来的获益之间的关系。但无论企业的竞争合规有多完善,都不能保证它会防止每个员工的每一次不当行为。当违法行为发生时,企业所做的合规努力以及为此支付的经济成本,如果对责任认定没有任何影响,企业极可能会选择放弃实施竞争合规。② 相反,如果反垄断执法机构能给予企业罚款减轻的激励,企业会显著感知合规带来的"回报"。许多企业曾在接受 OFT 的调查时表示,执法当局允许对开展竞争合规的企业予以罚款减轻的政策有助于推动企业的竞争合规,这使企业遵守反垄断法的潜在好处以可预见和可测量的方式呈现出来。③ 减轻罚款也会使企业管理层更加青睐对竞争合规的投资,因为它不仅可以降低违法风险,更能在违法后减小损失,企业何乐而不为。

从反垄断执法机构的立场考量,减轻企业罚款责任带来的正向激励远甚于负向激励。首先,应予澄清的是,任何合规计划都不可能实现零风险,违规行为的发生也不意味企业合规的失败,因为其可能及时发现并帮助企业尽早终止违法行为,避免损害的扩大等。企业通过竞争合规自主防范反垄断法律风险,可

---

① See Charles J. Walsh & Alissa Pyrich, *Corporate Compliance Programs as a Defense to Criminal Liability: Can a Corporation Save Its Soul*, 47 Rutgers University Law Review 605(1995).

② See Charles J. Walsh & Alissa Pyrich, *Corporate Compliance Programs as a Defense to Criminal Liability: Can a Corporation Save Its Soul*, 47 Rutgers University Law Review 605(1995).

③ See OFT, Drivers of Compliance and Non-Compliance with Competition Law(OFT1227), Gov. UK (June 22, 2019), https://assets.publishing.service.gov.uk/government/uploads/system/uploads/attachment_data/file/284405/oft1227.pdf.

以节约有限的执法资源并提高社会福利,这本身就值得肯定与奖励。[①] 其次,反对观点关于负向激励的担忧实际上已在各国的实践中消解。认为企业可能试图通过“表面合规”来规避反垄断罚款责任的观点,忽视了反垄断执法机构的能动性,执法机构完全可以借助调查手段和判断竞争合规强健有效的关键要素,确定企业设立竞争合规的真正目的是防止违法行为抑或纯粹的虚假行为。同时,被调查企业亦负有责任证明竞争合规的真实性,并使其得到认真实施。[②] 一些国家为防止企业利用竞争合规便利或隐瞒其从事违法行为,还作出了例外规定,即将此种情形下的竞争合规视为加重罚款的事由,如英国和意大利。最后,激励竞争合规与反垄断法中的另一项重要政策——宽恕制度极具关联。成功适用宽恕制度的企业,在主动报告卡特尔违法行为并提供重要证据的条件下,将得到减免处罚的待遇。从某种意义而言,一些甚至没有尽一点努力防止违法行为发生的垄断者,通过宽恕制度的策略承认其参与最具竞争损害性的卡特尔活动,即可减轻或免于处罚,而另一些真诚努力合规仍不可避免地发生违法行为的企业,却未能得到任何肯定与激励,似乎有违公平。[③] 诚如部分学者所言,宽恕制度下往往揭露的是垂死或濒临终结的卡特尔,而非运转良好的强大卡特尔。[④] 通过对竞争合规的认可与激励,可以有效加强并补充宽恕制度的效力,加剧卡特尔成员间的紧张关系,促使他们在较早阶段向反垄断执法机构报告违规行为。[⑤] 拥有竞争合规的企业在向反垄断执法机构申请适用宽恕制度上更具时间优势,也更容易从宽恕制度中获益。

(二)竞争合规的激励路径

考诸世界各国反垄断执法机构对竞争合规的激励路径,主要有事前激励、事后激励和双重激励 3 种模式。所谓事前激励,是指在反垄断违法行为发生前,企业因制定实施竞争合规而获得罚款减轻的激励,英国和美国即采用此种

---

① See Andras Toth, *How Could Competition Authorities Reward Competition Compliance Programmes*, 1 European Competition & Regulation Law Review 4(2017).

② See Damien Geradin, *Antitrust compliance programmes and optimal antitrust enforcement a reply to Wouter Wils*, 1 Journal of Antitrust Enforcement 325(2013).

③ See Ted Banks & Joe Murphy, *The International Law of Antitrust Compliance*, 40 Denver Journal of International Law & Policy 368 (2012).

④ See Andreas Stephan & Ali Nikpay, *Leniency Theory and Complex Realities* (2014), SSRN (June 22,2019), https://ssrn.com/abstract=2537470.

⑤ See Andras Toth, *How Could Competition Authorities Reward Competition Compliance Programmes*, 1 European Competition & Regulation Law Review 4(2017).

模式。但在事前激励模式下，仅仅建立竞争合规并不能实现罚款的自动减轻，还需符合反垄断执法机构认可的其他条件。英国竞争合规指引规定，企业在违法行为发生前制定了竞争合规，并采取指引文件推荐的“四步合规法”或反垄断执法机构认可的其他合理等效措施，将会被考虑减轻10%以下的罚款，具体数额则由执法机构逐案评估决定。美国同样只考虑对符合《联邦量刑指南》认定标准的“有效的合规方案”减少罚款。例如，在2015年卡亚巴公司垄断案①中，一家日本汽车减震器制造商因操纵投标和固定价格被诉至法院，美国司法部建议大幅降低对卡亚巴公司的罚款（比《联邦量刑指南》规定的最低罚款还要低40%），理由正是被告实施了一项“全面和创新的合规政策”，并具备有效合规方案的若干特征，包括公司最高管理层的参与，合规培训，匿名报告制度，积极主动的监督和审计，并对违反合规政策的员工进行纪律处分等。事后激励，主要指企业在被发现从事垄断行为后，承诺采用或改进现有的竞争合规，从而换取反垄断执法机构减轻罚款的激励机制。意大利AGCM在2018年发布的《反垄断合规指引》中主要采用事后合规激励模式，被调查企业如果承诺建立竞争合规或改进现有合规计划，AGCM可依据相关标准给予5%～15%不等的罚款减免。② 法国竞争管理局则采用事前合规与事后合规同时认可的双重激励模式。根据法国竞争合规指引文件，合规方案本身不被视为减轻处罚的因素，但如果企业能通过客观且可核实的证据证明其在竞争主管机构进行任何检查或调查前，企业因实施竞争合规而自愿停止并纠正了违法行为，可以获得减轻处罚，此为事前激励之情形。同时，依据法国《商法典》第L464－2条规定，如果违法企业不对法国竞争管理局提出异议声明，并承诺建立竞争合规或升级改进现有的合规制度，将可以额外获得最高10%的罚款减免的事后激励。③

概言之，此3种激励模式并无实质性差异，无论事前激励、事后激励还是双重激励，只有在企业付诸真正合规努力的前提下，才可能得到执法机构减轻罚

① U. S. v. Kayaba Industry Co., Ltd., d/b/a KYB Corporation.

② Autorità Garante della Concorrenza e del Mercato, *Linee Guida Sulla Compliance Antitrust*, AGCM (Sept. 25, 2018), https://en.agcm.it/dotcmsdoc/guidelines-compliance/guidelines_compliance.pdf.

③ See Stefan Weber, Tatiana Dovgan & Artem Kara, "*Discount*" *for Antitrust Compliance: Proposed Reduction in Fines Based on Effective Compliance Systems in Russia*, Mondap (Oct. 25, 2017), https://www.mondaq.com/russianfederation/antitrust-eu-competition-/640376/discount-for-antitrust-compliance-proposed-reduction-in-fines-based-on-effective-compliance-systems-in-russia.

款的奖励,从而防止企业借助“表面合规”的虚假行径骗取减轻罚款之优待。相较而言,双重激励体现出反垄断执法机构对竞争合规更为积极的态度和更大的支持力度,更有助于竞争合规在企业的引入与推广。但在激励机制的建构上,应确保企业更倾向于选择事前合规而非事后合规,因为前者更利于发现并及时终止违法行为。[①] 正因如此,事后激励应限于企业与反垄断执法机构展开合作(如和解与承诺)之情形,且罚款减轻额度不得高于事前合规激励。在具体罚款减轻额度上,各国分别采取5%、10%、15%不等的幅度标准,某种意义而言,通常取决于该国反垄断执法机构对竞争合规的重视程度。

还有学者以法经济学的研究进路,试图构建一套旨在激励企业实施“最佳合规做法”(Best Practice Compliance)的罚款计算标准。[②] 该研究认为,传统反垄断罚款建构在威慑理论的基础之上,忽视了企业的合规成本、垄断获利及民事赔偿等因素,具有局限性。从纯粹的经济学角度看,如果企业开展竞争合规的成本低于反垄断罚款,企业会考虑承担这一合规成本。在此基础上还需考虑违法行为被发现的可能性(Likelihood of discovery,LD),假设发现卡特尔的概率为1/3,只有当罚款至少达到合规成本的3倍,该企业才会投资并从事竞争合规。但企业实际作出的合规计划可能并非反垄断执法机构所倡导的最佳合规做法,在确定罚款金额时,可以用最佳合规做法的成本(Costs of optimal compliance,CoC)与实际合规成本(Costs of actual compliance,CaC)的差额除以被发现的概率。然而,合规成本并非企业决策的唯一因素,假定企业在支付罚款后,仍有垄断获利的可能(likely cartel profits,lCP),那么罚款制裁将无法抑制企业实施垄断行为的冲动,这就需要在罚款中剥夺该获利的可能,此时的罚款应是:$\text{Fine}=\frac{CoC-CaC+lCP}{LD}$。随着企业加大合规力度,员工违法的可能性会降低,可以作出合理地假设,此时的违法可能性将与实际合规成本的增加成比例地下降,罚款的计算公式需作出调整:$\text{Fine}=\frac{CoC-CaC}{LD}+\left(\frac{CoC-CaC}{CoC}\times\frac{lCP}{LD}\right)$。最后,反垄断执法机构在作出罚款决定时,还应考虑可能的民事损害赔偿诉讼(probable civil claims,pCC)同样会对企业的垄断获利予以削减,因此,该研究最终提出的罚款计算公式为:

① See Andras Toth, *Framework for the Recognition of Competition Compliance Programs and Dilemmas Faced by Competition Authorities*, 30 Loy. Consumer Law Review 95(2018).

② See Karl Hofstetter & Melanie Ludescher, *Fines against Parent Companies in EU Antitrust Law*, 33 World Competition 55(2010).

$\text{Fine} = \frac{CoC - CaC}{LD} + \left(\frac{CoC - CaC}{CoC} \times \frac{lCP}{LD}\right) - pCC$。尽管这是一次极富理论意蕴的探索,但它标志着竞争合规罚款激励机制已走向更为精细化的研究。

(三)我国反垄断罚款竞争合规激励机制的构建

我国在全面推进竞争合规的进程中需要考虑的是,如果企业引入并实施竞争合规对其并不能产生"直接的利益",甚至认为是人力和经济上的负担,推进效果必定不理想。实施强健有效的竞争合规需要经济成本,对于以营利为目的的企业而言,引导其从事未必切实获益的竞争合规似乎不现实。理论与经验研究表明,通过导入减轻罚款责任的激励机制,可以极大地增进企业实施竞争合规的动力,进一步释放竞争合规在反垄断法实施中的优势与潜能。我国反垄断执法机构可以借鉴竞争合规的激励机制,对企业所作的合规努力予以正面回应。

实际上,在我国反垄断执法实践中已经有案例涉及竞争合规的事后激励机制。例如,美敦力纵向垄断案,当事人主动制定了包括"加强员工反垄断合规体系,完善公司反垄断合规制度"在内的整改措施,请求执法机构依法从轻、减轻处罚。而国家发改委在作出最终处罚决定时,考虑到了当事人在调查中后期较好地配合调查,并主动进行整改等情节,最终处以上一年度销售额 4% 的罚款。上海市物价局在海尔家电销售纵向垄断案的处罚决定中,也同样考虑了当事人在调查中积极主动整改,进行内部合规培训与考核等情节。但仅有事后激励还不够,我国反垄断执法机构还应建立事前激励机制,以鼓励更多企业尽早、尽快地制定实施竞争合规,防患于未然。综合来看,鉴于目前我国实际,在激励模式的选择上,宜采用事前、事后双重激励模式,发挥出更强的激励效果,让企业显著感知竞争合规是一项"划算的"努力并付诸实践,这可以加大竞争合规的推进力度。

为使激励机制的效用最大化,并避免产生负向激励效应,双重激励模式下的罚款责任还需要更为精细化地设计。首先,执法机构所推进的竞争合规并非"纸上计划",而应是强健有效的竞争合规,因此,企业仅建立竞争合规不能获得罚款减轻,必须符合反垄断执法机构对于强健有效竞争合规认定的若干标准和条件。其次,对事后合规的罚款减轻幅度应小于事前合规,从而鼓励企业更自觉地投身事前合规。与此同时,如果企业再次从事垄断行为,反垄断执法机构应据此加重罚款,剥夺其既得"奖励",以示惩戒。最后,激励机制还应体现出对企业积极参与其他反垄断政策的鼓励,例如,在事前激励制度中,如果企业能证明其在申请适用宽恕制度时向执法机构提供的证据源于竞争合规的有效运作，应得到专门的奖励，[①]这可以进一步提高宽恕制度的适用率，切实发挥竞争合规促进反垄断法实施的积极效用。

第二节　反垄断罚款与民事赔偿制度的协调

我国反垄断法与世界上多数国家的反垄断法一样采用了公共执行与私人执行并行的二元执行体制，但无论是反垄断法的立法还是实施，都更多地偏重于公共执行。在反垄断法制裁方式的选择上，我国没有规定刑事制裁，主要是行政处罚(罚款)与民事损害赔偿两种制裁方式，并且以行政处罚(罚款)为核心制裁手段；在制裁对象上，没有规定对自然人的制裁。仅有的反垄断行政处罚(罚款)和民事损害赔偿的制裁方式均存在一定的局限性。

一、反垄断民事损害赔偿的威慑效果

反垄断民事损害赔偿诉讼作为反垄断私人执行的重要措施，具有赔偿功能和威慑功能的"自发性优势"，相较于反垄断执法机关的公共执行而言，还具有救济功能和指示功能的"比较优势"，可以弥补公共执行的不足，促进公共执行的发展。[②]

近年来，我国反垄断民事诉讼取得了一定的成就，从《反垄断法》实施以来到2017年年底，全国法院民事垄断的一审案件已有700余件，审结了630件，案件数量不断上升，案件类型呈多样化趋势，但原告胜诉率依旧较低。[③] 从仅有的胜诉案件判决结果来看，均是以补偿性赔偿为主，反垄断民事损害赔偿存在威慑与激励双重不足的问题。根据《中国反垄断行政执法和司法报告(2016)》披露，截至2016年年底，仅有5件反垄断民事诉讼案件在一审判决被告承担民事损害赔偿责任。在确定赔偿金额方面，2件案件赔偿金额根据原告损失确定，并

---

① See Andras Toth, *Framework for the Recognition of Competition Compliance Programs and Dilemmas Faced by Competition Authorities*, 30 Loyola Consumer Law Review 95(2018).

② 参见王健：《反垄断法私人执行的优越性及其实现——兼论中国反垄断法引入私人执行制度的必要性和立法建议》，载《法律科学(西北政法大学学报)》2007年第4期。

③ 参见朱理：《民事诉讼已成为中国反垄断工作重要组成部分》，载搜狐中国竞争法律与政策网2018年8月6日，https://cclp.sjtu.edu.cn/Show.aspx?info_lb=672&info_id=4391&flag=648。

且赔偿金额很低，另外3件则由法院自由裁量酌定赔偿。[①] 例如，华为诉IDC公司滥用市场支配地位案中，因原被告均未提供确切证据证明损害，法院综合考虑被告的违法行为性质、过错程度、损害的严重性，以及原告因此产生的委托律师费、公证费和竞争利益受损等，酌定3被告赔偿原告经济损失2000万元。

受传统侵权法中“填补损害”责任制度的影响，我国反垄断民事损害赔偿制度实质为单倍损害赔偿，[②]也即仅规定赔偿受害人的实际损害。而私人在反垄断民事诉讼中常会面临诉讼地位劣势（相比垄断大企业而言）、举证困难、诉讼成本高等现实问题，单倍损害赔偿制度会存在诉讼成本与诉讼收益倒挂，作为经济理性人的受害者无法受到激励，因而会主动放弃赔偿请求。

二、反垄断行政处罚（罚款）与民事损害赔偿的整体威慑效果

在二元执行体制下，无论是公共执行还是私人执行，都不应“垄断”竞争法的执行，而是必须要共同运作才能有效威慑、调查和惩罚违法行为人以及赔偿违反竞争行为的受害者。[③] 最优威慑理论同样认为，对特定犯罪的惩罚是完全可以替代的。[④] 因此，反垄断行政处罚和民事损害赔偿应被视为一个综合的制裁体系，只有在两者间构建有效的协调机制，才能确保实现整体的最优威慑效果。

欧盟《反垄断损害赔偿诉讼指令》中指出，成员国应确保任何因违反竞争法而受到损害的自然人或法人能够提出索赔并获得充分赔偿，该赔偿包括实际损失和利润损失，加上从损害发生之日起至支付赔偿金止的利息，并要求各成员国须在2016年12月27日前转化为国家法律。[⑤] 该指令还涉及多项行政处罚

---

① 参见林文、甘蜜：《中国反垄断行政执法和司法报告（2016）》，知识产权出版社2017年版，第211页。

② 参见杨蓉：《垄断致损赔偿责任问题研究》，载《湘潭大学学报（哲学社会科学版）》2017年第3期。

③ See Waller & Spencer Weber, *Towards a Constructive Public-Private Partnership to Enforce Competition Law*, 29 World Competition Law & Economic Review 367（2006）.

④ See John M. Connor & Douglas J. Miller, *The Predictability of DOJ Cartel Fines*, 56 The Antitrust Bulletin 525（2011）.

⑤ 实际上，直到2018年1月，保加利亚、希腊和葡萄牙才基本完成指令的转化工作，目前欧盟委员会正在审查所有成员国的指令转化规则是否完整和准确。See *Commission Publishes Report on Implementation of Damages Directive*, EU（Dec. 14, 2020）, https://ec.europa.eu/competition/antitrust/actionsdamages/transposition_en.html.

与民事损害赔偿协调的内容,例如,如果侵权人通过协商解决支付了赔偿,竞争主管机构可将此视为减轻侵权人罚款的因素;在宽恕制度下,受害者只有在证明无法从参与同一违法行为的其他违法者处获得全额赔偿的情况下,才能向宽恕制度的豁免者索赔,且赔偿额仅限于造成的实际损害,亦即豁免者不承担连带赔偿责任。在欧盟《反垄断损害赔偿诉讼指令》颁布前,已全面规定私人执行制度的德国、英国等国家,同样十分重视民事损害赔偿与传统的罚款制裁方式的协调,充分保障对垄断行为制裁的整体威慑效果。

根据《最高人民法院关于审理因垄断行为引发的民事纠纷案件应用法律若干问题的规定》第2条,我国既承认私人在行政执法机构认定垄断行为前提起的"单独诉讼",也肯定了私人在行政执法机构认定垄断行为后提起"后继诉讼"的权利。我国目前已有张某勋诉宜宾县四和建材有限责任公司等企业垄断案、田某伟诉雅培贸易和北京家乐福双井店案、杜某诉平安财产保险浙江分公司垄断案、武汉光明贸易有限责任公司诉上海韩泰轮胎销售有限公司垄断案等4起反垄断后继诉讼案件。尽管案件数量很少,但随着公共执行案件数量的增多和公民竞争意识的提升,反垄断后继诉讼必将会成为一种新的趋势。此时,反垄断行政处罚必须要充分考虑后继诉讼的可能性并作出调整,否则没收违法所得并处罚款的行政处罚,再加之民事损害赔偿,很可能会造成对违法者的过度威慑。反垄断制裁追求的是有效威慑和惩罚违法企业,而非击垮企业。当反垄断行政处罚缺失或者存在威慑不足,会影响反垄断法的制裁效果,此时需要充分发挥反垄断民事损害赔偿的救济功能以补足威慑。另外,当两种制裁手段同时运用,需要有效的协调机制予以调节,方可避免单独适用的威慑不足、盲目叠加适用的威慑过度,确保实现最优的整体威慑效果。

三、整体威慑目标下的反垄断行政处罚(罚款)和民事损害赔偿的协调

任何法律制度的建立都受到价值观念的指引,反垄断法制裁的价值追求直接影响到行政处罚与民事损害赔偿协调机制的构建。救济体系的一个基本目标是威慑人们不敢违反法律,另一个目标是对违法行为的受害者进行补偿——但这是一个次要的目标,因为一个规划合理的威慑体系将把违法的概率降低到一个很低的水平,作为副产品,该体系将会保证充分的补偿。① 可见,反垄断法

① 参见[美]理查德·A.波斯纳:《反托拉斯法》,孙秋宁译,中国政法大学出版社2003年版,第313页。

的制裁具有公益性，首要的价值追求应是通过威慑来维护竞争秩序与公共利益。因而，立足于我国反垄断法二元执行体制，在构建行政处罚与民事损害赔偿协调机制时，应特别注重如何使两种制裁手段更有利于达到最优威慑，其次才是基于公平正义的理念，保障垄断行为受害者的利益得以实现。

（一）行政处罚制度的调整

1. 没收违法所得的限制性适用

没收违法所得是反垄断执法机构将违法经营者的获利予以追缴的制裁手段，这符合威慑理念所追求的目标。同时，没收违法所得还具有“补偿”的重要功能。当垄断企业损害消费者利益或其他生产者利益，其救济手段既包括执法机构没收违法所得，再通过转移支付的方式间接补偿给消费者或受害企业，也包括消费者或受害企业通过民事诉讼进行索赔。① 由于我国反垄断法没有确立集体诉讼和消费者代表诉讼制度，民事损害赔偿又存在激励与威慑的双重不足，没收违法所得实际上被赋予了由政府替代消费者求偿的重要使命，这也符合立法本意。但为了避免没收违法所得并处罚款可能会导致的威慑过度，在当前情况下，对于没收违法所得作适当的限制性解释也许是解决问题的一个思路。在确定没收违法所得处罚的适用范围时，要合理地区分对待垄断协议和滥用市场支配地位行为。由于垄断协议特别是固定价格行为极具危害性，并且在违法所得计算等方面相对较容易，可以考虑适用没收违法所得处罚措施；对于滥用市场支配地位，很多情况下违法所得较难计算或根本无法计算，可以赋予执法机关裁量权，不予没收违法所得，而是考虑直接处以具有足够威慑力的罚款。

2. 建立违法所得退还制度

反垄断法中的违法所得主要源于间接购买者和终端消费者，法理上应当将其退还或者用来补偿受害者的财产损失，以实现社会公平正义。而根据我国《行政处罚法》第 53 条的规定，罚款、没收违法所得或者没收非法财物拍卖的款项，必须全部上缴国库，任何行政机关或者个人不得以任何形式截留、私分或者变相私分。这样的规定虽然简单易行，但不利于通过罚没款项赔偿受害人损

---

① 参见冯博：《没收违法所得与罚款在反垄断执法中的组合适用》，载《法商研究》2018 年第 3 期。

失，造成了经济法上民事责任公共实施的失灵。① 更需注意的是，当存在反垄断后继损害赔偿诉讼的情况下，原本应赔偿给受害者的违法所得已被行政机构没收，这实质上构成了对垄断企业的"二次"处罚，可能造成过度威慑。因此，不妨尝试在此间寻求一个平衡，建立反垄断法上的违法所得退还制度，将其用于对受害者损失的补偿，这也是通过运用反垄断强有力的公共执行手段保护私权主体的有益探索。

3. 将民事损害赔偿作为罚款的减轻因素

我国以行政处罚为重心的反垄断制裁体系没有考虑到民事损害赔偿诉讼在加强威慑方面的作用。特别是，如果未来反垄断损害赔偿诉讼变得更加普遍，那么确保威慑所需的罚款应作出相应调整，否则有可能会产生过度威慑。我国《反垄断法》应明确将民事损害赔偿作为裁量罚款额度的因素，通过减轻处罚的力度，避免过度威慑的可能。这样的制度能支持和鼓励违法企业与受害者运用协商、和解等方式，自愿履行损害赔偿义务。与其他民事诉讼相比，反垄断损害赔偿诉讼必然是昂贵、耗时和复杂的，协商的争端解决机制会使受害者在自愿的基础上迅速而简易地获得赔偿。但同时应警惕，减轻罚款的额度不得损害威慑的目标，竞争主管部门决不能以牺牲威慑和惩罚为代价为赔偿提供便利，也不应投入大量公共资源来评估垄断企业所提供的赔偿是否足够，因为这既存在难度，同时也是负担。②

（二）民事损害赔偿制度的选择与调适

1. 实际损害赔偿与惩罚性赔偿的区分运用

反垄断损害赔偿主要有单倍的实际损害赔偿和多倍的惩罚性赔偿。决定个人当事人是否愿意提起反垄断损害赔偿诉讼的一个重要因素就是在经济上是否有利，如果投资于私人反垄断诉讼不经济、取得预期效果的可能性比较小，当事人就不会发动私人诉讼——尽管该私人诉讼有着潜在的威慑价值，但这一社会效果并不是其主要关心的。如果仅规定单倍损害赔偿，加上较高的诉讼成本和败诉风险，私人当事人提起诉讼的意愿就不会太高。

---

① 参见韩志红：《经济法上民事责任的三种实施机制及其完善》，载《经济法研究》2017 年第 2 期。

② See Organisation for Economic Co-operation and Development, *Relationship Between Public and Private Antitrust Enforcement*, OECD (June 2, 2018), http://www.oecd.org/officialdocuments/publicdisplaydocumentpdf/? cote = DAF/COMP/WP3(2015)14&docLanguage = En.

在我国以行政处罚为核心制裁手段的背景下，当公共执行缺失或者行政处罚不足以威慑垄断时，民事损害赔偿追求的首要目标应是实现足够的威慑。当行政处罚已具备威慑水平，则应重视保障民事损害赔偿基本功能的有效发挥。具体来说，反垄断损害赔偿原则的选择及罚则的建构，需要区分“单独诉讼”与“后继诉讼”阶段的不同，在厘清反垄断民事损害赔偿制裁功能定位的基础上予以审视。其“赔偿功能”作为一种“矫正正义”应被视为基本功能，即在任何情况下均应确保实际损害赔偿的实现，特别是在后继诉讼中，既不能因为垄断企业已接受处罚而减轻赔偿义务，也不能盲目地加倍赔偿以致过度威慑。而民事损害赔偿的“威慑功能”则应被视为救济功能，在行政处罚缺失的情况下，应通过惩罚性赔偿吸引私人“发现”垄断并“威慑”垄断。因此，在赔偿制度的建构上，可以考虑采取具有弹性空间的酌定赔偿，在维系传统侵权法“填补损害”的单倍赔偿制度基础上，针对未被行政处罚或处罚存在明显威慑不足的垄断企业，由法院依据违法情节酌定造成损害的“一倍以上、三倍以下”的惩罚性赔偿。如此，通过赋予法官的自由裁量空间，审酌个案的具体情况，调整加倍乘数以符合最优威慑目标，避免绝对地适用3倍损害赔偿所导致的过度威慑风险，同时也给予了受害者必要的经济激励，从而提高违法行为被发现的概率。

当然，这无疑对法官的法学、经济学素养提出更高要求，需要对复杂的个案事实和损害后果有准确的分析把握，才能酌定符合个案公平和威慑适度的赔偿额度。我国可以建立反垄断执法机构参与民事损害赔偿诉讼的制度，以利于向法院提供专业意见作参考。

2. 宽恕制度下的民事损害赔偿

宽恕制度对于破坏卡特尔的稳定性、及时发现并威慑违法行为，以及节省执法资源等诸多方面具有重要作用。侧重于保障受害者获得赔偿的反垄断民事损害赔偿制度，如果不能作出必要的“让步”，保持与公共执行的一致性，将极大地削弱违法者与反垄断执法机构合作的动力，从而危及宽恕制度的成功适用。事实上，宽大处理的申请人与卡特尔的其他参与者相比，更容易遭受私人诉讼风险。这主要是因为竞争执法机构针对申请人的豁免决定通常会比其他参与者的处罚决定更早作出，而申请人往往不会对此提出上诉，该决定将立即成为最终决定，这也更容易使其成为反垄断后继诉讼的对象。此外，由于连带责任原则，原告可能要求的实质性损害远远超过豁免申请人单独造成的损害。① 这样的结果将直接影响对宽大处理申请者的激励，最终可能损害宽恕制度的吸引力和有效性。因而，一个成功的宽恕制度对于公共和私人执行同样至关重要，应当建立一个能加强宽恕制度和公共执行的反垄断民事损害赔偿制度。

减轻宽恕制度中豁免责任的申请人的民事损害赔偿责任是一种有效的措施，但是该种减轻的"底线"是不得牺牲垄断行为受害者的索赔利益。我国反垄断法应为获得宽大处理的经营者减轻相应的民事责任，与公共执行保持一致，激励违法者申请宽恕，但此种减轻不得损害受害者的索赔利益。具体到民事损害赔偿制度的构建，相关立法可以作适当明确，宽恕制度中豁免责任的申请人仅在原告无法向其他违法经营者获得足额索赔的前提下，承担与其造成损害相应的赔偿责任，如此方可实现多维目标的协调。

（三）支付能力不足情形下行政处罚（罚款）和民事损害赔偿的优先顺序

在追求对垄断企业最优威慑的制裁时，可能容易忽视的一个重要问题是：行政处罚如果超出企业的支付能力，是否需要予以考虑调整，以及在同时存在民事损害赔偿的情形下，应如何确定两者的优先顺序。这并非杞人忧天。经验研究表明，在美国 1955 年至 1993 年，仅有 18% 的被定罪公司有足够的资金支付最优罚款。② 这样做的风险在于，被处罚的企业可能因此被逐出市场并破产，不仅对市场竞争造成额外的损害，也使得垄断行为受害者无法获得损害赔偿。

我国《民法典》第 187 条规定，因同一行为应当承担民事责任、刑事责任和行政责任，民事主体的财产不足以支付的，优先用于承担民事责任，作为特殊侵权的垄断行为理应明确民事损害赔偿在支付能力不足情形下的优先地位。尽管我国《反垄断法》尚未明确对此作出规定，但在诸多法律中都有"先民后行"的立法传统，民事赔偿责任优先于行政责任已成为一项原则。例如，《产品质量法》第 64 条"应当承担民事损害赔偿责任和缴纳罚款、罚金，其财产不足以同时支付时，先承担民事损害赔偿责任"，我国《公司法》第 214 条"应当承担民事赔偿责任和缴纳罚款、罚金的，其财产不足以支付时，先承担民事赔偿责任"，我国

---

① See Organisation for Economic Co-operation and Development, *Relationship Between Public and Private Antitrust Enforcement*, OECD (June 2, 2018), http://www.oecd.org/officialdocuments/publicdisplaydocumentpdf/? cote = DAF/COMP/WP3(2015)14&docLanguage = En.

② See Catherine Craycraft, Joseph L. Craycraft & Joseph C. Gallo, *Antitrust Sanctions and a Firm's Ability to Pay*, 12 Review of Industrial Organization 171(1997).

《食品安全法》第147条“违反本法规定，造成人身、财产或者其他损害的，依法承担赔偿责任。生产经营者财产不足以同时承担民事赔偿责任和缴纳罚款、罚金时，先承担民事赔偿责任”，我国《证券法》第232条“违反本法规定，应当承担民事赔偿责任和缴纳罚款、罚金，其财产不足以同时支付时，先承担民事赔偿责任”，等等。因此，《反垄断法》也应当尽快明确在企业支付能力不足的情形下，民事损害赔偿责任优先于行政处罚的执行。

四、结论

在公私并举的中国反垄断二元执行框架下，行政处罚（罚款）与民事损害赔偿制度在制裁垄断行为取得的威慑效果上均存在一定的局限性，而二者协调机制的缺失，导致反垄断制裁的整体效果不佳。构建完善有效的行政处罚（罚款）与民事损害赔偿协调机制，有助于实现反垄断制裁的最优威慑目标。具体而言，反垄断行政处罚需要理顺没收违法所得与罚款的适用关系，探索建立违法所得退还制度，以实现对垄断行为受害者利益的兼顾。同时，将民事损害赔偿作为罚款的减轻因素，避免过度威慑的风险。根据反垄断民事损害赔偿诉讼的不同情形，我国《反垄断法》应区分运用实际损害赔偿与惩罚性赔偿的罚则，并限制宽恕制度下豁免责任的申请人的民事损害赔偿责任，从而促进宽恕制度的实施，实现威慑的整体最优。最后，应明确支付能力不足情形下民事损害赔偿优先于行政处罚执行，以保障受害者权益。

尾论　反垄断罚款制度的革新

罚款是反垄断法最常用的制裁方式。我国反垄断罚款自设定以来，在应用过程中呈现良性的发展态势，很好维护了市场的公平竞争，也向国际社会充分展示了反垄断罚款的"中国风格"。2019 年我国开始启动反垄断法的修订工作，①罚款制度是社会关注的核心问题之一。② 纵观 20 世纪 90 年代以来各国反垄断罚款制度的发展变化，走向罚款中心主义、罚款结构主义和罚款整体主义是罚款制度革新的三个永恒主题。

一、走向罚款中心主义

我国《反垄断法》第 46 条和第 47 条规定，对违法行为(垄断协议和市场支配地位滥用)由反垄断执法机构责令停止违法行为，没收违法所得，并处上一年度销售额 1% 以上 10% 以下的罚款。这种没收违法所得并科

---

① 国家市场监督管理总局已经于 2020 年 1 月 2 日公布了《反垄断法》修订草案(公开征求意见稿)，详见市场监管总局就《〈反垄断法〉修订草案(公开征求意见稿)》公开征求意见的公告，载国家市场监督管理总局网，http://www.samr.gov.cn/hd/zjdc/202001/t20200102_310120.html。

② 在诸多媒体报道中，有关提升反垄断罚款处罚力度的讨论是最重要的议题之一。参见江聃：《反垄断法修订草案公开征求意见 大幅提升处罚力度》，载《证券时报》2020 年 1 月 3 日，第 A002 版；钱颜：《"反垄断法"将威慑力大增　处罚金额拟涨百倍》，载《中国贸易报》2020 年 3 月 5 日，第 3 版。

罚款的反垄断行政处罚模式是我国独有的制度设计。从语义上分析,该制度设计实际上是以没收违法所得为中心,罚款处于从属地位。我国现有的以没收违法所得为中心的处罚模式有待改善,实践中适用没收违法所得的案件只占所有处罚案件的25%左右,原来属于从属地位的罚款反而逐渐成为主流的反垄断行政处罚方式,甚至在大部分案件中处于独用的格局,既有的制度已经不能完成预设的威慑目标,需要通过制度的再造加以解决。此时,从没收违法所得中心主义走向罚款中心主义将是合适的选择。

(一)整合没收违法所得的罚款中心主义

按照威慑理论的解释,反垄断罚款应基于获利(违法所得)或损害两种方式来设定。然而,由于获利或损害的计算难度太大、执法成本高昂,因此,从实践情况来看,即使得到训练有素的最好经济学专家的帮助,竞争执法机构或法院对某一特定的反垄断违法行为测算或估计理论上有正确的、可信赖的反垄断罚款数额,看起来是不太可能的。① 现在,世界上大多数国家的反垄断法都是基于销售额来计算罚款,同时也重视获利或损害在计算反垄断罚款中的作用,特别是不少国家将违法所得作为加重罚款的因素或者在违法所得可以估算的情况下,基于违法所得一定的倍数作为计算罚款的选择项,从而将罚款与没收违法所得进行了有机整合,体现了罚款剥夺所得的功能。②

欧盟委员会早在第二十一次竞争报告中就指出:避免行为主体因违法行为取得不法利益将是日趋重要的执行原则。委员会在个案处理时所秉持原则即至少不会让违法行为主体因违法行为而获利,故会评估行为主体可能取得利益的多寡来决定罚款数额,违法取得利益越多,罚款数额越大。③ 欧盟2006年罚款指南第31条规定,如果违法所得可以估算,委员会还将考虑增加罚款金额,以超过违法所得的金额。欧盟成员国大多也采用了这种做法。2018年英国罚款指南第2.21段规定,CMA有证据证明企业从违法行为中获得的经济收益已经或有可能超过依照前三个步骤确定的罚款数额时,CMA会考虑进一步提高罚款数额。捷克罚款指南第36条规定,如因反竞争行为而获得的不正当利润或造成的损害能够得到充分估算,反垄断执法机关将增加罚款金额,以超过利

① 参见王健、张靖:《威慑理论与我国反垄断罚款制度的完善》,载《法律科学》2016年第4期。

② 参见翁岳生编:《行政法》(上册),中国法制出版社2009年版,第805页。

③ 参见许永钦:《违反公平交易法行为制裁制度之研究》,台北大学2004年博士学位论文,第174页。

润或造成的损害数额。巴西《反垄断法》也规定，如果违法所得可以估算，那罚款无论如何不能低于违法所得。①

还有不少国家基于违法所得一定的倍数作为计算罚款的选择项。例如，澳大利亚 2010 年《竞争与消费者保护法》第 76(1A)条规定，违法者支付的罚款金额以下款规定最大者为准：(1)1000 万澳元；(2)如果法院能决定一人或多人违法行为获得利益的总值，为该利益总价值的 3 倍；(3)如果法院无法确定这些利益的总价值，则为该法人团体停止违法行为起前 12 个月期间(营业年度)的年销售额的 10%。印度《竞争法》第 27 条也规定，罚款的数额应当相当于卡特尔通过该种协议获得的利益的 3 倍，或者相当于卡特尔最近 3 个财年平均销售额的 10%，两者中以较高者为准。有些国家甚至规定，当触发一定条件时，将直接按照违法所得的倍数计算罚款。乌克兰《经济竞争保护法》第 52(2)条规定，如果违法所得(可以估算)超过上一年度单一经济实体销售额的 10%，则直接按照违法所得 3 倍计算罚款。另根据匈牙利罚款指南的规定，如果违法所得可以量化，任何罚款计算方式都将被取代。为了确保足够的威慑效果，罚款金额按违法所得的 3 倍计算。② 这些国家均规定基于违法所得的 3 倍计算罚款，实际上是认为违法行为被惩罚的概率只有 1/3，因此根据威慑理论将罚款设定在违法所得的 3 倍。

(二)复用没收违法所得的罚款中心主义

德国和美国是复用违法所得罚款中心主义的代表。德国《反限制竞争法》以罚款为中心构建行政处罚体系。除了罚款以外，德国也规定了类似于没收违法所得的制裁措施。其中，罚款的适用是常态，而对于没收违法所得则是选择复用。即德国联邦卡特尔局在是否适用没收违法所得时比较主动，并不是必须一律要适用，在很多情况下不会适用没收违法所得措施。2013 年德国罚款指南第 17 条规定：除了惩罚违法行为外，联邦卡特尔局保留在罚款程序或单独程序中剥夺经济利益的权力。此种剥夺经济利益的权力包括返还和没入两种。《反限制竞争法》第 32(2a)条规定，在命令停止之处分中，卡特尔主管机关得命返

---

① See ICN Cartels Working Group, *Setting of Fines for Cartels in ICN Jurisdictions*, International Competition Network (Mar. 10, 2020), https://www.internationalcompetitionnetwork.org/wp-content/uploads/2018/05/CWG_SettingFines.pdf.

② See ICN Cartels Working Group, *Setting of Fines for Cartels in ICN Jurisdictions*, International Competition Network (Mar. 10, 2020), https://www.internationalcompetitionnetwork.org/wp-content/uploads/2018/05/CWG_SettingFines.pdf.

还由卡特尔法之违法的行为所取得之利益。第34(1)条规定,如企业故意或过失而违反本法之规定、《欧盟运行条约》第101条或第102条或卡特尔主管机关之处分,且因此取得经济上之利益时,卡特尔主管机关得命没入经济上之利益,并课予企业支付相对应之金额。第34(2)条规定,如经济上之利益已经由下列方式加以没入者,不适用第一项之规定:损害赔偿之给付、罚款之课予、没收之命令或返还。也就是说,如果通过罚款已经实现了没收违法所得的功能,至经济利益不复存在时,则不适用违法利益没入。对此,《反限制竞争法》第81(5)条进一步规定,联邦卡特尔局在评估罚款时,就由违反秩序所受取之经济上利益得透过第4项之罚款加以耗尽上,其适用《违反秩序罚法》第17条第4项之规定。如仅系为制裁而处罚款,自评估罚款时应就此适当加以考虑。

美国的情况略微复杂,其有两个执法机构,一个是DOJ部反托拉斯局,另一个是FTC。DOJ反托拉斯局有权对违反《谢尔曼法》的企业和个人进行刑事追诉,对企业处以罚金、对个人处以罚金或监禁。按照规定,对企业可以处最高1亿美元或违法行为所受利益/造成他人损害2倍的罚金,实际上在罚金中整合了没收违法所得的功能。FTC是另一个重要的反托拉斯执法机构,它有权颁发禁令,向法院提起罚款诉讼。至于没收违法所得,其本身不能独立适用,实践中也只是作为选择性的处罚方式在为数不多的案件中复用。FTC认为其依据《联邦贸易委员会法》第13(G)条的规定享有没收违法所得的权力。该项权力传统上在消费者保护案件中适用,但最近也开始适用于竞争案件。[①] 没收违法所得是一个衡平的救济方法,通过要求被告交出“不义之财”来达到防止不当得利的目的。作为一项原则,没收违法所得应该作为一个例外的救济措施,偶尔使用。2003年7月25日,FTC发布了《关于在竞争案件中适用金钱衡平救济方式的政策声明》(以下简称“政策声明”)。该“政策声明”规定了FTC考虑适用没收违法所得的三个条件:违法行为是否清晰存在;计算违法所得是否有合理基础;根据任何其他可得救济包括私人诉讼和刑事制裁,没收违法所得是否有价值?[②] 2012年以后,FTC对于没收违法所得的政策发生了很大变化,废除了“政策声

① See Spencer Weber Waller, *The Incoherence of Punishment in Antitrust*, 78 Chicago-Kent Law Review 207(2003).

② See Arthur Lerner, *Government Remedies: Finding the Right Cure: Monetary Remedies in Civil Cases*, Crowell (Mar. 26, 2009), https://www.crowell.com/documents/Government-Remedies_Monetary-Remedies-in-Civil-Cases.pdf.

明”,对没收违法所得的适用投入了更大的热情。2012 年至 2016 年,FTC 已经在 4 个案件中没收违法所得。但这并不意味着在所有的案件中适用没收违法所得是合适的。时任 FTC 委员莫林 · K. 奥尔豪斯甚至担忧对没收违法所得的追求会破坏 FTC 的反垄断使命。①

(三)我国走向罚款中心主义的制度革新

我国是采取整合没收违法所得的罚款中心主义,还是复用没收违法所得的罚款中心主义,抑或进一步修改或完善现有路径或有新的路径选择,这需要对现有的两条路径作综合评估,再加上中国的特殊考量因素,最终设计一条符合中国实际的罚款中心主义。

现在世界上大多数国家的反垄断法没有规定没收违法所得。其理由主要有两个:很难计算、罚款已经远远超过了违法所得。② 尽管如此,许多国家在设定罚款时仍将违法所得作为重要考量因素。其中,整合没收违法所得的罚款中心主义是较普遍的选择。有的国家和地区规定,考虑违法所得因素是计算罚款的必经步骤。当根据前序步骤计算的罚款金额少于违法所得的金额时,将罚款金额提高到违法所得金额的水平。这实际上将违法所得作为罚款的加重处罚因素,而这是行政处罚法中的常见做法。例如,德国《违反秩序罚法》第 17(4)条规定,罚款应逾行为人由违反秩序行为所获得的经济利益。法定罚款最高额不足者,得逾越之。还有的整合没收违法所得的罚款中心主义国家直接将违法所得作为计算罚款的依据之一,据 ICN 的调查,在 22 个国家的罚款确定方法中,有 9 个国家在设定罚款时考虑了违法所得。③

同属整合违法所得的罚款中心主义的两种不同做法,在实际操作过程中均有着相当的局限性。欧盟及其成员国虽将违法所得作为罚款的加重因素,但看起来没有系统考虑调查和起诉的概率,很可能产生威慑不足的问题。④ 而澳大

---

① See Maureen K. Ohlhausen, Dollars, Doctrine & Damage Control, *How Disgorgement Affects the FTC's Antitrust Mission*, Federal Tracle Commission (April 20, 2016), https://www.ftc.gov/public-statements/2016/04/dollars-doctrine-damage-control-how-disgorgement-affects-ftcs-antitrust.

② 参见王晓晔:《反垄断法》,法律出版社 2011 年版,第 358 页。

③ See ICN Cartels Working Group, *Setting of Fines for Cartels in ICN Jurisdictions*, International Competition Network (Mar. 10, 2020), https://www.internationalcompetitionnetwork.org/wp-content/uploads/2018/05/CWG_SettingFines.pdf.

④ 参见[英]伍特 · 威尔思:《欧洲共同体竞争法中的罚款处罚》,李国海译,载漆多俊主编:《经济法论丛》第 5 卷,中国方正出版社 1999 年版,第 271 页。

利亚、新西兰、匈牙利、乌克兰、印度等国家将违法所得作为计算罚款的依据之一,同时考虑了调查和起诉的概率,规定按照违法所得 3 倍计算罚款是优先考虑的选择项。澳大利亚和新西兰甚至还规定,不能估算违法所得时,才考虑基于年度销售额的 10% 计算罚款。从形式上来看,此种做法有效提高了罚款的威慑力。因此,选择基于违法所得一定的倍数作为计算罚款是有参考价值的。然而,从运作情况来看,基于违法所得一定的倍数来计算罚款的现实可能性比较差。从匈牙利的实施经验来看,至少在其罚款指南制定后的头 5 年中没有得到应用。① 德国《反限制竞争法》曾经也有类似的特殊罚款制度,可以最高处以"卡特尔违法行为额外利润三倍"的罚款,但如何证明"额外利润"是非常困难的。在 2005 年第七次修订时,立法者提出应该参照《现代化条例》第 23 条的规定来改造特殊罚款制度,即最高可以按照上一营业年度销售总额的 10% 来进行处罚。他们认为,该罚款制度相对于德国原来的罚款制度具有如下几点好处:第一,可以避免适用"额外利润"处罚时的重大不确定性;第二,可以提高威慑效果;第三,可以确保赔偿违法行为对经济所造成的损害。② 修订后的《反限制竞争法》正式导入了欧盟的罚款制度,同时取消了最高处以"卡特尔违法行为额外利润三倍"的罚款规定。

德国、美国虽然采用了复用没收违法所得的罚款中心主义,但德国实际上是有条件选择适用,罚款时考虑了违法所得就不适用;美国则是偶尔适用,而且有着严格的条件,相关案件很少。因此,此种复用模式实际适用价值也不大。

鉴于目前两种罚款中心主义的立法路径均有一定的不足,而且从我国反垄断罚款实践来看,没收违法所得对于提高反垄断行政处罚的威慑力还是有着相当价值的,适用的概率也高于国外,因此,我们可以考虑一种新的罚款中心主义——"外加型"复用没收违法所得的罚款中心主义,即优先适用反垄断罚款处罚方式后,无论罚款时有无考虑了违法所得因素,在罚款基础上再没收违法所得,从而实现将我国反垄断法行政处罚规定的"没收违法所得 + 罚款",调整为

---

① See ICN Cartels Working Group, *Setting of Fines for Cartels in ICN Jurisdictions*, International Competition Network (Mar. 10,2020), https://www.internationalcompetitionnetwork.org/wp-content/uploads/2018/05/CWG_SettingFines.pdf.

② 参见王健:《德国竞争法的欧洲化改革——〈反限制竞争法〉第 7 次修订述评》,载《时代法学》2006 年第 6 期。

"罚款 + 没收违法所得",[1]同时也可解决当下反垄断没收违法所得的困境。在该种罚款中心主义下,即使罚款时考虑了违法所得,但由于没有同时考虑调查和惩罚的概率,再次复用没收违法所得也相当于认为被惩罚的概率为 1/2,类似于基于违法所得两倍计算罚款。如果罚款时根本没有考虑违法所得因素,那么复用没收违法所得更加有其必要性。当然,如果违法所得不可估算,则仅做罚款处罚。

这种做法可进可退,具有一定的弹性。其强调无论是否在罚款时考虑了违法所得,如果违法所得可以估算,则均要适用。理论上,除另处罚款外,应将所得利益全部以行政处罚的方式剥夺之。人们不应享有不法利得。法理上,只要是属于不法之利得,就应全部充公,不会发生加重的问题,故制度设计上,追缴不法利得应采"外加型",即除罚款外,应另外将不法利得全部予以追缴。

二、走向罚款结构主义

实践中,我国"处上一年度销售额 1% 以上 10% 以下"的反垄断罚款规定基本上直接作为计算条款来使用,而且此处的销售额一般指某一区域的涉案产品销售额。对于一些大型企业而言,涉案产品销售额和总销售额可能相差十倍乃至百倍以上。这实际上是由于对反垄断罚款在应用中所奉行的二元构造体系缺少清晰的认识,将罚款的计算条款和封顶条款混为一体,这种做法限缩了我国反垄断罚款的价值,导致罚款的威慑效果大幅度降低。因此,为了提高我国罚款的威慑力,不妨考虑进行罚款结构主义的改革。

(一)二元罚款构造体系的普遍化

现在大多数国家反垄断法规定的是倍率式罚款设定方式,其中欧盟及其成员国规定的倍率封顶式罚款(罚款额不应超过上一营业年度总销售额的 10%)已经为越来越多的国家所采用,是各国反垄断立法的普遍做法[2]。倍率封顶式罚款由于与销售额挂钩,不仅能够较好反映违法行为对于市场竞争的影响,而

---

① 在我国《反垄断法》审议过程中,其初审稿曾规定,经营者违反本法规定,达成并实施垄断协议的、滥用市场支配地位,处上一年度销售额 1% 以上 10% 以下的罚款,并处没收违法所得。参见史际春等:《反垄断法理解与适用》,中国法制出版社 2007 年版,第 328 页。

② 王晓晔:《反垄断法》,法律出版社 2011 年版,第 362 页。

且可以克服数值式罚款可能低于违法所得和不能跟上通货膨胀速度①等诸多弊端。

倍率封顶式罚款(上一年度总销售额10%以下)自产生以来,就存在如何适用的争议。按照通常的思路,反垄断执法机关会直接应用该规定来计算罚款金额,这种做法属于"一元罚款构造"思路,即将该规定作为罚款的计算条款,我国目前就属于这种情况;还有一种做法就是将最高处总销售额10%以下的罚款视为罚款最高限额的封顶条款,具体的罚款计算则按照一个体系化的方法和步骤来进行,只要计算的罚款金额不超过总销售额的10%就作为最终的罚款金额,由此形成反垄断罚款计算条款和封顶条款共用的"二元罚款构造"体系。

欧洲法院在1983年先锋公司案中认为,在确定合适的罚款金额时,不能是基于总销售额简单计算的结果。《第17号条例》第15(2)条规定的销售额是指企业或企业集团总的销售额,不是与违法行为有关的销售额。另外,委员会在计算罚款时,应该考虑与违法行为有关的销售额,因为它揭示了违法程度。在随后的水泥卡特尔案中,欧共体委员会认为,罚款通常基于欧共体范围内涉案产品销售额来计算。1992年,委员会表示,其将继续努力向《第17号条例》规定的最高罚款限额靠近。② 欧洲法院的判决和委员会的行动清楚表明,10%总销售额不是计算条款,不能基于总销售额简单计算罚款,计算罚款要考虑与违法行为有关的涉案产品销售额,10%总销售额的最高罚款限额是委员会的努力目标。这实际上已经确立了二元罚款结构,包括基于涉案产品销售额计算罚款的起点金额(计算条款)和总销售额10%的最高罚款限额(封顶条款)。

欧盟后来制定的1998年罚款指南进一步明确了"二元罚款构造"体系。根据2006年罚款指南的相关规定,首先,欧盟委员会将计算每个企业或企业协会的罚款起点金额。在确定罚款起点金额时,委员会将计算企业在欧洲经济区相关地域市场内与违法行为直接或间接有关的商品或服务的价值(销售价值)。罚款起点金额将与销售价值的比例有关,具体比例大小取决于违法行为的严重程度,再乘以违法行为的持续时间。作为一般规则,销售价值的比例最高幅度

---

① 美国《谢尔曼法》1890年规定的最高罚金是5000美元,历经5次修改,到1984年提高到了最高1亿美元。按照美国学者的说法,这些数额定期进行修订是为了反映通货膨胀情况。参见[美]赫伯特·霍温坎普:《联邦反托拉斯政策:竞争法律及其实践》,许光耀、江山、王晨译,法律出版社2009年版,第649页。

② See Alison Jones & Brenda Sufrin, *EU Competition Law: Text, Cases & Materials*, Oxford University Press, 2010, p. 1100 – 1101.

设定在销售价值的30%。其次,委员会可以向上或向下调整罚款起点金额,但罚款的最后数额不得超过上一营业年度参与违法行为的企业或企业协会总销售额的10%。在1998年罚款指南制定之前,欧洲法院对于欧盟委员会的罚款决定实施全面审查,指南制定后,欧洲法院转向有限审查,仅审查合法性以及是否应用指南正确计算罚款。欧洲法院认为,修改欧盟委员会处罚决定中的罚款计算的起点金额是不恰当的。这意味着欧洲法院全面认可了欧盟委员会在罚款指南中确立的二元罚款结构。[①] 欧盟反垄断罚款二元构造体系的实施效果也是比较理想的。1998年罚款指南制定后,1999年的罚款就上升了75%,2004年增长了150%。2006年修改罚款指南后,罚款数额增长了近3倍。2008年年末,欧盟对核心卡特尔罚款的数额相比1990年增长了29倍。[②]

欧盟成员国也相继确立了反垄断罚款的二元构造体系。2013年德国罚款指南在第一部分"原则"中规定,与企业总销售额相结合,"违法行为获得的销售额"是决定惩罚标准的合适起点。"违法行为获得的销售额"充分反映了受影响市场的重要性,企业在市场上的地位以及销售额带来的"潜在收益和损害",而总销售额则代表了违法者对惩罚的敏感性。联邦卡特尔局假设"潜在收益和损害"是企业于违法期间从"违法行为获得的销售额"的10%。"违法行为获得的销售额"是指企业于违法期间从违法行为有关的商品或服务销售中获得的国内销售额。在根据法定罚款框架考虑上述指南第9～15段计算罚款的范围内,联邦卡特尔局对违法行为进行评估时,还将基于所有从重和从轻因素的全面评估确定罚款的法律标准,但最高罚款金额不能超过联邦卡特尔局作出处罚决定之前的一个营业年度总销售额的10%。

2015年南非罚款指南规定,委员会将参考该企业受影响的销售额来计算将要征收的罚款起点金额。罚款起点金额按受影响的销售额的一定比例来计算,范围在0～30%。受影响的销售额是指已受到违法行为影响的企业商品或服务销售产生的营业额。最终罚款金额不得超过该企业上一个财政年度在南非共和国的年销售额及其从南非共和国的出口额的10%。2016年新加坡罚款指南规定,根据违法行为的严重性和企业上一营业年度在新加坡相关商品和地域市

---

① See Mariusa Baran & Adam Doniec, *EU Courts' Jurisdiction over and Review of Decisions Imposing Fines in EU Competition Law*, 3 Yearbook of Antitrust and Regulatory Studies 235(2010).

② See John M. Connor & Douglas J. Miller, *The Predictability of Global Cartel Fines*, 2 Review of Competition Law 2(2010).

场的受违法行为影响的销售额确定罚款起点金额。但最终罚款不得超过《竞争法》第69(4)条规定的法定罚款最高限额,即该企业每一违法年度在新加坡业务的销售额的10%,最长不超过3年("总营业额")。

2007年之前,澳大利亚对企业的违法行为只能处最高1000万澳元的罚款,2007年开始引入类似于欧盟的倍率封顶式罚款——最高为法人团体停止违法行为起前12个月期间(营业年度)的年销售额的10%。在澳大利亚,反垄断执法机构——澳大利亚ACCC没有直接的罚款权力,如果对企业的违法行为决定处以罚款,ACCC只能向法院起诉由法院来决定最终的罚款数额。尽管如此,ACCC的意见还是很重要的,但直到现在ACCC尚未制定罚款指南。澳大利亚也没有像其他国家一样先基于涉案产品销售额计算罚款起点金额①,ACCC直接依据年销售额10%的最高罚款限制条款计算罚款金额。2018年,OECD在评估了澳大利亚罚款制度后认为:第一,对违反竞争法行为的罚款,澳大利亚至少在某些案件中低于可比法域;第二,这个结果不是澳大利亚法律框架所施加限制的结果。这方面存在差异的原因似乎可能与确定相关罚款所采用的方法有关。因此,OECD提出了如下两个建议:第一,采用结构化方法确定民事罚款金额;第二,确定罚款起点金额应反映违法企业的规模或受违法行为影响的商业价值量。② OECD的建议,实际上是催促澳大利亚改变目前的罚款结构,从"一元罚款构造"向"二元罚款构造"体系转变。

(二)二元罚款构造体系中的计算条款与封顶条款

在二元罚款构造体系中,反垄断罚款的确定起于计算条款,终于封顶条款。计算条款应用的关键在于依据何种销售额和多大比例确定罚款起点金额。从现有资料来看,全球绝大多数反垄断执法机构依据与违法行为有关的涉案产品销售额来计算罚款起点金额。这种涉案产品销售额在某些国家有其他名称,如法国称为"销售价值",德国称为"违法行为获得的销售额",英国称为"相关销售额",美国称为"受违法行为影响的交易额"。从其内容来看,基本上是大同

---

① See Rod Sims, *Release of the OECD's Pecuniary Penalties for Competition Law Infringements in Australia Report*, Australian Competition and Consumer Commission (Mar. 1,2020), https://www.accc.gov.au/speech/release-of-the-oecd%E2%80%99s-pecuniary-penalties-for-competition-law-infringements-in-australia-report.

② See OECD, *Pecuniary Penalties for Competition Law Infringements in Australia* 2018, OECD (Mar. 1,2020), http://www.oecd.org/daf/competition/Australia-Pecuniary-Penalties-OECD-Report-2018.pdf.

小异,指的是与违法行为有关或受违法行为影响的商品或服务的销售额。一般认为,这一概念是评估行为严重性很好的指标,无论是从(假定的)对消费者的损害,还是违法所得的角度,而且这样的数据相对容易获得。① 此外,基于一个企业的销售额来计算罚款,可以更准确地确定最有可能对该企业实现有效特别威慑的制裁。②

虽然都是基于涉案产品销售额计算罚款起点金额,但不同的国家对于涉案产品销售额的界定是不同的,目前主要有两种处理方式:第一,有的国家界定为上一年度或参与违法行为最后一个年度涉案产品销售额,例如英国、法国等国家。根据欧盟2006 年罚款指南第13 条的规定,通常情况下,委员会将选择企业参与违法行为最后一个完整营业年度的销售额作为销售价值,而不是整个违法销售额;2018 年英国罚款指南第2.11 段规定,涉案产品销售额是指企业在上一个营业年度中受到违法行为影响的相关产品市场和相关地域市场中的销售额;2011 年法国罚款指南第33、34 条规定,销售价值是法国境内参与违法行为的最后一个会计年度中与违法行为有关的商品或服务的总销售额。第二,有的国家界定为整个违法行为持续期间的涉案产品销售额,如美国、德国、荷兰等国家。美国按照“受违法行为影响的交易额”作为基础计算罚金,“受违法行为影响的交易额”覆盖了整个反托拉斯违法期间的销售额③;2013 年德国罚款指南在其第二部分规定,“违法行为获得的销售额”是指企业于违法期间从违法行为有关的商品或服务销售中获得的国内销售额;荷兰也采用整个违法行为持续期间的相关销售额作为计算基础罚款金额的起点。④

不同的涉案产品销售额的界定方式,决定了不同的计算罚款起点金额时的

---

① See ICN Cartels Working Group, *Setting of Fines for Cartels in ICN Jurisdictions*, International Competition Network (Mar. 10,2020), https://www.internationalcompetitionnetwork.org/wp-content/uploads/2018/05/CWG_SettingFines.pdf.

② See Rod Sims, *Release of the OECD's Pecuniary Penalties for Competition Law Infringements in Australia Report*, Australian Competition & Consumer Commission (Mar. 1,2020), https://www.accc.gov.au/speech/release-of-the-oecd% E2% 80% 99s-pecuniary-penalties-for-competition-law-infringements-in-australia-report.

③ See Tarek Teras, *The Economic Analysis of Interaction of Fines and Damages under European and American Antitrust Laws*, https://www.law.uchicago.edu/files/file/125._teras_tarek_the_economic_analysis_of_interaction_of_fines_and_damages_0.pdf.

④ See Wouter P. J. Wils, *Efficiency and Justice in European Antitrust Enforcement*, Hart Publishing, 2008, p.90, Footnote 75.

比例。在将涉案产品销售额界定为“上一年度或参与违法行为最后一个年度涉案产品销售额”的国家和地区，例如欧盟、英国和法国均规定了较高变动幅度的罚款比例（0～30%），而且通常还要考虑时间威慑乘数来确定基础罚款金额；在将涉案产品销售额界定为“整个违法行为持续期间的涉案产品销售额”的国家，罚款比例一般会低一些，而且往往是固定罚款比例。例如，美国规定的罚款比例是受影响交易量的20%。确定20%比例是为了避免浪费时间和金钱，而这些时间和金钱是法院在每一个案件中确定确切的收益和损失所必需的。① 按照2013年德国罚款指南的规定，罚款起点金额的比例是企业于违法期间从“违法行为获得的营业额”的10%。从形式上看，欧盟、英国和法国虽然仅是根据最后一个完整营业年度的销售额乘以0～30%范围内的罚款比例，但由于后面还有罚款的时间威慑乘数，因此，实际计算出来的基础罚款金额不一定小。美国、德国、荷兰等国在计算罚款起点金额时由于是基于整个违法期间的销售额，实际上已经将时间因素考虑在内了。

根据涉案产品销售额计算出罚款起点金额后，在有些国家和地区会进一步考虑时间威慑乘数②或者企业规模大小倍数③，得出基础罚款金额，再考虑从重或从轻等调整因素后确定的罚款金额如果低于封顶条款计算出来的罚款金额，则调整后的金额作为最终的罚款金额；如果高于封顶条款计算出来的罚款金额，则依据封顶条款计算出来的金额作为罚款金额。此时，封顶条款实际上起到反垄断罚款调节器的作用。西班牙CNMC还认为，10%最高比例罚款限制是一种矫正门槛（corrective threshold）。④ 封顶条款的目的是在保证罚款威慑效果

---

① See Tarek Teras, *The Economic Analysis of Interaction of Fines and Damages under European and American Antitrust Laws*, https://www.law.uchicago.edu/files/file/125._teras_tarek_the_economic_analysis_of_interaction_of_fines_and_damages_0.pdf.

② 例如，欧盟2006年罚款指南第24条规定，为了充分考虑每个企业参与违法行为的持续时间，根据销售价值一定比例确定的金额将乘以参与违法行为的年数。少于6个月的期间将按半年计算；超过6个月但少于1年的期间将按全年计算。

③ 例如，2013年德国罚款指南在其第二部分的内容中规定，总营业额少于1亿欧元的，为2～3倍；1亿欧元至10亿欧元的，为3～4倍；10亿欧元至100亿欧元的，为4～5倍；100亿欧元至1000亿欧元的，为5～6倍；大于1000亿欧元的，大于6倍。德国基于企业规模大小规定罚款倍数，是因为它们认为，企业的规模越大，对于惩罚就越不敏感。因此，即使在最坏的情况下，在特定案件中，罚款的上限只有更高才可能有威慑效果。

④ See Miguel Odriozola, *The Supreme Court Clarifies the Criteria to Calculate Fines for Antitrust Infringements*, Clifford Chance (Feb. 27, 2015), https://www.cliffordchance.com/briefings/2015/02/the_supreme_courtclarifiesthecriteriat.html.

的同时又不侵害企业的生存能力。实际上,反垄断执法机关在确定罚款时,必须要考虑罚款数额破坏违法企业将来生存能力的事实。① 10%销售额的上限是为了防止罚款与企业规模不成比例。② 还有的学者认为,欧盟的封顶条款可以避免执委会裁罚时有过度侵害事业权益之预防作用。③

封顶条款主要有数字封顶和比例封顶之分,前者是指采用某个固定数额最高罚款限额,后者是指将企业销售额相当程度的百分比作为罚款上限。美国《谢尔曼法》对于违法企业处1亿美元以下罚金的规定就是数字封顶式罚款,欧盟第1/2003号条例规定的处上一年度全球销售额10%以下的罚款就是比例封顶条款。第一种数字封顶对于大企业而言实际上不具有遏制再犯的效果。④ 当今世界,固定数额罚款数美国最高,为1亿美元,但现在全球反垄断案件中罚款金额超过1亿美元的比比皆是。因此,数字封顶条款并不能实现有效威慑效果。现在,反垄断罚款中由固定数字封顶转为销售额比例封顶的国家越来越多。⑤ 其中,直接采用欧盟比例封顶规定的有英国、法国、奥利地、意大利等欧洲国家,以及新加坡、南非等亚非国家。例如,南非《1998年竞争法》第59(2)条规定,行政罚款不超过企业上一财政年度销售额的10%;新加坡《2004年竞争法》第69(4)条规定,罚款不超过最多3年总销售额的10%。还有一些国家和地区原来采用数字封顶罚款规定,但后来通过修法改为兼采比例封顶罚款规定。如澳大利亚和德国。澳大利亚原来规定了不超过1000万澳元的罚款,2007年修法后改为兼采停止违法行为起前12个月期间(营业年度)的年销售额的10%,两者以高者为准;德国原来规定最高处100万欧元的罚款,2005修法后改为兼采最高可以按照上一营业年度销售总额的10%来进行处罚。

关于封顶条款中的"销售额"的理解,主要有三种。目前大多数国家和地区将此处的销售额解释为"全球销售额"或者直接规定为"全球销售额",但有些

---

① See Jose Maria Beneyto & Jeronimo Maillo, *The Fight Against Hard Core Cartels in Europe: Trends, Challenges and Best International Practices*, Bruylant, 2016, p. 232.

② See Mario Siragusa & Cesare Rizza, *EU Competition Law Vol. Ⅲ: Cartel Law*, Claeys & Casteels, 2007, p. 517.

③ 参见许永钦:《违反公平交易法行为制裁制度之研究》,台北大学2004年博士学位论文,第188页。

④ 参见张丽卿:《公平交易委员会裁处罚款额度之研究》,载《公平交易季刊》2007年第2期。

⑤ See International Competition Network Cartels Working Group Subgroup 1, *Setting of Fines for Cartels in ICN Jurisdictions*, (May, 2017), https://www.internationalcompetitionnetwork.org/poltfolio/setting-fines/.

国家也认为是“国内销售额”(有些国家还包括出口额)或者受影响市场的总销售额。① 其中,最后一种情形很少有国家采用。正如欧洲法院表明的那样,欧共体《第17号条例》第15(2)条规定的限额指的是销售总额,即世界范围内企业所有产品的总额,而不仅仅是欧共体范围内与违法行为有关的产品的总额。②德国《反限制竞争法》第81(4)条直接将销售额规定为“全球销售额”;英国罚款指南第2.25段规定,反垄断执法机构CMA以作出处罚决定前一年的全球营业额的10%作为最高罚款限额。英国罚款的上限原为企业英国销售额的10%。为了与欧盟罚款决定相一致,于2004年5月1日后将最高罚款上调到企业的全球销售额的10%。③ 法国、意大利、奥地利、挪威等大部分欧盟国家也将销售额规定为“全球销售额”。亚洲国家马来西亚2010年罚款指南第3.2条也规定为“全球销售额”。新加坡、南非等国家将此处的销售额规定为国内销售额,或者再加上出口额。2016年新加坡罚款指南第2.19条将销售额规定为新加坡销售额;2016年南非罚款指南第5.20条规定:行政处罚不得超过该公司在上一个财政年度在南非共和国的销售额及其从南非共和国的出口额的10%。

(三)我国走向罚款结构主义的制度革新

从我国反垄断罚款实际运作情况来看,很长时间内执法机关都是直接按照涉案产品销售额计算罚款。反垄断执法机构整合后,从2019年开始,国家市场监管总局开始转向直接按照总销售额计算罚款。对于单一产品的公司而言,或者对于涉案产品销售额占了销售额绝大多数的企业而言,这种转变计算的最终罚款金额变化不是很大。但对于那些从事多产品销售的企业来说,这种转变可能会有具有较高的威慑效果。如果我们在此基础上,更进一步,将目前的总销售额从国内总销售额转向全球总销售额,如果还是按照目前的对于国际卡特尔案件常见的5%～8%区间④的罚款比例直接计算罚款,那么对于跨国公司而言可能会产生过度威慑的效果。

从理论上来说,我国这种直接基于涉案产品销售额或总销售额计算罚款的

---

① See *Ten Years of Antitrust Enforcement under Regulation* 1/2003: *Achievements and Future Perspectives*, Eur-Lex (Mar. 10, 2020), https://eur-lex. europa. eu/legal-content/EN/TXT/? uri = COM:2014:453:FIN.

② 参见李国海:《反垄断法律责任专题研究》,武汉大学出版社2018年版,第286页。

③ See Elizabeth O'Neill, *UK Competition Procedure: The Modernised Regime*, Oxford University Press, 2007, p.410.

④ 如日本企业汽车零部件垄断案、日本企业汽车轴承垄断案。

做法,是典型的一元罚款构造体系。如果按照上一年度涉案产品销售额计算罚款,那更多考虑的就是与违法行为的相关性,哪怕是按照最高10%的比例进行罚款,也是不会有任何威慑效果的;如果直接按照上一年度总销售额(国内或全球)计算罚款,则会涉及更普遍的威慑目标①,更多考虑的是罚款的威慑效果。但彻底抛开与违法行为有关的涉案产品销售额,不仅欠缺了罚款的正当性,而且可能会导致威慑过度。因此,我国反垄断法应对罚款进行结构化的改造,走向二元罚款构造体系:计算罚款起点金额时先考虑与违法行为有关的涉案产品销售额(计算条款),以体现罚款的正当性。

在反垄断执法机构整合之前,就执法机关的偏好而言,国家发改委掌握的"上一年度"标准是作出处罚决定的上一年度,而国家工商总局掌握的"上一年度"标准是立案调查的上一年度。② 机构整合后,从国家市场监管总局公布的案例来看,基本上以立案调查上一个年度的销售额为基数计算罚款。这种按照"立案调查上一个年度"销售额计算罚款的方式在实践中已经显示出一定弊端。有些案件的违法行为持续多年,企业销售额的高峰往往发生在开始实施垄断行为的头几年,立案调查时销售额已经出现了显著的下降,据此计算的罚款金额就很低。例如,在安徽支付密码器垄断案中,3家公司的罚款总计只有410,587.29元,就属于上述情况。我国甚至还出现了因立案调查上一年度没有销售额而不予以罚款的案件。例如,在湖北咸宁机动车检测垄断案件中出现对咸宁市顺通机动车辆安全检测有限公司只有没收违法所得,没有罚款的情形。在这个案件中,参与反垄断违法行为的顺通公司没有上一年度销售额,故无法计算罚款。③ 在浙江衢州混凝土垄断案中,由于衢州开隆建材有限公司2017年度未投产,上一年度无销售额,因此只给予其责令停止违法行为的处罚。④ 在广州惠州机动车检车案中,甚至出现了6家企业因上一年度无销售额仅作出责令

---

① 据ICN卡特尔工作组的调研,全球销售额与一般威慑目标有关,也就是说增加罚款。事实上,一些反垄断执法机构明确指出,其有可能增加反垄断罚款,以特别反映巨额的全球销售额。例如,欧盟委员会将特别注意确保罚款具有足够的威慑效果。为此目的,它可能会增加对销售额特别大的企业的罚款,超过与违法行为有关的商品或服务的销售额。See ICN Cartels Working Group, *Setting of Fines for Cartels in ICN Jurisdictions*, International Competition Network (Mar. 10, 2020), https://www.internationalcompetitionnetwork.org/wp-content/uploads/2018/05/CWG_SettingFines.pdf.

② 参见万江:《中国反垄断法:理论、实践与国际比较》,中国法制出版社2015年版,第235页。

③ 参见鄂市监罚处字〔2019〕003号行政处罚决定书。

④ 参见浙市监案字〔2019〕8号行政处罚决定书。

停止违法行为的行政决定。因此,如果一律要求按照立案调查的上一年度进行罚款可能不是很合理。

我们认为,以整个违法行为持续期间的国内涉案产品销售额为基数可能更合理、科学,考虑也更周全,有助于解决目前反垄断罚款实践中的漏洞。当然,如果认为按照整个违法行为持续时间的国内涉案产品销售额计算罚款起点金额太高,则可以依照整个违法行为持续期间的不同年份的涉案产品销售额确定不同的计算系数。

对我国反垄断罚款进行结构化改造后,将"上一年度销售额的10%"作为罚款最高限额的封顶条款来适用。在国家市场监管总局解释为总销售额的基础上,这个总销售额是国内销售额还是全球销售额呢?对于从事垄断行为的跨国公司而言,不同的地域范围直接关系到其最终罚款可能要达到的高度。据我们考察,罚款最高限额的封顶条款在应用过程中基于总销售额范围的不同,封顶条款的规定确实又略有不同。一般而言,如果规定是国内销售额,则这些国家规定的总销售额是3年销售额,每年最高10%。例如,瑞士《卡特尔法》第49A条第1款规定,罚款最高不能超过瑞士最近3年国内销售额的10%(10 percent of the turnover in Switzerland to cover the last three financial years);新加坡《2004年竞争法》第69(4)条规定,罚款不超过最多3年新加坡总销售额的10%;印度《竞争法》第27条规定,罚款的数额应当相当于卡特尔通过该种协议获得利益的3倍,或者相当于卡特尔最近3个财年平均销售额的10%,两者中以较高者为准。如果规定为全球销售额的,则为上一年度全球销售额的10%。例如,欧盟第1/2003号条例第23(2)条规定,罚款的最后数额不得超过上一营业年度参与违法行为的企业或企业协会总销售额的10%。按照欧盟的执法和法院的判例,此处的总销售额指的是全球总销售额;2018年英国罚款指南第2.25段规定,在任何情况下,根据上述步骤计算的最终罚款数额都不得超过企业上一营业年度全球销售额的10%。笔者认为,当将上一年度销售额的10%作为封顶条款使用时,解释为全球总销售额的10%是恰当的,符合反垄断法主流发展趋势。当时机成熟时,我们建议在反垄断法或罚款指南中明确加以规定。

我国反垄断法还规定了封底条款,"处以上一年度销售额1%以上10%以下的罚款",即反垄断罚款最少不能少于上一年度销售额的1%。我国的这种封底条款存在一定问题,没有考虑到现实中各种可能发生的,即使按1%上一年度销售额计算罚款依然明显过于严苛的情况。[①] 特别是对于一些规模较小、盈利能力不强、地域范围较窄行业的垄断行为的查处,哪怕是按照最低的1%进行处罚,也可能存在过度威慑的情况。实践中已经产生为了避免适用反垄断罚款的封底条款,转而适用价格法[②]或行政处罚法的案例[③]。因此,我们建议,在修法时取消封底条款,以提高我国反垄断罚款制度的适用性。

三、走向罚款整体主义

反垄断罚款的对象通常是大企业,由母公司和一系列子公司、孙公司组成一个庞大的企业集团组织,更有很多大企业是在全球活动的跨国公司。对于这些大型企业而言,如果仅基于一个从事违法行为的子公司或孙公司的销售额确定罚款,那么是不会有任何威慑效果的。实践中,违法企业在面临巨额罚款时自然也会想方设法规避罚款责任。其中,母公司将罚款责任局限于子公司或孙公司或通过股权/资产转让等方式让罚款责任落空,均是常见的做法,这会减损反垄断罚款的威慑效果。从各国的对策来看,基于单一经济体理论和经济连续性理论而采取的罚款整体主义思路是一种有效的应对方法。罚款整体主义,通常包括罚款销售额的整体主义和法律责任的整体主义两种。罚款销售额的整体主义指的是基于整个企业集团的销售额确定罚款金额,而罚款责任的整体主义包括了母公司的罚款责任和企业承继者的罚款责任两方面的内容。基于整个企业集团销售额确定罚款和母公司的罚款责任源于单一经济实体理论,企业承继者的罚款责任源于经济连续性理论。我国的反垄断罚款案例中有不少是大型跨国公司但只根据中国境内的涉案产品销售额计算罚款,[④]也有不少罚款

---

① 参见黄勇、刘燕南:《垄断违法行为行政罚款计算标准研究》,载《价格理论与实践》2013年第8期。

② 例如,2010年的广西米粉固定价格垄断案,在罚款数额的确定上更多考虑的是价格法律法规的规定,而不是反垄断法。参见孟雁北:《广西米粉涨价案并不典型 "反垄断首例说"不准确》,载新浪网2010年4月8日,http://news.sina.com.cn/o/2010-04-08/083617339975s.shtml。

③ 例如,在2019年杭州混凝土企业垄断案中,浙江省市场监督管理局认为,鉴于杭州亿方参与达成垄断协议行为轻微,根据《行政处罚法》第38条第1款第2项规定,本机关决定对杭州亿方不予行政处罚。参见浙市监不处〔2002〕1号不予行政处罚决书。

④ 例如,日本企业汽车零部件垄断案按照中国市场的涉案产品销售额的8%、6%和4%计算罚款金额;美敦力垄断案按照中国境内市场涉案产品销售额4%计算罚款金额;伊士曼公司航空涡轮润滑油垄断案按照中国大陆航空涡轮润滑油产品销售额的5%计算罚款金额。

案件的处罚对象仅局限于子公司、孙公司甚至分公司,[①]罚款的威慑力受到较大的冲击。因此,树立罚款的整体思路,走向罚款整体主义将成为一种必然的选择。

(一)罚款销售额的整体主义

在反垄断法中,"企业"是一个功能性概念而不是组织性概念,可以用不同的、有时相当广泛的方式来解释。它既可以是自然人、法人、合伙企业、行业协会等传统法律实体,也可以包括几个不同的法律实体构成的单一经济实体(single economic entity)。这些实体凭借其结构和合同联系,在特定市场上作为一个单一的经济单位运作。[②] 其中最典型的"单一经济实体"就是企业集团。最早的"单一经济实体"概念源于欧盟,但欧盟竞争法并未对"单一经济实体"一词作出明确定义。欧盟认为,其先假定属于一个集团的各个企业是单独的企业。但是,在某些情况下,根据竞争法,这些企业可以构成一个单一经济实体。如果一个企业在法律上或事实上对另一个企业的商业政策具有决定性的影响,那么这些独立的企业就不是竞争对手,因为竞争企业通常不追求共同的目标。确定企业是否构成单一经济实体的主要标准是子公司(受控实体)对市场上行为的决定能力。属于同一集团的不同企业,如果不独立决定其在市场上的行为,则只可被视为《欧盟运行条约》第 101 条和第 102 条意义下的一个"企业"。因此,当控制实体能够影响另一家企业的定价政策、生产活动、销售目标、现金流、库存和营销时,通常可以得出结论,这些企业是密切相关的,构成一个单一经济实体。[③]

这一点的必然结果是,在确定反垄断违法行为责任时,属于同一个"单一经济实体"的企业集团可以作为一个整体企业共同承担责任。这意味着,当母公司有能力确定其子公司奉行的商业政策,即子公司不能独立决定其在市场上的

---

① 例如,茅台垄断案中的"贵州茅台酒销售有限公司"是贵州茅台酒股份有限公司的控股子公司(持有95%股权)、五粮液垄断案中的"宜宾五粮液酒类销售有限责任公司"是宜宾五粮液股份有限公司的控股子公司(持有90%的股权);上海黄金饰品垄断案中的上海老凤祥银楼有限公司是老凤祥股份有限公司的孙公司;海尔家电垄断案中的重庆新日日顺家电销售有限公司上海分公司、重庆海尔家电销售有限公司上海分公司和重庆海尔电器销售有限公司上海分公司。

② See ICN Cartels Working Group, *Setting of Fine for Cartels in ICN Jurisdictions*, International Competition Network (Mar. 1, 2020), https://www.internationalcompetitionnetwork.org/wp-content/uploads/2018/05/CWG_SettingFines.pdf.

③ See Raimundas Moisejevas & Danielius Urbonas, *Problems Related to Determining of a Single Economic Entity under Competition Law*, 10 Yearbook of Antitrust and Regulatory Studies 110(2017).

行为时,责任将被连带地不仅归于违法企业,而且还归于其母公司,并通过延伸,归于该企业所属的更广泛的集团公司。① 这种解释对于反垄断罚款有着深远的影响。这主要表现在三个方面:第一,母公司对其子公司的违法行为负有责任的,可以对子公司的罚款承担连带责任(容后详述)。第二,由于罚款的限额以违法企业的年度销售额为依据,如果发现母公司和子公司属于同一经济实体,则可将其年度销售额相加,从而提高罚款的最高限额。第三,反垄断执法机构倾向于对大公司处以更高的罚款。② 这种基于单一经济实体理论将企业集团作为一个整体视为反垄断法中的"企业",从而将包括母子公司在内的整个企业集团的总销售额作为反垄断罚款中的销售额,实质上提高了反垄断罚款金额,增加了罚款的威慑力。

毫无疑问,这种整体主义的销售额计算方法与威慑理论高度关联。按照欧洲法院的解释,只有作为一个经济体的属于一个集团的所有公司的总销售额才能反映那个实体的规模和经济力量。③ 一方面,由于罚款销售额的整体主义做法将罚款的总销售额包括了整个企业集团的总销售额,因此,直接将罚款封顶条款的总销售额提高到一个新的量级,相应的最高罚款限额的金额也大大提高。任何最高法定罚款限额(如全球销售额的10%)只能适用于作为一个整体的企业集团而不是单个公司。因此,子公司可能要承担比作为单独公司适用的上限更高的罚款。这避免了(故意)通过其非常小的子公司参与卡特尔的大型企业集团可能从较低的最高法定罚款限额中获益的可能性。④ 另一方面,虽然在计算罚款起点金额时,只是计算涉案产品销售额,但由于将整个企业集团视为一个单一经济体,从而构成了反垄法中的"企业","企业"的整体规模变大,会触发大企业的威慑乘数或倍数的应用。上述两方面叠加,无疑会大幅度提高罚款金额。

---

① See OECD, *Pecuniary Penalties for Competition Law Infringements in Australia* 2018, OECD (Mar. 1,2020), http://www. oecd. org/daf/competition/Australia-Pecuniary-Penalties-OECD-Report – 2018. pdf.

② See Det juridiske fakultet, *EU Antitrust Fines and the Single Economic Entity*, master's thesis of Universitetet i Oslo, 2012, p. 9 – 10.

③ See Andreas Scordamaglia-Tousis, *EU Cartel Enforcement: Reconciling Effective Public Enforcement with Fundamental Rights*, Wolters Kluwer Law & Business, 2013, p. 368.

④ See OECD, *Pecuniary Penalties for Competition Law Infringements in Australia* 2018, OECD (Mar. 1,2020), http://www. oecd. org/daf/competition/Australia-Pecuniary-Penalties-OECD-Report – 2018. pdf.

欧洲法院已经清晰说明,10% 销售额的罚款最高限额必须基于作为单一经济体的所有公司的总销售额来计算,不能是每个企业销售额单个计算。① 除了欧盟以外,将企业集团总销售额作为罚款最高限额的国家也越来越多,有些国家直接在反垄断法及/或罚款指南中明确规定,例如德国、法国、匈牙利等国。德国《反限制竞争法》第 81(4)条明确规定,罚款不得超过企业或企业团体于主管机关作出处罚决定之前一个营业年度所达到之总销售额的 10%。于计算总销售额时,系以作为经济上单一体来加以营运之所有自然人与法人之全球销售额作为基础。德国《关于卡特尔违法行为行政处理程序中罚款计算指南的说明》也规定,这里所指的销售额,是指企业在联邦卡特尔局作出处罚决定之前的一个营业年度的总销售额。在计算总销售额时,参照点是经济单位,它可以由若干法人或个人协会组成,在某些情况下也可以是自然人。2011 年法国罚款指南第 56 条规定,根据《商业法》第 L. 464 - 2 条第 1 款,如果违法行为人是一个企业,则最高罚款额为全球最高税前销售额的 10%。根据适用于企业形式的规定,如果企业联合或合并财务报表的,所考虑的销售额为联合或合并企业的报表中所示的销售额。通常而言,母子公司都是合并财务报表的,这个规定实际上将企业集团的总销售额作为最高罚款限额的计算依据了。2017 年匈牙利罚款指南第 53 条规定,按照上述步骤,应考虑到《竞争法》规定的罚款数额的法定最高限额(上限),根据最高限额,罚款数额不得超过作出决定前一个营业年度净销售额的 10%,该决定所指明并被处以罚款的企业是其成员的企业或企业集团。如果在给定的案例中可以确定企业集团,则该企业集团的销售额是适用的。如果匈牙利 GVH 谴责并对该集团的若干成员处以罚款,则该集团净销售额的 10% 作为对属于同一集团的企业处以罚款总额的最高限额。②

还有一些国家通过对企业概念的整体解释扩大到企业集团的总销售额。如新加坡、南非等国家。新加坡在 2016 年罚款指南“词汇表”中对于“企业”作了如下解释:“企业”涵盖任何从事经济活动的自然人或法人,不考虑其法律地位和融资方式。“企业”包括公司、商号商店、合伙、作为个体经营者的自然人、

① See Andreas Scordamaglia-Tousis, *EU Cartel Enforcement: Reconciling Effective Public Enforcement with Fundamental Rights*, Wolters Kluwer Law & Business, 2013, p. 368.

② See Álmos Papp, *New Antitrust Fine Guidelines: Competition Office Targets Foreign Turnover*, International Law Office (Mar. 8, 2012), https://www.internationallawoffice.com/Newsletters/Competition-Antitrust/Hungary/Bn-S-Szab-Partners/New-antitrust-fine-guidelines-Competition-Office-targets-foreign-turnover#.

农业合作社，企业联合会（如行业协会）、非营利组织以及（在某些情况下）向特定市场提供商品或服务的公共机构。根据个案情况，母公司及其子公司通常被视为一个企业，如果二者作为一个经济单位在市场上从事营业活动。2015 年南非罚款指南第 1.1.10 条规定，"企业"包括自然人、法人、合伙企业或信托，包括组成单一经济实体的企业联合体，企业的部门和/或业务单位。根据这种解释，这些国家反垄断最高罚款限额中的销售额无疑也指的是企业集团总销售额。

将企业总销售额解释为企业集团总销售额，除了可以提高最高罚款限额以外，还可以在基础罚款金额的计算过程中发挥重要的作用。不少国家和地区规定了针对大企业的特别威慑调整。对于除了涉案产品销售额以外有着特别巨大销售额的违法企业，将提高对其的罚款。相比而言，有着巨大全球销售额的企业，会轻而易举地筹备必要资金来支付罚款，这恰恰证明了加倍威慑的合理性，以保证罚款有充分的威慑效果。[①] 企业集团的销售额比单个违法企业的销售额明显会大很多，因此适用大企业特别威慑调整规定的可能性就会大大提高。欧盟 2006 年罚款指南第 30 条规定，委员会特别关注并确保罚款具有充分的威慑效果。为了实现这个目的，对销售额特别大的企业，除了基于与违法行为有关的商品或服务的销售额计算罚款金额以外，它还可以增加罚款金额。捷克罚款指南第 37 条规定，如上述原则的适用并未导致对特定竞争者所处罚款具有足够的威慑作用，OPC 将会增加对与违法行为无关但来自其他商品或服务的营业额特别大的企业的罚款。意大利更是直接规定，为了确保符合比例原则和充分的威慑效果，如果在处罚决定作出的上一个年度，与违法行为销售价值相比，企业有着特别高的全球销售额或者属于一个具有重大经济规模的集团，意大利 AGCM 可将罚款提高 50%。[②] 德国的做法略有不同，它根据企业规模的大小确定了不同的罚款倍数，企业规模越大，倍数越高，罚款金额也将越大。根据 2013 年德国罚款指南的规定，如果一个企业集团的总销售额少于 1 亿欧元，则罚款是起点金额的 2～3 倍；如果一个企业集团的总销售额大于 1000 亿欧元，则罚款是起点金额的 6 倍。

---

① See Wouter P. J. Wils, *Efficiency and Justice in European Antitrust Enforcement*, Hart Publishing, 2008, p. 108－109.

② See Francesca Ammassari, *Guidelines on the Method of Setting Fines for Infringements of Competition Rules: Key Issues*, 3 Sectoral Columns Antitrust Law and Jurisprudence Observatory 231 (2014).

（二）罚款责任的整体主义

根据单一经济实体原则，同一企业集团内的不同法律实体（公司）构成一个经济实体，因此成为《欧盟运行条约》第 101 条和第 102 条规定的企业。如果发现母公司和子公司属于单一经济实体原则中的一个企业，他们将对违法行为和罚款的支付承担连带责任。① 如果仅对子公司处以罚款是不合理的，因为这会导致子公司或子公司的少数股东的流动性减少。如果母公司有能力施加决定性影响，它就可能要对违法行为单独或连带负责。② 欧盟委员会要求母公司对其子公司的违法行为承担责任是一项实施多年的政策。早在 1973 年的欧洲大陆罐公司诉委员会案中，欧洲法院就指出："该子公司具有自己的法人资格的情况不足以排除其行为归于母公司的可能性。在这些案件中，尤其是在子公司没有自主决定其市场行为，但在本质上遵循母公司指示的案件中，这一点是正确的。"③在早期的案例中，当母公司明确指示子公司为反竞争行为或通过子公司以其他方式执行反竞争行为时，母公司要承担责任。进而，在斯多拉（Stora）案中，法院确立了一项可反驳的推定，以帮助援引母公司的责任，即母公司对子公司的商业政策施加决定性影响时产生母公司的责任，而在全资子公司的情况下则推定为对子公司的商业政策施加了决定性的影响。④

2009 年，在阿克苏·诺贝尔诉欧盟委员会一案中，欧盟竞争法的基本立场得到了确定，欧盟委员会在该案中认为"子公司的行为可归责于母公司，特别是，尽管该子公司具有独立法人资格，但该子公司并不独立决定其在市场上的行为，而是在所有重大方面执行母公司给它的指示。"⑤母公司可对其（当前或

---

① See Chris Mayock, *Liability of Parents and Subsidiaries in EU Competition Law*, European Commission（Mar. 1,2020）, http://www. euchinacomp. org/attachments/article/492/Day_3_Session%202_MAYOCK_Liability_of_parents_and_subsidiaries. pdf.

② See Andras Horvath, *Parental, Successive and Passed-on Liability of Undertakings for Antitrust Fines*, Masaryk University （2011）, https://www. law. muni. cz/sborniky/cofola2011/files/odpovednost/Horvath_Andras_5782. pdf.

③ See Det juridiske fakultet, *EU Antitrust Fines and the Single Economic Entity*, https://www. duo. uio. no/bitstream/handle/10852/34033/156015. pdf? sequence = 4.

④ See Matthew Readings & Ruba Noorali, *Parental Liability for EU Antitrust Infringements: New and Broad Frontiers*, Lexology（Aug. 20,2019）, https://www. lexology. com/library/detail. aspx? g = 9fbff439 – d3f5 – 44ef-b00c-a8cf6f8c5f0f.

⑤ See Simon Harms & Stephen C. Tupper, *Antitrust Fines-the Inevitability of Parental Liability revisited*, Lexology（Oct. 19,2011）, https://www. lexology. com/library/detail. aspx? g = 6a1ee7a3 – fb24 – 4b00 – 8c3b-b55bb9eb41a0.

以前的)子公司直接参与的反垄断违法行为承担责任,前提是委员会证明母公司:(1)有能力对其子公司的商业政策施加决定性影响,并且(2)考虑到它们之间的经济、法律和组织联系,母公司事实上利用了该项权力。尽管举证责任在委员会,但对于全资子公司或持股比例略高于96%①的子公司而言,上述举证责任有所减轻。在这种情况下,委员会只要证明子公司是母公司的全资(或几乎全资)公司,就可以推定母公司的责任。然后由被告提供证据反驳这一推定。母公司和子公司通常对罚款的支付承担连带责任。② 至今,欧洲法院还没有明确界定如何能够有效地反驳委员会的推定。欧盟总法律顾问科科特曾经在氯化胆碱案的意见中阐释了几种可能反驳的理由:第一,公司是一家投资公司,其行为类似于一个纯粹的金融投资者;第二,母公司仅在短期内持有子公司100%的股份;第三,母公司因法律原因无法完全行使其100%的控制权。还有一种行为也可能被接受,有一个案件(比利时宝马案)中法院接受了反驳,理由是该子公司没有按照其母公司的指示行动。③ 不过,很少有企业在实践中成功反驳这一推定。④

最近的两个判例将母公司对子公司的罚款责任的适用范围进一步扩大。在电力电缆垄断案中,欧盟委员会裁决持股比例显著低于上面的96%,而且是纯粹的金融投资的高盛公司(Goldman Sachs)对其子公司普瑞斯曼(Prysmian)直接参与的电力电缆卡特尔行为共同负责。欧盟委员会确认母公司的责任主要基于两个方面:第一,在第一个违法行为期内,能够有效行使普瑞斯曼的所有投票权,同时持有多数股权(84.4%~91.1%),被认为是"类似于该子公司唯一所有者的情况",并授予对该子公司行为的完全控制权,原则上没有任何第三方特别是其他股东能够反对该控制权,满足了决定性影响的推定。第二,在第二

---

① 不到100%的持股与全资子公司有着同样的推定,Arkema案判决98%,Elf Aquitiane案判决97%,Arkema France判决96%。See Chris Mayock, *Liability of Parents and Subsidiaries in EU Competition Law*, (Mar. 10, 2020), http://www.euchinacomp.org/attachments/article/492/Day_3_Session%202_MAYOCK_Liability_of_parents_and_subsidiaries.pdf.

② See Case C-97/08 P Akzo Nobel a. o. v Commission [2009] ECR I-8237.

③ See Chris Mayock, *Liability of Parents and Subsidiaries in EU Competition Law*, European Commission (Mar. 18, 2016), http://www.euchinacomp.org/attachments/article/492/Day_3_Session%202_MAYOCK_Liability_of_parents_and_subsidiaries.pdf.

④ See *Key Antitrust Enforcement Trends*, *Antitrust Annual Report* 2019, Shearman & Sterling (July. 23, 2019), https://www.shearman.com/perspectives/2019/07/key-antitrust-enforcement-trends---shearman-2019-antitrust-annual-report.

个违法行为期间,当米兰证券交易所首次公开募股后,高盛公司的持股比例降至32%时,以下证据证明母公司对子公司仍具有决定性的影响:(1)任命和要求撤销董事会成员;(2)召开股东大会;(3)任命普瑞斯曼战略委员会的董事会成员;(4)定期收到普瑞斯曼商业政策的最新情况。欧盟普通法院在2018年7月的判决中确认欧盟委员会认定母公司应该对子公司的罚款承担责任是有着充分的理由的。①

在阿维贝案的判决中,欧盟普通法院支持委员会的决定,该决定确定了两家母公司对子公司分别持股50%,也要承担责任,因此,共同控制也可能导致母公司责任。② 但该案例涉及的是纯粹的契约型合营企业,不是全功能的合营企业,没有独立于母公司的法律人格。但在随后的纽莫斯杜邦和陶氏化学案中,欧盟上诉法院认为两家母公司纽莫斯杜邦和陶氏化学应对它们的全功能合营企业 DDE 的违法行为承担责任,这进一步扩大了母公司的责任范围。纽莫斯杜邦和陶氏化学辩称,母公司对于合营企业施加决定性的影响是不可能的,因此也不应对合营企业的违法行为承担责任,因为它们对于合营企业的联合控制仅是一项消极权力——只是有权否决合营企业的战略决策,这一点与母公司对于全资子公司的排他控制权是不同的,而且它们直接享有战略决策的决定权。法院虽然没有将母公司对于全资子公司责任的推定沿用到母公司对于合营企业的责任,但它强调:欧盟委员会基于事实证据,已经充分说明了两个母公司实际上已经对合营企业施加了决定性的影响,应该认为这三个实体形成了一个单一经济实体。法院确认,母公司对子公司违法行为的准制度性责任(quasi systematic liability)包括合营企业。③

欧盟规定的从整体上考虑母公司对子公司罚款的连带责任,已经为越来越多的国家所借鉴和吸收。在 ICN 2017 年的一项调查中(调查了22个国家),半

---

① See Matthew Readings & Ruba Noorali, *Parental Liability for EU Antitrust Infringements: New and Broad Frontiers*, Lexology (Aug. 20, 2019), https://www.lexology.com/library/detail.aspx?g=9fbff439-d3f5-44ef-b00c-a8cf6f8c5f0f.

② See Andras Horvath, *Parental Successive and Passed-on Liability of Undertakings for Antitrust Fines*, Masaryk University (2011), https://www.law.muni.cz/sborniky/cofola2011/files/odpovednost/Horvath_Andras_5782.pdf.

③ See Antoine Winckler & François Charles Laprévote, *Selected Issues Raised by Recent Cartel Fines Decisions*, Competition Policy International, p.3, 2013.

数以上的受调查国家采用了这种母公司承担子公司责任的制度。① 2017 年 3 月,德国对其《反限制竞争法》进行了第九次修改,正式导入了欧盟竞争法存在已久的反垄断罚款的母公司责任。根据新修订的法律,母公司现在要对其子公司的反垄断罚款承担责任,即使母公司本身没有参与违反竞争法的行为,或母公司没有违反与子公司有关的任何监督义务。② 企业集团内其他法人对违法者施加一定影响,是前者承担责任的前提条件,主要是指违法者的母公司,而不是其姐妹公司。施加一定的影响指的是母公司事实上进行了统一的管理。③ 但"何谓一定的影响",德国新修订的反限制竞争法没有作进一步规定,相信会参照欧盟委员会和欧洲法院多年积累的母公司罚款责任的规则。此外,比利时 2011 年罚款指南第 38 条也规定了罚款的母公司责任。当一个案件涉及属于同一集团的企业时,虽然其目的是对违法行为责任人处以罚款,但如果母公司与子公司在经济上形成一个整体,而且子公司不以独立的方式决定其在市场上的行为,那么反垄断执法机构可以要求母公司对子公司的违法行为负责。

除了母公司的罚款责任以外,罚款整体主义视野下还需考虑企业承继者的罚款责任问题。一般而言,股权收购和资产收购会涉及法律责任的继受问题。欧盟认为,股权收购后,罚款责任由收购方承继是没有问题的。但如果收购方收购的是营业和资产,那罚款责任是否由收购方承继?欧盟予以了肯定的回答。因为新公司收购了功能、营业场所和工作人员。从经济观点看,违法者和承继者是一致的。在糖业联盟(Suiker Unie)案中,一个新企业收购了 4 个卡特尔合作企业的资产、权利和责任,这 4 个企业随之解散。欧洲法院认为,新的企业应该对 4 个合作企业的卡特尔违法行为承担责任,因为这家新企业承接了这 4 个企业的功能、房产和工作人员。相似的,在阿斯图里亚斯皇家矿业公司(CRAM)诉莱茵锌(Rheinzink)案中,违法者已经解散,新设立了莱茵锌公司。欧洲法院认为,从一个经济观点角度来看,违法者和其继任者就是同一个主体,新的企业应该对违法者的行为承担责任。这个原则就是"经济连续性理论"

---

① See International Competition Network Cartels Working Group Subgroup 1, *Setting of Fines for Cartels in ICN Jurisdictions*, (May, 2017), https://www.internationalcompetitionnetwork.org/poltfolio/setting-fines/.

② See Andreas Grünwald, Jens Hackl & Julia Schwalm, *Germany: Significant Competition Law Changes in Germany*, https://www.mondaq.com/germany/Anti-trustCompetition-Law/578358/Significant-Competition-Law-Changes-In-Germany.

③ 参见周万里:《〈德国反限制竞争法〉的第九次修订》,载《德国研究》2018 年第 4 期。

(economic continuity theory)。然而,该原则一般仅适用于原企业已经不存在这种情形。如果企业仍然存在,那么责任就由其承担,同时也就排除了承继者的责任。① 这个观点在埃尼公司案中得到进一步确认。埃尼公司从事了违反《欧盟运行条约》第101条规定的违法行为(参加了聚丙烯卡特尔),它声称不再对违法行为承担责任,因为它尽管在法律上还存在但已经将全部聚丙烯业务卖给了另一家企业。欧洲法院驳回了它对普通法院的上诉,认为埃尼公司仍应该承担责任,经济持续性责任只在应该承担法律责任的主体在违法后已经不再存在时才适用。也就是说,企业的承继者(与违法行为直接相关的业务的收购人)仅因违法行为的责任企业(前身、转让人)不复存在时,才应承担反垄断罚款的责任。②

然而,企业承继者的罚款责任承担也有例外情况。在奥尔堡案中,大西洋联盟伙伴公司(AAPC)于1990年将经济活动转让给了奥尔堡公司。大西洋联盟伙伴公司成为了一个控股公司,它持有奥尔堡公司50%的股权,蓝圈公司持有奥尔堡公司另50%的股权。奥尔堡公司认为,委员会要求其对大西洋联盟伙伴公司的违法行为承担责任违反了经济持续性理论。欧洲法院驳回了该诉讼请求,认为埃尼案中确立的经济持续性原则,买方和卖方之间是没有任何结构上的联系。在本案中,两个企业之间存在结构上的联系,因此埃尼案确定的原则不适用。③ 所以,如果违法企业仍然存在,将会妨碍经济持续性原则的适用,除非违法者和购买者之间存在结构上的关联性或其他例外情形。此外,企业承继者承担的罚款责任是有严格限定的。2004年9月4日,欧洲法院在另一案件中判决:一个从事卡特尔行为的企业后来被收购了,收购方将承受的最高罚款责任是罚款决定时被收购公司上一年度全球销售额的10%,而不是罚款决定时

① See Alison Jones & Brenda Sufrin, *EU Competition Law: Text, Cases & Materials (Fourth Edition)*, Oxford University Press, 2010, p.1117 – 1118.

② See Andras Horvath, *Parental Successive and Passed-on Liability of Undertakings for Antitrust Fines*, Masaryk University (2011), https://www.law.muni.cz/sborniky/cofola2011/files/odpovednost/Horvath_Andras_5782.pdf.

③ See Alison Jones & Brenda Sufrin, *EU Competition Law: Text, Cases & Materials (Fourth Edition)*, Oxford University Press, 2010, p.1118 – 1119.

收购方上一年度全球销售额的10%。[①]

欧盟对于企业承继者罚款责任承担问题的处理方法是比较合适的，可以有效防止企业规避罚款责任。在各国，对于股权收购时的责任承继规定相对比较明确，而对于资产收购时的责任承继规定相对比较模糊。德国有一个香肠卡特尔案，产生了著名的"香肠漏洞"问题，即涉及资产收购时的罚款责任问题。通内斯（Tönnies）公司对其香肠帝国进行了聪明的重组，转移应负反托拉斯法律责任的法律实体的重要资产给其他集团公司，并且这个法律实体不复存在，成功逃避了1.3亿欧元的罚款，故名"香肠漏洞"。[②] 企业能够逃避处罚的原因是，德国反垄断法处罚的对象只能是法人或法人组织，如果原有的实体采取重组或收购等方式，从市场上消失，执法机关便不能对该实体的权利承继人实施处罚。[③] 按照德国当时的法律规定，执法机关也不能对原母公司处以罚款。该案直接促使《反限制竞争法》在第九次修订时不仅明确规定了母公司的罚款责任，也规定了企业承继者的罚款责任，以填补"香肠漏洞"。

根据新修订的《反限制竞争法》第81(3b)条和第81(3c)条的规定，联邦卡特尔局不仅可以对负有反垄断责任的法律实体的一般法定承继者（universal legal successor）处以罚款，还可以对负有反垄断责任的法律实体的经济承继者（the economic successor）处以罚款。法定承继者通常是指股权收购方，而经济承继者是指资产收购方。一般来说，法定承继者在负有责任的法律实体不复存在的情况下才对罚款负有责任；如果原法律实体仍然存在，则法定承继者不承担罚款责任。但德国法还规定，即使负有责任的法律实体继续合法存在，但在经济上已变得无关紧要时，企业的法定承继者也要负有责任。因此，涉及卡特尔违法行为企业的业务部门的每一次转让都可能导致反垄断罚款责任的承担问题，而且该罚款责任不以收购资产的价值为限。这一规定对并购交易具有重

---

① See Sven B. Völcker, Marc Hansen, Luca Crocco and Andreas Scordamaglia-Tousis, *The European Court of Justice Caps Liability for Acquired Companies' Cartel Infringements*, Lexology (Sept. 9, 2014), https://www.lexology.com/library/detail.aspx?g=3d2553b4-2a19-442d-9d2b-d8d4317ad26f.

② See Andreas Grünwald, Jens Hackl and Julia Schwalm, *Germany: Significant Competition Law Changes in Germany*, Mondaq (Mar. 20, 2017), https://www.mondaq.com/germany/Anti-trustCompetition-Law/578358/Significant-Competition-Law-Changes-In-Germany.

③ 参见周万里：《〈德国反限制竞争法〉的第九次修订》，载《德国研究》2018年第4期。

大风险。[①] 2011 年比利时罚款指南第 39 条也规定了承继者的罚款责任。根据个人责任原则,从事违法行为的实体必须承担罚款责任。但是,如果该实体(企业或企业协会)在法律上不复存在,而且其活动是由另一实体继续进行,竞争规则的有效执行要求反垄断执法机构认定另一个实体对违法行为负责,并支付罚款。

(三)我国走向罚款整体主义的制度革新

我国《反垄断法》已经实施 12 年,反垄断执法机关查处了一些有重大影响的反垄断案件,例如高通公司垄断案、利乐公司垄断案,罚款金额最高也达到了 60.88 亿元。然而,我们更应该看到,已经公布的 104 个案件(截至 2020 年 4 月 14 日)中,大多数反垄断案件的对象以区域性的中小企业或行业协会为主,罚款数额普遍偏小,104 个案件中合计罚款金额低于 100 万元的就有 31 个,占了约 29.8%;罚款金额上亿元的案件只有 17 个,仅占 16.34%。有些案件的单个公司罚款金额非常小。例如,在河池保险业垄断案中,有几家保险公司的罚款金额分别为 20,000 元、12,500 元、9400 元、3500 元和 4300 元;山东日照会计师事务所垄断案中,有 3 家的罚款分别为 6125 元、9695 元和 12,411 元;巴林左旗餐饮行业垄断案有 2 家分别罚款 6 万元、3 万元;云阳烧结砖垄断案中,云阳县云林建材有限公司的罚款金额为 10,573.25 元;延安混凝土垄断案中,延安众昌工贸有限公司的罚款金额仅为 21,947.79 元。在 104 个反垄断案件中,涉及跨国公司的案件也不多,只有 15 件,[②]仅占 14.42%。

习近平总书记强调,“过去 40 年中国经济发展是在开放条件下取得的,未来中国经济实现高质量发展也必须在更加开放的条件下进行”。[③] 以更高水平

---

① See Johanna Brock-Wenzek, *Closing the So Called "Sausage gap" -Cartel Fine Procedures after the 9th Amendment of the German Act against Restraints of Competition* (*GWB*), Hogan Lovells (Jun. 23, 2017), https://www.hlregulation.com/2017/06/23/closing-the-so-called-sausage-gap-cartel-fine-procedures-after-the-9th-amendment-of-the-german-act-against-restraints-of-competition-gwb/.

② 主要有奶粉企业垄断案、眼镜镜片生产企业垄断案、日本企业汽车零部件垄断案、日本企业汽车轴承垄断案、克莱斯勒及上海经销商垄断案、奔驰垄断案、美国高通垄断案、滚装货物国际海运企业垄断案、上海韩泰公司垄断案、美敦力垄断案、施乐辉垄断案、伊士曼航空涡轮润滑油垄断案、利乐公司垄断案、伊士曼醇酯十二成膜助剂垄断案和丰田汽车垄断案。此外,一汽大众垄断案、东风日产垄断案、上海通用汽车垄断案、长安福特垄断案虽然涉及跨国汽车公司,但由于涉案主体是由中国公司控股的,因此没有纳入跨国公司垄断案统计中。

③ 《以更高水平开放推动高质量发展》,载央视网,http://news.cctv.com/2018/12/21/ARTIabqAWABBVUx1CuhOwFJy181221.shtml。

开放推动高质量发展将是我国深化改革的主旋律,跨国公司进入中国市场的机会只会越来越多,随之而来的竞争和限制竞争问题也将越来越突出。在经济全球化的背景下,各个国家和地区反垄断的政策目标已从原来以维护国内公平竞争为主转向更多地注重国家战略利益。防止外国企业尤其是跨国公司对本国市场的垄断也是维护国家战略利益的一个方面。① 我国的反垄断执法对此应未雨绸缪,将大企业执法尤其是跨国公司反垄断执法列入今后5~10年的优先执法战略。当我国反垄断执法对象主要面向大企业尤其是跨国公司后,目前反垄断执法将销售额限定于涉案产品销售额,或者违法企业的总销售额,是还不够的。特别对于巨型跨国公司而言,这种罚款方式威慑力较弱。我国目前已经查处的日本企业汽车零部件垄断案、日本企业汽车轴承垄断案和滚装货物国际海运企业垄断案等案件均是国际卡特尔案件,但我国的罚款力度较弱。

在这种情况下,引入罚款整体主义理念,在反垄断罚款中将销售额确定为企业集团总销售额是非常有意义的步骤。此处的企业集团总销售额对于有全球业务的跨国公司而言应解释为企业集团的全球总销售额;如果只有中国境内业务的那就解释为企业集团国内总销售额。

此外,我们也应将企业集团全球总销售额作为判断企业规模大小的依据,并在此基础上规定针对大企业罚款的威慑乘数或倍数。我国目前的反垄断罚款案件中,在考虑罚款的裁量因素时,尚未有因企业规模大而加重处罚的案例,其主要原因是缺少法律依据,还与我国反垄断罚款整体上贯彻威慑理念不够有关系。笔者认为,我国对于大企业的特别威慑在罚款起点金额基础上再增加50%~100%的罚款比例是可行的。

我国在修法时,一方面,可以对反垄断法中的“经营者”概念进行重塑,引入单一经济实体理论;另一方面,可以在反垄断罚款条款中明确将企业集团全球销售额作为最高罚款限额的计算依据。

从公司法的角度而言,要求母公司对子公司的行为承担连带责任是一种例外情形,要符合公司人格否认的法理和规定。母公司和子公司作为两个公司实体,具有独立的法律地位,承担有限责任,这一点受到许多国家公司法体系的青睐。如果母公司遵守了有关公司成立和公司治理的规则,一般不对不同法律实体的子公司所从事的行为负责,而子公司必须对自己的行为负责。但这种基于

---

① 参见王先林:《从经济理论、法律制度到国家战略——关于反垄断的三维视角》,载《南京大学学报(哲学·人文科学·社会科学)》2018年第3期。

形式的方法从未被欧盟委员会的执法实践或欧洲法院的判例法所接受。① 已经有越来越多的国家在反垄断法中不接受这种公司法关于母子公司法律责任的观念,认为在反垄断法中规定母公司的责任有其合理性:第一,鼓励企业最高层次的企业责任;第二,可能导致更高的罚款,从而增加威慑力;第三,当直接违法者(子公司)在欧盟以外成立时,可以更容易地执行罚款(母公司在欧盟);第四,促进针对母公司和子公司的私人损害赔偿诉讼。②

我们现在有不少案件涉及子公司、孙公司甚至分公司的罚款,例如茅台五粮液垄断案、一汽大众垄断案、湖南尔康扑尔敏原料药垄断案、山西直供电垄断案、海尔家电垄断案等,但母公司从未被要求承担任何法律责任。这种处罚方式大大降低了反垄断违法成本。当面临反垄断调查和处罚风险时,母公司也有模仿德国香肠公司做法的制度空间,通过资产重组的合法方式让子公司不复存在。根据现在的公司有限责任法理,这样会导致罚款责任的落空。因此,我国在反垄断修法时,应规定母公司对子公司的罚款承担连带责任,以弥补法律的漏洞。当然,在规定母公司的罚款责任时,应持谨慎态度,尽量明确母公司对子公司罚款承担连带责任的边界。

鉴于此,我国应明确规定母公司承担子公司罚款连带责任的标准,可以采取"推定 + 认定"的并行标准,双管齐下。对于推定母公司对子公司的罚款承担连带责任的,应从严掌握。我国反垄断法应明确规定母公司对其全资拥有的子公司的罚款推定承担连带责任。对于"准独资"的情形,笔者建议从严掌握,母公司只有达到持有子公司 90% 以上的股份时,才可以认定为"准独资",从而推定对子公司的罚款承担连带责任。当然,这种推定是可以反驳、可以抗辩的。在其他情形下,母公司只有持有子公司 50% 以上的股份(控股)时,才有可能被认定为对子公司的罚款承担连带责任。如果母公司持有子公司的股份少于 50% 时,一般情况下应免于适用母公司的罚款责任规定。

也就是说,母公司如果持有子公司 50% ~90% 之间的股份,就具备了承担子公司罚款责任的可能性,但最终是否要承担责任则要符合"母公司对子公司

① See Okeoghene Odudu & David Bailey, *The Single Economic Entity Doctrine in EU Competition Law*, 51 Common Market Law Review 1721(2014).

② See Chris Mayock, *Liability of Parents and Subsidiaries in EU Competition Law*, European Commission (Mar. 18, 2016), http://www.euchinacomp.org/attachments/article/492/Day_3_Session%202_MAYOCK_Liability_of_parents_and_subsidiaries.pdf.

的商业政策是否施加了决定性影响”的核心认定标准。如果答案为“是”，那么母公司就要对子公司的罚款承担连带责任。为了确定母公司的责任，决定性的影响不必与子公司的某些活动有关，也不必与所犯的违法行为直接相关。[①]“决定性的影响”的具体表现形式主要有：第一，直接影响子公司商业政策的行为，包括母公司对子公司销售、营销、目标、毛利率、销售成本、现金流和库存的影响以及对子公司商业行为的直接指示；第二，间接影响子公司商业政策的行为，包括母公司任命了子公司较多的董事、子公司的业务决策必须要母公司批准等。当母公司决定了其子公司所奉行的商业政策，即子公司没有独立决定其在市场上的行为时，母公司要对其子公司的行为负责。

罚款整体主义视野下企业承继者的罚款责任问题在我国尚未凸显，但这并不意味着这个问题在我国不会出现。我国《公司法》仅对于整体合并（吸收合并和新设合并）的债权债务作了规定。如果是吸收合并，会导致被合并方的解散；如果是新设合并，会导致合并各方解散。按照《公司法》第 174 条的规定，公司合并时，合并各方的债权、债务，应当由合并后存续的公司或者新设的公司承继。因此，公司整体合并后，罚款责任将由企业承继者承担应无异议。但如果发生的仅是股权收购，未导致被收购方解散或者资产收购，则股权收购方和资产承接方是否应承担原公司的罚款责任，无论是公司法还是反垄断法均没有明确规定。还有，对于收购时尚未发生反垄断调查和处罚，收购方对于收购后发生的反垄断罚款，按照被收购方的总销售额还是收购完成后收购主体的企业集团总销售额计算罚款最高限额以及如何确定大企业的威慑乘数都需要详细界定。

无论股权收购还是资产收购，当涉案企业不复存在时，我们应规定收购方对涉案企业的罚款承担责任，当然涉案企业的原母公司仍应对涉案企业的罚款承担连带责任。如果股权收购或资产收购后，涉案企业仍然存在，那还是独立的承担责任主体，原母公司对该罚款应承担连带责任，股权收购方作为目前的母公司不承担罚款责任。然而，如果收购后，涉案子公司继续从事违法行为，股权收购方作为现任母公司应对子公司后续违法行为的罚款承担连带责任。当然，我们也应规定一些例外情形。如果收购后涉案企业是一个空壳企业，仅是

① See Andras Horvath, *Parental Successive and Passed-on Liability of Undertakings for Antitrust Fines*, Masaryk University (2011), https://www.law.muni.cz/sborniky/cofola2011/files/odpovednost/Horvath_Andras_5782.pdf.

形式上存在,应被视为逃避罚款责任的工具。此时,收购方也要承担罚款责任。还有一种情况,如果在企业集团内部进行股权或资产重组,或者收购方和被收购方存在其他结构上的联系,虽然涉案企业还存在,企业承继者仍然要承担罚款责任。如果收购后才发生案件的调查处理,收购方也仅就被收购公司上一年度全球销售额的10%为限承担罚款责任,并以此为基础确定是否触发了大企业罚款威慑乘数的适用标准。否则,会严重影响正常的并购交易,增加并购交易的风险。

附　录

ICN成员国卡特尔罚款的确定
(2017年版)*

（第十六届ICN年会报告·波尔图）

2017年5月

1.引　言

2008年,国际竞争网络卡特尔工作组(International Competition Network Cartels Working Group,ICN CWG)第1小组发布了《ICN成员司法辖区内卡特尔罚款的确定》的报告。

2008年前后,卡特尔罚款的确定曾是一个热门话题,在2016年也同样引起热议,因为在适度罚款水平这一问题上尚未形成共识。随着越来越多的司法辖区积极应对国际卡特尔,跨多个司法辖区的罚款计算方法成为竞争执法者、学者和私人从业者的讨论主题。确定罚款的问题也是2016年在马德里举行的ICN卡特尔研讨会上的主题。

---

* 翻译:方翔,上海交通大学经济法专业博士生;校对:王健,浙江理工大学教授。

本报告系ICN 2017年年会报告。限于本书篇幅,译文对报告原文作了适当删节,略去了“7.3 对单个公司和单个案件处以的最高卡特尔罚款”及“附录”部分。

2008 年罚款报告详细审查了不同司法辖区确定罚款的原则和方法的相关问题。具体涵盖以下方面：

■ 罚款的目的和“理念”；

■ 竞争主管机构在罚款中的角色；

■ 制裁对象；

■ 罚款计算方法的整体透明度和个案透明度；

■ 计算基础（营业额百分比/贸易额/市场份额/违法所得）；

■ 从重因素（持续时间，重复违法，领导角色，拒绝合作）；

■ 从轻因素（有效合作，立即终止，有限参与，过失）；

■ 最高/最低罚款；

■ 宽恕和无力支付；

■ 与直接和解的相互关系。

在 2016～2017 年的 ICN 年会，卡特尔工作组决定更新 2008 年罚款报告中的信息，并补充有关实际计算实例的信息，因为自 2008 年罚款报告发布以来，我们看到罚款方法和实际案例均有重大发展。

本工作项目的程序运用了 ICN 的经典方法，即向各竞争主管机构（卡特尔工作组成员）发布一份问卷。33 个机构①对调查表作出了答复，其代表下列司法辖区：澳大利亚、奥地利、巴西、保加利亚、加拿大、哥伦比亚、萨尔瓦多、爱沙尼亚、欧盟委员会、芬兰、德国、希腊、匈牙利、爱尔兰、以色列、意大利、日本、韩国、立陶宛、马来西亚、墨西哥、荷兰、挪威、波兰、俄罗斯、新加坡、南非、西班牙、瑞典、瑞士、土耳其、美国和赞比亚。②

尽管 33 个机构的参与数量远不及 ICN 成员总数，但它们的回复应该代表了 ICN 中大多数卡特尔案件，它们也是一直积极打击卡特尔的 ICN 成员机构，因此可视为具有代表性的样本。

以下机构参与了本报告的起草：日本公平交易委员会，匈牙利竞争管理局和荷兰消费者与市场管理局。该报告已提交给 2017 年 5 月在葡萄牙波尔图举行的第 16 届 ICN 年会，希望它不仅对那些单纯寻求关于确定罚款方法的人有用，更希望对那些通过修订关于罚款的立法或指南，或首次对卡特尔实施罚款的司法辖区有所裨益。

---

① 22 个竞争主管机构对 2008 年罚款报告的调查表作了答复。

② 对调查表的答复不打算公布，因此不附在本报告之后。

2. 初步问题

在一个司法辖区内授权对卡特尔处以罚款（和/或其他制裁）的法律可以是刑法、行政法或民法的一部分。然而，在某些司法辖区中，这些法律类别之间的区别会更加严格。例如，在瑞士，行政制裁具有刑罚性质。[①] 将卡特尔定义为一种特殊类型的犯罪并不一定影响罚款的确定方法（尽管它可能会决定由哪个当局确定罚款）。本章介绍了罚款的组织和原则的四个基本问题：

（1）在答复的司法辖区内，罚款的基本“理念”或目标是什么？

（2）有关司法辖区罚款的法律依据是什么？

（3）由哪个机构决定罚款的数额？

（4）罚款（对公司或个人）是有关司法辖区内制裁卡特尔的唯一“武器”，还是有其他“武器”？

2.1 罚款背后的目标和“理念”

2005 年，ICN 卡特尔工作组在波恩举行的年会上提交了一份题为“有效规制卡特尔制度的基石”的报告，其中包括一节关于有效惩罚的内容。[②] 首先应指出，罚款的经济基础和“最优”罚款的概念已在 2005 年 ICN 报告中涵盖。然而，最优威慑的罚款理论与实际的罚款计算方法之间的关系还不明确，其中一部分原因在于，将罚款设定在经济最优水平所需要的数据（获得的超额利润、发现的可能性）难以获取。

一些竞争主管机构指出，它们在卡特尔案件中的罚款政策追求多重目标（威慑、报应、追回卡特尔超额利润），而且这些目标并不相互排斥。尽管如此，绝大多数答复机构都表示，罚款的目的是阻止违法者今后从事同样的违

---

① 根据瑞士法律，该制裁被视为行政罚款，但由于其数额同时兼具预防和抑制目的。因此，被认定为具有刑罚性质的行政罚款。

② ISBN 92 - 894 - 6737 - 1. Available on the ICN website, at the following URL: http://www.internationalcompetitionnetwork.org/media/library/conference_4th_bonn_2005/Effective_Anti-Cartel_Regimes_Building_Blocks.pdf.

法行为（具体威慑），以及劝阻其他潜在违法者成立或加入卡特尔（一般威慑）。① 一些机构提到除威慑之外的其他目标，②其他机构则没有提到。

例如，一些机构还提到有必要惩罚卡特尔参与企业的违法行为，③而一些答复者提到了追回卡特尔参与者以损害消费者利益为代价获得的任何非法收益的目标。④ 最后，美国和马来西亚当局表示，当法院在确定适当罚款时，还必须考虑向违法行为受害者提供赔偿的必要性。⑤

根据欧盟2006年罚款指南，"还将考虑增加罚款的必要性，以便在有可能估算的情况下，超过因违法行为而获得的收益数额"。⑥ 在巴西，制裁的一个重要目的是赔偿因违法而造成的损害，尤其是对经济秩序的破坏。在匈牙利，罚款数额可提高到有关企业违法所得的3倍，只要该数额高于其他计算方法。瑞士执法机构认为，特别高的违法所得数额是从重处罚的考虑因素，其将增加罚款直至超过违法所得。尽管意大利立法没有规定最低罚款限度，但罚款数额应高于企业通过违法行为预期获得的利润。⑦ 奥地利法院在确定罚款数额时也必须考虑违法所得。

---

① 将威慑（一般或具体）确定为罚款政策首要目标之一的机构（国家或地区）有，欧盟、美国、澳大利亚、加拿大、日本、德国、荷兰、匈牙利、爱尔兰、意大利、奥地利、挪威、瑞士、俄罗斯、巴西、保加利亚、哥伦比亚、萨尔瓦多、爱沙尼亚、芬兰、希腊、以色列、拉脱维亚、马来西亚、墨西哥、俄罗斯、韩国、新加坡、南非、西班牙、瑞典、土耳其、赞比亚。

② 墨西哥竞争管理局的总体威慑目标是，在重复违法的情况下，罚款可能增至墨西哥竞争委员会确定的原始数额的两倍。此外，可以命令以消除不必要的反竞争影响所必需的比例剥离特定资产、权利、合伙权益或股票。为了制止公司和个人免受卡特尔的侵害，墨西哥当局提到了越来越高的制裁上限，取消任职资格和刑事处罚的规定。

③ 如澳大利亚、欧盟、美国、德国、匈牙利、爱尔兰、瑞士、韩国、意大利、奥地利、巴西、哥伦比亚、萨尔瓦多、爱沙尼亚、希腊、以色列、日本和荷兰。

④ 德国、日本、美国和土耳其的机构（结合威慑和惩罚）指出，追回违法所得是卡特尔案件罚款政策的一个目标。在韩国，追缴违法所得是罚款政策的主要目标，同时也是惩罚。

⑤ 恢复原状是受害者恢复原状的概念。当法院或执法机构命令恢复原状时，它命令被告赔偿受害者。报应是报应正义的一个概念，是一种正义理论，认为无论惩罚是否给受害人带来任何有形利益，相应的惩罚都是对犯罪的一种可接受的回应。

⑥ Guidelines on the Method of Setting Fines Imposed Pursuant to Article 23(2)(a) of Regulation No. 1/2003, Official Journal C210, 1.9.2006, paragraph 31.

⑦ Pursuant to Paragraph 8 of the Guidelines issued by the AGCM on the Method of Setting Fines for Infringements of Competition Rules.

表 A 罚款目标

阻止被制裁的公司或个人今后重复同样的行为(具体威慑)	阻止其他公司或个人成立或加入卡特尔(一般威慑)	为卡特尔的受害者追回卡特尔获得的非法利润	惩罚(追回非法利润加上额外罚款)
澳大利亚、奥地利、巴西、保加利亚、加拿大、哥伦比亚、萨尔瓦多、爱沙尼亚、欧盟、芬兰、德国、希腊、匈牙利、爱尔兰、以色列、意大利、日本、韩国、立陶宛、马来西亚、墨西哥、荷兰、挪威、波兰、俄罗斯、新加坡、南非、西班牙、瑞典、瑞士、土耳其、美国、赞比亚	澳大利亚、奥地利、巴西、保加利亚、加拿大、哥伦比亚、萨尔瓦多、爱沙尼亚、欧盟、芬兰、德国、希腊、匈牙利、爱尔兰、以色列、意大利、日本、韩国、立陶宛、马来西亚、墨西哥、荷兰、挪威、俄罗斯、新加坡、南非、西班牙、瑞典、瑞士、土耳其、美国、赞比亚	德国(自由裁量)、韩国、马来西亚、美国	澳大利亚、奥地利、巴西、哥伦比亚、萨尔瓦多、德国、希腊(有条件的)、匈牙利、爱尔兰、以色列、日本(仅在刑事案件中)、韩国、荷兰、瑞士、美国

在德国,追回卡特尔成员从违法行为中获得任何经济利益的目标在逻辑上不同于为惩罚目的量化反垄断罚款的过程。竞争主管机构有权在决定罚款的主要程序或在单独的程序中收缴违法所得。如果当局决定在主要程序中没收违法所得,则应缴总额可能远超反垄断罚款的法定上限。然而,追回卡特尔获得的违法所得是可选的,没收违法所得的决定由德国联邦卡特尔局决定。这种计算方法的缺点是,证明违法所得准确数额的标准很高,并且基础数据不易获得。因此,如果当局预期私人损害赔偿或由于其他平行诉讼而资源有限,通常只决定罚款,不没收违法所得。爱尔兰当局指出,刑事制裁不利于为受害者追回卡特尔的获利。在波兰,竞争和消费者保护办公室(UOKiK)处以罚款的目的至少是双重的,既包括惩罚和威慑,也包括预防和教育。

在许多司法辖区的罚款制度中,惩罚似乎是一个目标,但不一定是通过增加罚款来提高对违法所得的追缴。例如,在澳大利亚,刑法要求法院在判刑时必须考虑到确保在刑事诉讼中充分惩治行为人罪行的必要性。在希腊,只有在证据确凿的情况下,惩罚才可以被视为一项目标。在爱尔兰,虽然一般目标是威慑,但对企业/个人惩罚是一个具体目标。在日本,惩罚被视为"刑事罚金的目标"。在韩国,主要目标是追讨卡特尔参与者获得的非法利润并处以适当的罚款。

2.2 罚款的法律依据

尽管本报告中提到的所有司法辖区都有竞争法,但有时除了竞争法外,其他法律中也可以找到罚款依据。例如,在俄罗斯,可以在俄罗斯《竞争法》[①]和俄罗斯《联邦行政违法法典》(仅在 2009 年进行了修改,引入了对竞争违法的罚款和刑法有关规定)中找到罚款的法律依据。欧盟成员国有两个制裁卡特尔的法律依据,即成员国本国竞争法和《欧盟运行条约》第 101 条。[②] 某些国家竞争法已多次修订,改变了对卡特尔实施制裁的内容。例如,2012 年修订的爱尔兰竞争法,提高了罚款的水平;在爱沙尼亚,自 2010 年起可以对法人处以其营业额 5% ~10% 的罚款。

加拿大 2009 年对竞争法作了重大修改,包括对合谋和串通投标罪最高刑期的调整。当这些罪行的最高刑期增至 14 年时,其与刑法中诈骗罪的最高刑期相同。在日本和韩国,竞争主管机构实行的"课征金"(surcharges)制度是在竞争法本身通过多年后才实行的(日本 1977 年,韩国 1987 年)。在日本,刑事罚金是在 1947 年开始实行的,法院可以在竞争当局提出指控的条件下予以处罚;同样在韩国,自 1981 年以来,法院可以处以刑事罚金。在这两个司法辖区,引入"课征金"制度导致对卡特尔处以罚款的频率更高,因为很少有法院判处刑事罚金。

2.3 竞争主管机构在罚款中的作用

关于竞争主管机构在罚款决策中的作用,有 3 种类型:第一类也是最常见的,即竞争主管机构自行决定罚款。33 个答复中的 23 个国家(地区)属于这种类型,即保加利亚、巴西、哥伦比亚、萨尔瓦多、欧盟委员会、德国、希腊、匈牙利、意大利、日本、韩国、立陶宛、马来西亚、墨西哥、荷兰、挪威、波兰、俄罗斯、新加坡、西班牙、瑞士、土耳其和赞比亚。

第二类是由竞争主管机构进行调查,由专门的竞争法庭做出决定并实施制裁的司法辖区。奥地利、瑞典和南非属于此类。(从这个角度看巴西是特别的,因为其有一个更高的机构来做出罚款决定。)

---

① Federal Law of the Russian Federation "On Protection of Competition".

② 但是,如果竞争行为仅对国内产生影响,则适用国家竞争法;而违法行为对成员国之间的贸易产生影响,则必须适用欧盟法律。此时,别无选择。

在某些司法辖区中，构成第三类的是一个非专门法庭（non-specialised court）对竞争案件进行裁决。澳大利亚、加拿大、爱尔兰、爱沙尼亚、芬兰、以色列和美国就是这种情况。有时但绝非总是将制裁定为犯罪的司法辖区。在美国和加拿大，对核心卡特尔提起刑事诉讼，由法院判处刑罚。[①] 在美国，司法部的反托拉斯司对卡特尔的行为提起刑事诉讼，通常对有罪的公司处以刑事罚金，并对有罪的个人判处监禁和刑事罚金。虽然反托拉斯司负责起诉卡特尔的行为，并可以建议对个人进行刑事判决，但联邦法院最终作出合适的判决，包括罚金额。在加拿大，当局在确定卡特尔罚款中的作用主要是向加拿大公共检察署提出有关判决的建议。但是，对任何制裁措施的最终裁量权归法院所有。立陶宛当局区分对企业和个人的制裁。在该制度中，对个人的制裁取决于对企业的处罚决定——竞争理事会（Competition Council，CC）只对企业作出决定，但如果CC认为也应该对个人实施制裁，则CC必须向行政法院提出申请，对个人处以罚款的决定是由法院作出的。这与俄罗斯采用的解决方案有些相似。根据俄罗斯法律，联邦反垄断局（Federal Anti-Monopoly Service，FAS）针对违反竞争法的情况独立计算行政罚款。在案件中，当俄罗斯联邦调查局发现刑事犯罪的特征时，案件的所有材料都移交给俄罗斯联邦内务部/调查委员会，最终罚款数额由法院确定。澳大利亚2010年《竞争和消费者法》（CCA）规定了民事禁令和刑事犯罪。在卡特尔案件的民事和刑事起诉中，法院决定并对违法者处以罚款，并下令采取其他补救措施。

表B　谁决定罚款？

1. 竞争主管机构决定罚款	巴西、保加利亚、哥伦比亚、萨尔瓦多、欧盟、德国、希腊、匈牙利、意大利、日本、韩国、立陶宛、马来西亚、墨西哥、荷兰、挪威、波兰、俄罗斯、新加坡、西班牙、瑞士、土耳其、赞比亚
2. 专门法庭决定罚款	奥地利、南非、瑞典
3. 非专门法庭决定罚款	澳大利亚、加拿大、爱沙尼亚、芬兰、爱尔兰、以色列、美国
4. “中间”法域（intermediate jurisdictions）	奥地利、巴西、希腊、匈牙利、爱尔兰、以色列、日本、韩国、墨西哥、波兰、俄罗斯

① 在美国，卡特尔案件中的某种谈判解决方式（如《美国联邦刑事诉讼规则》第11（c）（1）（c）条所述）要求，一旦法院接受协议，就必须处以协议中规定的罚金或罚金幅度。

最后,还有一些“中间”法域,在这些司法辖区中,卡特尔可能受到刑事处罚或民事或行政处罚,不同的制裁种类决定了不同的程序和主管当局(见表 B 最后一行)。日本和韩国属于这一类:在这些辖区,竞争主管机构可以确定“课征金”(非刑事处罚),而如果卡特尔被视为刑事犯罪,则由法院确定制裁。① 在巴西,刑事和行政执法也是完全分开的,并规定了行政罚款由竞争主管机构之一的经济防御管理委员会(Administrative Council for Economic Defense,CADE)决定,刑事处罚(包括刑事罚金)由法院决定。在匈牙利,自 2005 年 9 月以来,该法预见了对某些类型的核心卡特尔(公共采购和特许经营程序)实施刑事制裁的可能性,从而有可能使匈牙利也被归入这一类别。在爱尔兰,竞争管理局主要负责调查卡特尔的实施情况。关于制裁,爱尔兰竞争管理局可建议检察长对违反竞争法的企业和个人提起诉讼。检察长对在国内犯下的罪行拥有唯一起诉权。最后的决定完全由法院作出。墨西哥基本相似。类似行政审判的程序是在联邦经济竞争委员会执行的,该委员会征收行政罚款。

2.4 罚款在制裁卡特尔“武器库”中的地位

将罚款作为制裁卡特尔的唯一方式或众多方式之一,可能会对罚款数额的确定产生重要影响。如果罚款是唯一的制裁方式,则其必须承担实现威慑的全部功能,并可能要比那些运用多项制裁措施的司法辖区的罚款更高。

表 C 制裁范围

	司法辖区
1a. 行政罚款	澳大利亚、奥地利、巴西、保加利亚、哥伦比亚、萨尔瓦多、欧盟、芬兰、德国、希腊、匈牙利、以色列、意大利、日本、韩国、立陶宛、马来西亚、墨西哥、荷兰、挪威、波兰、俄罗斯、新加坡、南非、西班牙、瑞典、土耳其、赞比亚
1b. 刑事罚金	澳大利亚、巴西、加拿大、爱沙尼亚、希腊、匈牙利、爱尔兰、以色列、日本、韩国、墨西哥、挪威、瑞士、美国
1c. 仅罚款	保加利亚、欧盟、意大利、马来西亚、荷兰、新加坡、瑞士、土耳其

① 事实上,日本和韩国规定了两种行政制裁(行政排除措施和课征金)和两种刑事制裁(监禁和罚金)。

续表

	司法辖区
2. 对个人的行政罚款	巴西、德国、希腊、立陶宛、墨西哥、荷兰
3. 对个人的刑事监禁	澳大利亚、奥地利、巴西、加拿大、哥伦比亚、爱沙尼亚、德国①、希腊、匈牙利②、爱尔兰、以色列、日本、韩国、墨西哥、波兰、俄罗斯、南非、美国、赞比亚
4. 取消个人任职资格	澳大利亚、巴西、爱尔兰、以色列、立陶宛、墨西哥、俄罗斯、瑞典
5. 排除在招标之外	巴西、哥伦比亚、萨尔瓦多、芬兰、德国、希腊、匈牙利、日本、韩国、墨西哥、挪威、波兰、西班牙、瑞典、美国
6. 组合式③	澳大利亚、奥地利、巴西、加拿大、哥伦比亚、萨尔瓦多、爱沙尼亚、芬兰、德国、希腊、匈牙利、爱尔兰、以色列、日本、韩国、立陶宛、墨西哥、挪威、波兰、俄罗斯、南非、西班牙、瑞典、美国、赞比亚
7. 民事损害赔偿诉讼	澳大利亚、巴西、加拿大、哥伦比亚、欧盟④、德国、匈牙利、墨西哥、荷兰、美国

在对调查作出答复的所有机构中，罚款都可作为一种制裁方式；不存在有其他制裁方式但没有罚款的情况。在作出答复的33个司法辖区中，约有1/4（保加利亚、欧盟委员会、意大利、马来西亚、荷兰、新加坡、瑞士和土耳其等8个机构）表示，罚款（对公司和/或个人）是它们唯一可以采取的制裁措施。最高罚款的限额为10%。

---

① 只有在操纵投标的案件中，检察官才能在刑事诉讼中要求对有关管理人员进行监禁或金钱制裁。

② 只有在操纵投标案件中。

③ “组合”是指罚款不是唯一的制裁，而是与其他制裁结合的。在某些司法辖区，竞争主管机构可能会施加罚款以外的制裁，而在其他司法辖区，除罚款以外的其他制裁是由其他机构（如公共采购机构或刑事法院）施加的。

④ Directive 2014/104/EU of the European Parliament and of the Council of 26 November 2014 on Certain Rules Governing Actions for Damages under National law for Infringements of the Competition Law Provisions of the Member States and of the European Union; OJ L 349, 5 December 2014. 该指令必须在2016年12月27日之前纳入国家法律。其第3条“获得充分赔偿的权利”规定，“成员国应确保因违反竞争法而遭受损害的任何自然人或法人能够就这种损害提出索赔并获得充分赔偿”。

在巴西，罚款上限可能更高。根据巴西的罚款政策，CADE可对参与卡特尔的公司进行制裁，罚款限额为调查程序启动前一财政年度公司营业额的0.1%～20%，对公司违法行为负有责任的管理者个人，可另处公司罚款额1%～20%的罚款。不从事商业活动的其他个人或公共和私营实体可能被罚款50,000～20亿雷亚尔（14,900～5.95亿美元）。在萨尔瓦多，最高罚款的确定是一个复杂的过程。竞争监管局最高可处以违法企业年销售额6%的罚款，或前一财政年度资产价值6%的罚款，或至少相当于前一财政年度反竞争行为可能利润的2～10倍的罚款，取以上最高者为罚款上限。

在以下司法辖区可以刑事监禁参与卡特尔的个人：澳大利亚、奥地利（仅限于操纵投标）、巴西、加拿大、哥伦比亚（仅限于操纵投标）、德国（仅限于操纵投标）、爱沙尼亚、希腊、匈牙利（仅限于操纵投标）、爱尔兰、以色列、日本、韩国、墨西哥、波兰（仅限于操纵投标）、俄罗斯、南非、美国和赞比亚。然而，在上述的一些司法辖区，监禁刑罚从未实施过。

在将监禁作为制裁方式或者能够监禁个人一段时间的司法辖区中，实行这种制裁的主要目的是通过引起公司管理者对参与卡特尔造成极端后果的重视程度，从而增强有效威慑。① 一般而言，对公司罚款主要影响的是那些不参与公司日常经营管理的股东，但其对公司管理者经营行为的影响仍然有限。

另外，欧盟委员会认为，可以通过金钱制裁实现有效威慑，但只有在制裁足够严厉的情况下才能达到预期效果，特别是针对重复违法的行为。② 这在欧盟委员会的罚款计算中得以应证。欧盟曾作出的最高卡特尔罚款为10亿欧元（2016年"卡车制造商垄断案"中的戴姆勒公司）。③ 但应指出的是，同时将刑事监禁作为制裁措施的美国，其在花旗集团卡特尔案件中作出了9.25亿美元的罚金的决定。其他司法辖区的最高卡特尔罚款相对较低。④

虽然罚款和监禁是广泛适用的制裁措施，但在不同的司法辖区也存在其他

---

① 对卡特尔犯罪的刑期有很大的不同，从最多3年（如在奥地利、爱沙尼亚、韩国、波兰）到最多5年（如在巴西、希腊、匈牙利、爱尔兰、日本、赞比亚）到最多12年（哥伦比亚）。在加拿大，监禁的最长时间可能是14年。

② 欧盟委员会2006年的罚款指南允许对重复违法增加100%的罚款。

③ 详见欧盟委员会卡特尔统计页面，http://ec.europa.eu/competition/cartels/statistics/statistics.pdf。

④ 例如，在加拿大：4800万加元（约合3200万美元），日本：130亿日元（约合9200万美元），韩国：1990亿韩元（约合1.14亿美元）。

各种各样的制裁措施。日本和韩国的制度区分了课征金和罚金，前者是一种行政制裁行为，后者是一种刑事制裁行为。在同一卡特尔案件中，可对同一家公司同时征收课征金和罚金。

在作出答复的8个司法辖区（澳大利亚、巴西、爱尔兰、以色列、立陶宛、墨西哥、俄罗斯和瑞典），代表公司行事的个人也可能被取消资格。①

在15个司法辖区，有关公共采购的法规允许采购方将那些参与反竞争协议的投标人排除在外（巴西、哥伦比亚②、萨尔瓦多、芬兰、德国、希腊、匈牙利、日本、韩国、墨西哥、挪威、波兰、西班牙、瑞典和美国）。通常情况下，竞争主管机构不参与该程序，但是公共采购合同管理部门可以下令实施此类排除措施（如在德国）。在日本，虽然没有关于取消卡特尔企业参加正式投标/公开招标资格的规定，但大多数国家部门和地方政府都有自己的规则，比如取消违反《禁止垄断法》的主体参加正式投标/公开招标的资格。在匈牙利，根据匈牙利公共采购法，采购方的这种排除行为是强制性的。

在澳大利亚，除了罚款和监禁外，法院还可以决定其他形式的制裁，例如，禁令、声明、社区服务、缓刑令、不利的宣传令、执行合规计划以及取消管理者的任职资格。

此外，卡特尔受害方（根据民法）提起的民事损害赔偿诉讼也可能适用（尽管该诉讼能否被视为制裁仍有争议），也可以在竞争主管机构执行程序中或在民事诉讼中单独索赔其金钱损失。要想成功得到赔偿，原告必须能证明所遭受的损害及其与卡特尔的因果关系，但通常并不容易。私人诉讼主要出现在巴西、加拿大、哥伦比亚、德国、荷兰和美国。然而，应当指出，无论对调查表作出何种答复，到2016年12月27日，所有欧盟成员国都必须执行《2014年11月26日欧洲议会和理事会关于根据国家法律就违反成员国和欧盟竞争法规定的行为提起诉讼的若干规则的第2014/104/号指令》。将该指令的规定纳入欧盟成员国的国家法律意味着，从2016年12月28日起，在欧盟成员国私人执行竞争法（至少是欧盟竞争法的规定）应该比过去更加容易（主要指成员国内，因为损害赔偿诉讼是在成员国而不是欧洲法院提起的）。③

---

① 取消资格的时间长短不一，如在以色列和立陶宛可能为5年。

② 在哥伦比亚，取消采购资格（长达8年）的诉讼程序只适用于刑事诉讼中的操纵投标案件。

③ 截至2017年1月31日，28个欧盟成员国中有21个没有将该指令纳入国家法律。

3. 制裁对象和透明度

在讨论确定罚款的程序和方法之前,本章还涉及两个相关问题,罚款所针对的实体(罚款对象)和透明度问题,即执法机构公开提供了多少关于罚款是如何确定的信息,以及在具体案件中是如何确定的。

3.1　制裁对象

不同司法辖区对实施卡特尔行为的违法性质认定和制裁措施种类存在差异,无论是刑事的还是行政的,一部分原因可归结于执行制度本身的差异。然而,在同一种执行制度中,也可以看到主管机构可能对不同对象施加强制措施的差异。本报告所涉及的所有制度普遍采取的做法是对参与违法协议的企业实行制裁——主要是罚款;换言之,对直接参与卡特尔协议或有相关联系的企业实行制裁。大多数司法辖区的竞争法为竞争主管机构或法院提供了对卡特尔企业处以罚款或其他金钱制裁的依据。

但是,受罚款处罚的主体,以及下文所用"企业"一词的含义,在不同司法辖区有所不同,从公司团体或单个公司,到彼此有关联或相互联系的一组公司。

例如,在欧盟,一个企业可以包括几个不同的法律主体,这些主体由于其结构和合同联系而在特定市场上作为一个单一的经济体运作。这一定义的推论是,在卡特尔案件中确认违法时,属于同一企业的若干法律主体可能对违法行为承担责任。例如,就集团而言,如果母公司有能力决定子公司所推行的商业政策,即该子公司没有独立决定其在市场上的行为,则母公司可对子公司的行为承担连带责任。超过半数答复的司法辖区,包括澳大利亚、奥地利、巴西、保加利亚、哥伦比亚、欧盟、芬兰、希腊、意大利、立陶宛、马来西亚、墨西哥、荷兰、挪威、俄罗斯、西班牙、瑞典、瑞士和土耳其,尽管有不同的解释和适用方式,但都采用了上述方法。①

对欧盟而言,这种做法的第一个后果是,调查卡特尔时必须侧重于该集团内部的具体结构。根据欧盟法律,一家持有另一家公司100%(或非常接近100%)股份的公司,被推定应对其子公司在市场上的行为负责。推定前者控制

---

①　在德国,采用这种方法是目前政府修订《德国反限制竞争法》草案——德国竞争法制度的一部分。

后者(根据判例法:能够行使或对子公司的商业政策施加决定性影响)。这种推定可以被反驳,但公司应当提供相关证据。在查明该公司实施了卡特尔之后,欧洲委员会可能还需要确定谁是它们的法律或经济承继人,如一个公司已经解散、破产,或被另一个公司集团收购。

对企业概念采取这种解释的第二个后果是,任何法定最高罚款限额都适用于整个集团,而不是个别公司。就欧盟而言,罚款(在申请宽大处理之前)不得超过企业营业额的10%,在这种情况下,罚款意味着整个集团的营业额。这样就避免了大集团(故意)通过一个非常小的子公司参与卡特尔,从而使法定最高罚款限额降至最低的可能性。

在半数作出答复的司法辖区,执法机构或法院也可以对实施违法行为的行业协会处以罚款。例如,奥地利、巴西、保加利亚、加拿大、萨尔瓦多、爱沙尼亚、欧盟、芬兰、希腊、匈牙利、意大利、韩国、墨西哥、挪威、俄罗斯、新加坡、瑞士和土耳其。①

然而,在一些司法辖区,执法机构或法院除了对企业和行业协会处以罚款外,还可以对自然人,即对实施违法行为的具体个人处以罚款。这些制度背后的逻辑是,仅仅对企业实施制裁不能确保充分的威慑。

企业不可避免地会通过具体的自然人(个人)参与卡特尔。因此,对个人实施制裁可以作为对公司/集团罚款的补充,并能加强威慑。

为此,一些司法辖区为其主管当局提供了对参与卡特尔的自然人处以罚款的可能性。澳大利亚、巴西、保加利亚、加拿大、哥伦比亚、爱沙尼亚、芬兰(对违反程序的行为只能处以罚款)、德国、希腊、爱尔兰、以色列、日本、韩国、立陶宛、墨西哥、荷兰、挪威、波兰、俄罗斯、西班牙、瑞士、土耳其、美国和赞比亚都采用了这种做法。

在瑞士,如果特定的个人通过参与经济过程控制着被调查公司之外的公司,则可以对他们进行金钱制裁(从未发生过这种案例)。

在土耳其,可以对被发现的企业或企业协会的违法行为产生决定性影响的行政人员或员工处以罚款,数额最高可达对企业或企业协会罚款额的5%。

3.2 透明度

透明度问题不仅涉及良好的执法和信息公开,还涉及其他因素,例如,制裁

---

① 参见下文第4.3部分。

的可预测性与威慑之间的关系。

根据“法无明文规定不为罪”的原则,行为要被视为犯罪/违法,必须有明确的法律规定,并对实施行为的主体规定具体的惩罚。在卡特尔案件中,实施惩罚措施将影响对卡特尔行为的威慑。如果一家公司能够事先确定对任何特定卡特尔行为的罚款数额,它就可以对是否参与卡特尔作出合理的决定。

在一个相当简单的成本—收益分析中,公司及其管理者可以决定在什么情况或条件下加入卡特尔或继续实施卡特尔具有经济合理性。

如果企业高管认为从事卡特尔的潜在成本超过预期收益,他们将不敢实施卡特尔行为。巴西、加拿大、欧盟和美国认为,当存在严厉的制裁措施,加之违法行为被发现的巨大恐惧,即可实现最优威慑。在这些司法辖区内,若有足够严厉的制裁措施,罚款的确定程度越高,公司及其管理者参与卡特尔行为的可能性就越小。反过来,这种行为发生后自我报告的可能性更大,因为他们对自己可能受到的惩罚很容易预测。

其他司法辖区采取的做法是,罚款确定过程存在一定程度的不确定性(或不透明),这种做法可能会妨碍公司合理决策的过程,从而使这种决定更难以预测。

当然,这种做法的一个缺点在于,无论适用的情况如何,必须在法庭批准执法机构的罚款建议或审查执法机构的罚款决定之前证明这种不确定性(也称自由裁量权)是有正当理由的。因此,行政机关确定罚款的自由裁量权越小,被罚款的企业或个人就罚款数额提起诉讼的可能就越低。

在如何确定罚款方面具有不确定性的司法辖区,执法人员也可能面临公众对其罚款制度的主观或任意批评。

调查问卷涉及两方面的透明度:整体透明度(关于确定罚款的一般程序)和具体透明度(关于个别案件)。

3.2.1 确定罚款方法的整体透明度

调查问卷询问各执法机构是否有任何公开文件解释其确定罚款的方法或其管辖范围内公众可查阅的指南。如果答复是否定的,则要求竞争主管机构说明是否还有其他公共信息来源。

在一些司法辖区,如果法院可以决定罚款(这可能取决于案件类型:刑事案件或行政案件),则没有制定向公众提供罚款的指南或方法。例如,奥地利、爱尔兰和爱沙尼亚。

另外,芬兰、南非、瑞典和美国都有这样的指南。在美国,法院判处罚金时,可以依据美国《联邦量刑指南》为联邦法院中被定罪的被告的量刑提供指导,包括那些被判反托拉斯罪的被告。在没有量刑指南的情况下,加拿大的量刑依据是《竞争法》、《判例法》和《刑法》;为弥补这一缺陷,《宽大处理方案公报》和《宽大处理常见问题解答》等相关程序也已发布。在奥地利,判决依据的是《竞争法》,此外,竞争主管机构遵循的是欧盟委员会罚款指南规定的方法。在澳大利亚,一系列的普通法判例为司法机关确定适当的罚款提供了指导。

在一些司法辖区①,即使罚款是由行政机关确定的,也没有可用的指南。在这种情况下,执法机构可作出的罚款数额有法律限制(如俄罗斯)。

在日本,《反垄断法》和《内阁令》(Cabinet Order)都规定了确定罚款的标准,公众可以查阅。因此,指南并不是必要的。

在萨尔瓦多,竞争法规定了罚款的内容,并在网站上公布。

在墨西哥,《联邦经济竞争法》规定了罚款时应考虑的因素,但没有关于罚款方法的指南或解释。在瑞士,罚款制度源于《关于卡特尔和其他竞争限制的联邦法案》。其规定了罚款的方法和一般裁量基准,而关于罚款条例的说明(由竞争主管机构规定)进一步扩展了该方法和标准。

在其他12个司法辖区,执法机构制定并公布了罚款指南,分别是:保加利亚、欧盟、德国、希腊、匈牙利、意大利、韩国、马来西亚、荷兰、波兰、新加坡和西班牙。② 近几年,匈牙利(2012年)和荷兰(2014年)也公布了罚款指南。赞比亚正在起草指南。

欧盟委员会在1998年首次发布了《关于确定与反竞争行为有关的罚款指南》③,并于2006年修订。④ 2006年修订后的指南中也提到,制定1998年指南的目的是确保欧盟委员会罚款决定的透明度和公正性。⑤ 这必须与取得足够威慑效果的目标结合起来,不仅是为了制裁有关企业(具体威慑),而且也是为了阻止其他企业从事或继续从事违反第101条和第102条的行为(一般威慑)。

该指南旨在限制欧盟委员会的自由裁量权,否则(相关机构在做出决定时)

---

① 哥伦比亚、萨尔瓦多、日本、墨西哥、挪威、俄罗斯、瑞士和土耳其。

② 在西班牙,最高法院在2015年1月29日的裁决中废除了这些指南。

③ Guidelines on the method of Setting Fines Imposed Pursuant to Article 15(2) of Regulation No. 17 and Article65(5) of the ECSC Treaty, Official Journal C 9, 14.01.98, page 3.

④ Guidelines on the method of Setting Fines Imposed Pursuant to Article 23(2)(a) of Regulation No. 1/2003, Official Journal C 210, 1.9.2006, page 2.

⑤ See paragraph 1 of the 1998 Fines Guidelines and paragraph 3 of the 2006 Fines Guidelines.

只考虑行为的严重性和持续时间,以及企业全球年营业额10%的法定最高限额。根据欧洲法院的判例法,“罚款指南的真实作用是在遵守更高等级法律的同时,为委员会行使其罚款酌处权提供适用标准”。[①] 事实上,欧盟委员会在确定罚款时有义务考虑该指南。

虽然匈牙利《竞争法》规定了计算罚款的一些原则,但竞争主管机构根据这些原则,制定并公布了更为详细的罚款指南(公告)。

总体而言,超过半数答复的司法辖区,包括18个司法辖区(6个可由法院判处罚款的司法辖区,以及12个由行政机关决定罚款的司法辖区),均有公开的罚款指南。

3.2.2 个别案件的具体透明度

关于具体的卡特尔案件,调查问卷询问:确定最终罚款数额的实际理由是否在其司法辖区内得到解释或公布。公布对违反实质性反托拉斯条款的企业实施金钱制裁的决定,有助于阻止任何其他潜在的违法者从事类似的反竞争行为。

除一个司法辖区外,其他所有司法辖区都公布了罚款理由。在爱尔兰,不得公布罚款理由,因为罚款是由法院决定的,只有法院可以酌情下令或允许公布判决记录。

在其他公布罚款决定的32个司法辖区中,罚款数额背后的推理和确定罚款数额的程序各不相同。在16个司法辖区[②],还公布了包括确定最终罚款数额的方法。

在韩国,罚款计算过程详细记录在韩国公平交易委员会的最终报告中,该报告向公众开放。

在匈牙利,罚款决定的理由概括了最重要的事实和方法,进而得出最终罚款数额。

同样在日本,公平交易委员会的裁决解释并公布了罚款数额的依据。

在美国,法院须在判刑时在法庭公开陈述判刑理由。

在加拿大,包括判决在内的法院诉讼程序,一般是向公众开放的。此外,加

---

① Court of First Instance, judgment of 15 March 2006, case T-26/02, Daiichi Pharmaceutical Co. Ltd./. Commission of the European Communities, paragraph 49.

② 澳大利亚、保加利亚、萨尔瓦多、欧盟、希腊、匈牙利、意大利、韩国、立陶宛、波兰、西班牙、瑞典、瑞士、土耳其、美国和赞比亚。

拿大法官必须提供判决理由,并将这些理由记入庭审记录。该记录一般向公众开放。

在土耳其,竞争委员会的决定需要解释存在故意、过失的严重程度以及受处罚企业的市场力量。其决定还列举了从重和从轻处罚的因素。

在意大利和欧盟,所有的罚款决定都包含计算罚款的理由。在欧盟和意大利,这是必要的,因为上诉机构有充分的管辖权来审查罚款。换句话说,法院可以接受或拒绝执法机构为证明确定罚款所包括的所有要素的正当性的动机。除了法院的审查外,委员会的裁决一般也在欧盟竞争委员会的网站上公布全文(不包括机密信息)和案件摘要,包括对罚款决定的简短解释,并在《欧洲共同体官方公报》上公布。

4. 罚款的计算基础

4.1 对企业处以罚款

4.1.1 公司营业额概念

“公司营业额”的概念在这里主要是作为罚款计算的基础。许多司法辖区还可以将其作为一般裁量因素,考虑进一步威慑而增加罚款,或作为最高罚款数额的计算基础(将在第七章讨论)。

关于对公司的罚款,除了一些例外情况,一些执法机构援引的作为确定卡特尔案件中罚款数额的依据的明显措施与公司营业额的概念有关。[①] 虽然听起来很熟悉,但公司的营业额并不是一个非常明确的概念,对该术语的解释因辖区而异。还有一些更狭义的界定方式,例如,它是指与违法行为所涉产品相关的营业额,或是指该公司在当前司法辖区的总营业额,甚至是违法者所属集团的全球营业额。执法机构使用的其他相关概念包括与违法相关的销售价值(如欧盟),或受影响的贸易量(如美国和加拿大)。确定罚款的起点金额通常是销售额的一个百分比。选择何种百分比的基本原理,通常是其代表了卡特尔成员获得的超额利润。

4.1.2 总营业额

一些问卷答复机构将企业的总营业额或全球营业额作为在卡特尔案件中

---

① 例外的是美国和加拿大,它们依据受影响的商业数量作为确定罚款的基础。

确定适当罚款数额的主要标准之一。

然而,总营业额的相关概念并不完全一致。在某些情况下,这将是违法者及其所属的公司集团在相关营业年度(违法行为的最后一年或发现违法行为的前一年)的全球营业额。[①] 在瑞士,虽然罚款主要与企业的营业额有关,但如果母公司控制其子公司并将其视为单一经济实体,则整个经济实体(母公司及其子公司)将被罚款。经济实体将根据所有(合法独立的)公司的累计营业额被罚款。

一些司法辖区对卡特尔案件中的罚款进行量化,方法是根据案件的具体情况在违法者总营额中选择一个百分比。[②] 例如,在巴西,考虑到违规行为的严重程度,罚款相当于有关企业在该国营业额的0.1% ~20%。在保加利亚,百分比的变化取决于违法的严重性:轻度违法最高可达5%,中度违法最高可达8%,重大违法最高可达10%。

在大多数司法辖区,罚款不以总营业额的百分比计算。正如将在第七章中进一步解释的那样,总营业额可用作事后检验罚款最终数额是否足够或合理的依据,因为在这些司法辖区,适用的罚款的法定上限是以总营业额的一个百分比来确定的。[③]

除了确定基础罚款之外,全球营业额还可用于更普遍的威慑目标(增加罚款)。实际上,一些执法机构明确指出可能会增加罚款额以反映特别高的全球营业额。例如,欧盟2006年罚款指南规定,"委员会特别关注并确保罚款具有充分的威慑效果。为了实现这个目的,对营业额特别大的企业,除了基于与违法行为有关的商品或服务的销售额计算罚款金额以外,还可以增加罚款金额"。[④] 在这种情况下,值得注意的是,欧盟考虑的全球营业额是整个集团的全球总营业额。这是对卡特尔中不同企业承担责任进行比较的一种尺度,也是对同一责任承担者进行比较的尺度,是涉案产品的重要性与该企业商业活动总量进行比较的尺度。德国竞争主管机构适用的罚款计算指南提出,"罚款超过潜

---

① 例如,欧盟、芬兰、意大利、马来西亚和挪威回答称,全球营业额的概念被用作一个因素。另见关于最低和最高罚款的第七章。

② 尤其是巴西、保加利亚和爱沙尼亚。

③ 奥地利、欧盟、萨尔瓦多、芬兰、希腊、匈牙利、爱尔兰、意大利、立陶宛、马来西亚、墨西哥、荷兰、挪威、新加坡、南非、西班牙、瑞典、土耳其和赞比亚都是如此。

④ Guidelines on the Method of Setting Fines Imposed Pursuant to Article 23(2)(a) of Regulation No. 1/2003, Official Journal C 210, 1.9.2006, page 2, paragraph 30.

在收益和危害的几倍可以用于威慑目的。公司规模越大，对惩罚的敏感度就越低。因此，即使在最坏的情况下，高于“违法行为获得的营业额”的罚款对于特定案件以及企业对惩罚的敏感性而言通常也并非合适”。①

4.1.3 相关营业额

在一些司法辖区，卡特尔案件中的金钱制裁直接关系到违法行为在相关市场上的销售价值。26 个作出答复的执法机构提到了相关营业额、受影响的销售额和/或受影响的商业价值等类似对应的概念。②

在欧盟，确定罚款的基础是与违法有关的商品或服务的销售价值。这是指违法企业在欧洲经济区相关地域市场内与卡特尔违法行为直接或间接有关的商品或服务的价值。违法行为所涉及的销售价值和违法行为持续时间的组合被认为提供了“反映违法行为对经济影响的严重程度以及每个企业在违法行为中的相对权重”的合适指标。③

在美国有相似但不完全相同的原则，即在确定基础罚金时会考虑违法者在整个违法期间的贸易量。美国《联邦量刑指南》④第 48 条规定，商业贸易额的 20% 应用于计算基础罚款额。为此，公司的贸易量是指该公司在受违法行为影响的货物或服务方面的贸易量。

其他机构认为，相关营业额可以大致表明卡特尔可能产生的收益。根据荷兰当局适用的 2014 年罚款政策规则第 2.3 ~ 5 条，“如果执法机构根据其掌握的信息认为，相关营业额不足以反映拟制裁的实际经济价值，则执法机构会考虑根据上述信息调整相关营业额”。加拿大竞争管理局提出，“参与宽大处理方案的申请者在向加拿大公诉机关提出量刑建议时，申请者在加拿大受影响的贸易额的 20% 是罚款起点。20% 的数字包括两个部分：10% 作为卡特尔活动的超高定价和其他违法行为造成经济损害的替代；另外 10% 是为了起到威慑作用，并确保罚款数额足够高，而不是仅仅代表许可费或业务成本”。

---

① Explanatory note on the Guidelines for the Setting of Fines in Cartel Administrative Offence Proceeding of 25 June 2013, page 3.

② 值得注意的是，澳大利亚、奥地利、巴西、保加利亚、加拿大、欧盟、芬兰、德国、希腊、匈牙利、爱尔兰、意大利、日本、韩国、立陶宛、马来西亚、荷兰、挪威、波兰、俄罗斯、新加坡、西班牙、瑞典、瑞士、土耳其和美国。

③ European Commission's Guidelines on the Method of Setting Fines, paragraph 6.

④ 美国《联邦量刑指南》为美国联邦法院系统中被定罪的被告制定了统一的量刑政策。指南是建议性的，但是判刑的法院需对指南所规定范围之外的判刑作出解释。

大多数机构的答复表明,罚款的量化不仅仅是根据受影响的销售额的数学计算结果,当局还要考虑各种因素,包括违法的重大/严重程度。[1] 这表明竞争主管机构保留了很大自由裁量余地,以便确定适当的罚款数额。在巴西,CADE的决定属于自由裁量行为,它有义务根据合理原则和比例原则实施处罚。在哥伦比亚,对违法者处以罚款需要考虑的因素包括市场行为的影响、相关市场的规模、违法者的行为所获得的收益、参与的程度等。芬兰指出,罚款数额应以全面评估为基础,在确定罚款数额时,应注意违法行为的性质和程度、严重性和持续时间。违法行为的严重程度可以具体反映在企业或企业协会参与违法行为的性质、重复违法、为终止违法行为可能采取的行动、违法行为的危害性以及违法所得等因素中。

4.2 对个人的罚款

大多数司法辖区可对参与卡特尔活动的个人实施行政或刑事的金钱制裁。[2]

在美国,受影响的贸易量不仅会影响对参与卡特尔的个人的罚金,而且还会作为对其判处徒刑的依据。可以根据贸易规模对《联邦量刑指南》中规定的犯罪基准进行调整(反托拉斯犯罪的基准为12,相当于10~16个月的监禁)。违法者雇用公司的业务量越大,犯罪基准的增幅就越大,因此根据《联邦量刑指南》规定的刑期也就越长。

然而,大多数答复机构提供的用于确定对个人罚款数额标准的信息很少,因此很难确定可能的共同趋势。

一般来说,一方面可以对参与卡特尔活动的任何自然人实施金钱制裁的情况进行区分,另一方面可以对对个人具体行为实施制裁的司法辖区进行区分。例如,荷兰当局可对在反垄断违法行为(包括卡特尔)方面发出指示或事实上行使领导权的自然人处以罚款。在瑞士,如果个人除了与调查有关的公司之外,还控制着另一家公司,也可以对其实施金钱制裁。巴西执法机构可以对直接或

---

① 包括澳大利亚、奥地利、巴西、保加利亚、加拿大、哥伦比亚、爱沙尼亚、欧盟、芬兰、德国、希腊、匈牙利、意大利、韩国、立陶宛、马来西亚、荷兰、挪威、波兰、新加坡、西班牙、瑞典、土耳其和美国。

② 这些国家包括澳大利亚、巴西、保加利亚、加拿大、哥伦比亚、爱沙尼亚、德国、希腊、爱尔兰、以色列、日本、韩国、立陶宛、墨西哥、荷兰、挪威、波兰、俄罗斯、新加坡、瑞士、土耳其、美国和赞比亚。

间接负责公司所涉卡特尔的管理人员处以行政罚款,罚款金额是对该企业罚款的1% ~20%不等。其他不从事商业活动的个人可能被罚款50,000 ~20亿雷亚尔。

此外,对参与卡特尔违法行为的个人的罚款可参照最高罚款额加以区分。虽然在加拿大,参与卡特尔活动的个人与企业面临相同的罚款,但在大多数情况下,对自然人实施的金钱制裁的确定方式不同,一些司法辖区明确规定对个人的罚款上限较低。

4.3 与行业协会有关的案件的罚款

如果违法者是一个企业协会,则该协会成员的营业额是某些司法辖区计算罚款的基础。[①] 在欧盟,“如果一个企业协会的违法行为与其成员的活动有关,销售价值一般相当于其成员销售价值的总和”。[②]

在其他司法辖区中,协会本身的营业额是罚款计算的基础。[③] 在意大利,协会的营业额被视为“其会员向协会支付的费用总额。”许多司法辖区答复说,如果协会没有自己的营业额,它们有替代的罚款计算基础或方法。例如,在巴西,对于不从事商业活动而无法使用营业额标准的商业协会,罚款将在50,000 ~20亿雷亚尔。在瑞典,如果该协会没有相关的营业额,则根据“整体评估”计算罚款。

一些司法辖区采用混合制度。[④] 在荷兰,成员或协会本身的营业额可以作为计算罚款的基础,这取决于成员直接参与违法的程度以及其营业额受协会协议影响的程度。该协会是否有独立于其成员的收入也可能是需要考虑的。

5. 基础罚款金额的确定

本章涵盖如何确定基础罚款金额的各种方法,包括决定罚款的因素、如何计算以及违法行为持续时间的相关性。此外,我们将讨论一些与卡特尔有关的复杂问题,包括零部件/临时产品和产品的间接销售。

---

① 特别是澳大利亚、欧盟、匈牙利、日本、马来西亚、挪威和西班牙。

② European Commission’s Guidelines on the Method of Setting Fines, paragraph 14.

③ 值得注意的是,巴西、保加利亚、爱沙尼亚、芬兰、德国、立陶宛、波兰、南非、瑞典和赞比亚。

④ 值得注意的是希腊、荷兰、新加坡和土耳其。

大多数司法辖区都熟悉基础罚款金额(Basic Amount)的概念,至少在适用于公司的罚款方面。① 然而,基础罚款金额的概念并非在所有司法辖区都普遍存在,有些司法辖区并没有任何特定的罚款计算方法(稍后将讨论)。

5.1　因素

总体而言,所有作出答复的机构都承认,罚款金额取决于违法行为的严重程度。人们似乎一致认为,核心卡特尔从本质上代表了最严重的反竞争行为。然而,更具体的因素也会起作用(通常影响到违法行为严重性的确定)。许多司法辖区列出了需要考虑的若干因素。

例如,在土耳其,在确定罚款时也考虑到企业的市场力量。

墨西哥考虑到所造成的损害、主观意图、违法企业的市场份额、受影响市场的规模(价值)、行为的持续时间、经济能力和违法者在调查和准司法程序中的合作程度。

在匈牙利,市场的特性(如是否具有竞争性)以及产品或消费者的特性(产品是否对消费者至关重要、某些特别脆弱的消费者群体是否受到影响、对其他市场是否有溢出效应)也会被考虑在内。

在评估基础罚款金额时,欧盟会考虑各种因素,例如,违法行为的性质、卡特尔涉及企业的全部市场份额、违法行为的地域范围以及违法行为是否实施。

5.2　如何计算

大多数执法机构将罚款金额按照罚款基础的一定百分比计算。正如第四章详细讨论的,计算罚款的基础有多种,例如,受影响的商业交易额/数量、有关产品/服务的销售额及全球/本国的营业额。至于百分比,在许多司法辖区内取决于行为的严重性(巴西、保加利亚、欧盟、希腊、意大利、立陶宛、荷兰、波兰和瑞典)。

例如,在欧盟,基础罚款的金额将与卡特尔销售额的比例有关,具体取决于违法的严重程度,再乘以违法的年限。可以将销售价值的比例设置在15% ~ 30%,具体取决于几个因素(如上所述)。每个企业的金额还将乘以其参与卡特尔的年数。此外,对于卡特尔案件,无论违法持续时间的长短,基础罚款金额还

---

① 本章将重点讨论对违反实质性竞争规则负有责任的公司适用的基础罚款金额的计算。对个人的罚款和程序性罚款(无论是否定期)通常根据不同的原则计算。

将增加“入门费”,即企业在违法行为的最后一年内卡特尔销售总值的15% ~ 25%,其目的在于威慑企业参与核心卡特尔。

在韩国,罚款(课征金)的基础金额是由与卡特尔相关的营业额乘以一定比率得出的。根据违法的严重程度,这些比率分为五档(0.5% ~3%,3% ~5%,5% ~7%,7% ~8%,8% ~10%)。根据各种因素(限制竞争的程度,参与者的市场份额等)对严重程度进行量化,每项因素都给定了数值,其总数表示严重的程度。当相关营业额难以计算时,则会根据违法严重程度确定一定数额作为基础罚款。

一些司法辖区在确定罚款基础时并未考虑违法的严重性。

在日本,课征金总和是根据卡特尔期间(最多3年)内受影响产品或服务的销售价值计算的。在卡特尔案中,将销售价值乘以10%即可确定课征金。这一算定率取决于公司的业务类型。企业的规模也很重要。实际上,如果企业出资额或正式员工人数很少,则算定率也会降低。

5.3 在没有基础罚款金额的情况下

在一些司法辖区,似乎不存在基础罚款金额的概念;罚款是根据某些相关因素确定的,这些因素可能没有具体的顺序,或者其中一些因素可能发挥更大的作用。

在萨尔瓦多,罚款的最高数额被定为工业部门城市最低月工资的5000倍。但是,如果违法行为被认为特别严重,竞争主管机构可以处以违法者每年销售额6%的罚款,或者上一财政年度资产价值6%的罚款,或者至少相当于估算利润的2 ~10倍的罚款,以这3项中的较高者为准。

马来西亚没有基础罚款金额的概念;相反,它在确定罚款金额时考虑了若干因素,罚款金额最高可以达到全球营业额的10%乘以违法年数。类似的方法也适用于澳大利亚和爱尔兰。

5.4 持续时间

在罚款的计算中,持续时间可以起到多种作用。一些执法机构认为这与罚款的计算有关,而另一些执法机构(如爱沙尼亚)则不这样认为。

10 个执法机构认为①,在计算基础罚款金额时,应考虑受影响商业的营业额或数量的持续时间。例如,在美国,考虑到的受影响贸易量涵盖了违法行为的整个持续时间。

7 个执法机构②根据违法行为的相对时间长度,将持续时间作为从轻或从重处罚的情节。

8 个执法机构③在计算罚款金额时,把违法行为的持续时间作为乘数。他们把基础罚款金额乘以一个百分比或一个系数。例如,在欧盟,基础罚款金额是根据违法行为的最后一年计算的,随后再乘以违法行为的年数。

另外 6 个执法机构④也提到违法行为持续时间在计算罚款时的重要性。

5.5 间接销售和转化产品

在罚款计算的基础是公司在相关市场上销售额的一定比例的情况下,如果就专属产品(公司用于生产下游产品的原料等)形成卡特尔,销售的概念就可能产生疑问;即这种销售是否应限于专属产品的直接销售,还是也可能包括下游产品的销售。我们提出以下问题:当卡特尔成员也改造卡特尔所涉产品并销售改造后的产品(即使不是卡特尔所涉产品)时,卡特尔所涉产品的销售价值是否已计算在内?

巴西、萨尔瓦多(公司销售总额应作为计算依据)、立陶宛(视案情而定)和土耳其(竞争主管机构决定是否使用直接或间接销售额)答复说,可以考虑转化产品的销售。

许多其他司法辖区⑤答复说,在所有或大多数情况下,只有直接销售卡特尔所涉产品才应作为罚款的依据。

在这方面,欧盟委员会答复说,虽然委员会将考虑到卡特尔所涉产品的直接销售,但如果事先没有在企业以外销售卡特尔所涉产品,它们也将考虑到卡特尔所涉产品在转化产品销售中的价值。

---

① 加拿大、希腊、匈牙利、日本、韩国、墨西哥(估计造成的伤害)、荷兰、土耳其、美国和赞比亚。

② 奥地利、加拿大、德国、芬兰、以色列、俄罗斯和南非。

③ 保加利亚、欧盟、意大利、立陶宛、挪威、波兰、新加坡和瑞典。

④ 澳大利亚、巴西、萨尔瓦多、爱尔兰、马来西亚和西班牙。

⑤ 澳大利亚、奥地利、加拿大、欧盟、日本、韩国、马来西亚、荷兰、俄罗斯、新加坡、南非和西班牙。

当交易涉及公司的子公司和附属公司时,也可以看到类似的情况。我们询问,如果A公司将卡特尔所涉产品卖给同一总公司旗下的另一家公司B,它转换并在市场上销售,将如何罚款。

一些司法辖区答复说,它们没有类似的先例,另一些司法辖区则提供了下列各种答复:欧盟委员会和墨西哥答复说,在确定对A的罚款时可以考虑B公司的销售情况,墨西哥进一步解释说,根据"利益集团"理论,如果B公司与A公司有直接或间接的联系,这就意味着它们为了同样的经济目标而采取行动,那么,A公司和B公司就可以被视为一个经济体,其同样会给最终消费者造成损害。

另外,保加利亚、日本、新加坡和西班牙①表示,它们不会考虑B公司的销售额以确定对A的罚款。

美国没有明确地归入上述两类中的任何一类。美国答复说,如果B公司销售的不同产品由于固定价格对美国商业产生了特别不利的影响,那么在确定A公司的罚款时可能会考虑到这种影响,或者被法院视为从重处罚的因素。

5.6 零部件和中间产品的卡特尔

继上一节的讨论之后,如果卡特尔涉及零部件或其他中间产品,特别是涉及国际贸易,罚款的计算可能是一项复杂的任务。为分析这一问题,我们提出了以下假设:

关于由外国公司组成的卡特尔,在下列情况下是否在贵国管辖范围内处以罚款?如果是,哪一笔销售额是计算罚款的基础?

a)在你的司法辖区内,卡特尔参与者出售组成卡特尔的部件A,然后在你的辖区内将部件A组装成最终产品B,全部或大部分产品B出口到其他司法辖区销售。

b)卡特尔参与者在其他司法辖区出售A部件,然后在其他司法辖区将A部件组装成最终产品B,而B产品进口并在贵辖区销售。

在回答问题a)时,澳大利亚、保加利亚、加拿大、欧盟、德国、匈牙利、日本、韩国、马来西亚、荷兰、西班牙和美国回答说,它们的司法辖区可以根据产品A的销售情况处以罚款。另外,墨西哥和新加坡的回答是否定的。

---

① 西班牙指出,在确定对A公司的罚款时,B公司销售最终产品的情况没有考虑在内,但罚款的依据将包括集团的营业额,而不仅仅是A公司的营业额。

在回答问题b)时,欧盟、墨西哥、荷兰和新加坡回答说,他们可以处以罚款。此外,芬兰答复说,在这种情况下,它们可能会提议对零部件卡特尔征收罚款。欧盟委员会和荷兰解释说,A的销售额包含于B的销售额中,应当将其作为罚款的基础。墨西哥解释说,对反垄断损害的量化只要求至少有一种产品在墨西哥销售。

美国答复称,竞争执法机构已成功地主张将一家公司在海外销售的固定价格零部件纳入一家公司受影响的商业数量,这些零部件被纳入在海外销售的成品,或在美国销售或交付给美国。

澳大利亚、保加利亚、加拿大(除某些例外情况外)、芬兰、日本、马来西亚和西班牙给出了否定的答复。

6.从重和从轻因素

在前一章中,我们已经讨论了一般有助于确定基础罚款金额的主要因素,无论这一概念是否被实际使用。以同样的方式,本章将集中讨论用于调整基础罚款金额的因素。

33个作出答复的执法机构中有18个制定了相关指南,详细说明了这些调整因素的应用。其他辖区的制度则会根据判决惯例和判例法制定适用原则(在爱尔兰,控告方有明确的义务使法院了解可能导致从重或从轻判决的因素)。

6.1　从重因素

6.1.1　持续时间

关于长/短持续时间可能产生从轻或从重的影响,请参阅上文第5.4节。

6.1.2　重复违法

几乎在所有司法辖区,重复违法(惯犯)都面临从重处罚,尽管执法机构和司法辖区的做法各不相同。

在一些司法辖区,对作出重复违法的裁定会有相关限制。举例来说,在日本,类似的行为必须是在过去的10年之内。在美国,此前类似的违法行为也必须在过去10年内发生。

欧盟没有这样的限制。欧盟成员国有权而且有时必须同时适用欧盟和国内竞争法,在评估惯犯时可以考虑到欧盟其他竞争主管机构(包括欧盟委员会)

以前发现的违反欧盟竞争法的情况。[①] 匈牙利的制度认为,即使属于同一集团的其他种类的违法行为,也属于重复违法。

关于重复违法的从重效果,最常见的办法是增加罚款的百分比,或可以使用某种乘数(巴西和匈牙利的情况一般为2倍或最多为2倍)。在墨西哥,联邦经济竞争委员会可以将罚款金额提高一倍,还可以下令剥离相关经济行为人的资产。在日本,法律规定课征金的计算应增加50%。

6.1.3 企业在违法中的作用

33个作出答复的机构中有28个认为领导者角色是从重处罚的因素。在波兰,对于作为限制竞争协议的领导者或发起者或促使其他企业参加协议的企业,罚款可能会从重。

6.1.4 拒绝合作——妨碍调查[②]

调查问卷询问在从重和从轻罚款数额方面如何考虑违法者的合作。一共有28种计算方法以不同的方式考虑该因素。

17个罚款计算制度针对拒绝合作会增加罚款。有趣的是,在荷兰,ACM会被允许对拒绝合作的人处以单独的罚款,罚款金额最高可达90万欧元或违法者年营业额总额的1%,以金额大者为准。

妨碍调查导致在18个罚款制度中的罚款水平增加。在意大利,妨碍调查可能导致增加15%的罚款。

6.1.5 企业规模

在33个答复的执法机构中,有14个认为企业的规模是从重处罚的因素。如果违法者在全球总营业额与违法行为有关的服务或产品的销售价值相比特别高,或者属于具有重大经济意义的公司集团,意大利竞争执法机构可将罚款金额提高至50%。瑞典竞争执法机构认为,企业的营业额是一个从重处罚的因素。此外,如果企业规模需要调整罚款数额以取得必要的威慑效果,瑞典竞争主管机构可以增加罚款。

6.1.6 有关人员的级别

33个答复机构中有9个将所涉人员的级别列为从重处罚的因素。在马来

---

① Paragraph 28 of the 2006 fining guidelines of the European Commission。该指南允许对重复违法增加100%的罚款。

② 卡特尔工作组的一般框架小组已经审查了妨碍调查的问题(See the report under: http://www.internationalcompetitionnetwork.org/media/library/conference_5th_capetown_2006/pdf)。

西亚，如果违法行为涉及董事会成员或高级管理人员，将处以更高的罚款。

6.1.7　其他因素

在“其他”类别中还提到了各种各样的因素：

■ 一些司法辖区可能基于实现必要的“威慑力”而从重罚款。

■ 一些司法辖区将违法行为的严重性视为从重处罚的因素。

■ 违法企业对其他卡特尔成员实施报复的，欧盟、韩国、瑞士竞争执法机构可以增加罚款。

■ 在意大利和瑞士，反竞争行为的违法所得被纳入考虑范围。

■ 挪威考虑该企业所属公司集团的财务状况。

6.2　从轻因素

6.2.1　有效合作

最广为接受的从轻因素是违法者是否表现出合作意愿。26 个不同司法辖区的罚款政策以不同形式考虑了该因素。在美国的答复中，“向政府报告罪行并配合调查”可以作为从轻情节，“这可以减少因合作确立的罚款范围”。同样，“法院可根据在调查或起诉他人方面提供的大量协助，减少对个人的监禁和罚金范围，并减少对公司的罚金范围”。

6.2.2　立即终止违法行为

在 18 个司法辖区，立即终止违法行为可减少罚款。然而，在日本，为获取该优待，违法者必须在调查开始之日前一个月停止其违法活动，且违法行为的持续时间必须少于两年。根据瑞士指南，终止应在“执法机构第一次干预之后（在开始调查之前）”进行。在欧盟的实践中，该因素仅会导致某些类型的竞争违法行为的罚款减轻，但在卡特尔案件中不适用。

6.2.3　有限参与

在 21 个司法辖区，有限度地参与卡特尔或在违法中扮演次要角色是从轻处罚的情节。土耳其提到将“其他企业的胁迫”作为从轻处罚的情节。在美国，确定罚金数额时可以考虑公司在犯罪中的作用。

6.2.4　国家行动抗辩

在 33 个答复机构中，有 10 个考虑到存在国家行动抗辩，例如，国家监管不当，可能降低最终罚款额。土耳其在答复中提到“存在公共当局的鼓励”。欧盟委员会也同样认为某一企业的非法行为已得到公共当局或法律的授权或鼓励这一事实可作为从轻处罚的情节。①

6.2.5 过失

6个主管机构回答说,过失可以被认为是一个从轻处罚的因素。然而,其中一些国家指出或表示,事实上,这并不是一个有效的从轻情节,因为很难想象一家企业不知道其卡特尔行为是违法的。欧盟委员会的答复还提到,在某种竞争违法行为中存在这种可能性,但在卡特尔案件中却没有,尽管在罚款指南中将其列为一个可能的从轻处罚因素。②

6.2.6 公司的反垄断合规计划

33个答复当局中有9个考虑到公司的反垄断合规计划。在新加坡,在考虑给予合规方案多少从轻影响时,执法机构将考虑各种情况,例如,适当的合规政策和程序、高级管理层的支持和承诺、积极执行方案和对各级员工的持续培训,以及定期评价和审查合规方案。

6.2.7 由于其他竞争执法机构对跨国卡特尔处以罚款而作出的调整

在其他竞争执法机构对跨国卡特尔行为处以罚款时,似乎很少有竞争执法机构调整罚款。在巴西,其他竞争执法机构的罚款也被考虑在内。如果对巴西的潜在影响被其他司法辖区的制裁所吸收,执法机构可以结案,或选择不立案。在欧盟,如果成员国竞争执法机构有可能针对同样的事实单独采取程序并实施连续的制裁,它们在确定实施制裁时可能要考虑成员国以前作出的任何罚款决定。③

6.2.8 企业的规模

在33个答复机构中,有8个认为企业的规模是一个从轻因素。虽然企业的规模也被视为一个从重因素,但与将其视为从重因素的竞争主管机构相比,将其视为从轻处罚因素的竞争主管机构的数量很少。在日本,中小企业(根据资本金额或员工人数确定)可以期待得到较低的课征金。

6.2.9 低利润率

33个作出答复的当局中有6个认为低利润率是一个从轻处罚的因素。奥

---

① See European Commission's Guidelines on the Method of Setting Fines, paragraph 29.

② European Commission's Guidelines on the Method of Setting Fines, paragraph 29.

③ 例如,在比利时、德国和荷兰特别诉诸的面粉卡特尔案中,布鲁塞尔上诉法院以违反一罪不二审原则为由取消了对一名参与者的罚款。上诉法院认为,比利时竞争主管机构在计算对上述参与者的罚款时(i)没有澄清这名参与者是否因在荷兰的违法行为而受到制裁,而荷兰竞争主管机构也没有因此制裁,以及(ii)没有让上诉法院确定罚款是否仅仅涉及比利时的做法。

地利竞争执法机构会考虑企业的经济能力。

6.2.10　赔偿受害者

33个答复机构中有11个认为向受害者赔偿是从轻处罚的因素。俄罗斯和土耳其会考虑对受害者自愿赔偿的因素。

6.2.11　承认违法

在33个司法辖区中,有12个司法辖区将承认违法行为视为从轻处罚的因素。保加利亚竞争执法机构认为,企业对违法行为提供额外的证据是一个从轻处罚的因素。

6.2.12　其他因素

这些答复还涵盖了其他从轻处罚的情节。

在墨西哥和瑞典,调查开始之前自行终止参与卡特尔行为被视为从轻处罚情节。在瑞士和希腊,不对其他卡特尔成员实施报复被视为一种从轻处罚情节,可能导致罚款基数的减少。在土耳其,有许多从轻处罚的因素(如对市场的影响有限/没有影响,没有公共损害,未直接影响价格)。

6.3　从轻处罚因素与宽恕制度

所有作出答复的竞争执法机构都有宽恕制度程序。① 回答相关问题的大多数竞争执法机构指出,宽恕制度适用于原本的罚款数额。这种做法意味着宽恕制度和其他从轻处罚的因素可以叠加适用。

6.4　程序性罚款

33个作出答复机构中有28个表示,有对违反程序的行为处以罚款的制度。一些机构表示,单独的程序性罚款和将程序性违法视为从重罚款因素具有关联性,并不相互排斥。因此,在一些司法辖区,既可以对妨碍调查的行为处以程序性罚款,也可以增加实质性罚款。②

在荷兰,ACM可以对拒绝合作者处以单独罚款,金额最高可达900,000欧元或违法者年营业额的1%,以金额较高者为准。在美国,在调查过程中故意阻

---

① “宽恕制度”一词包括“豁免程序”。

② 在立陶宛,程序性罚款和在实质性罚款中将程序性违法视为从重处罚因素是相互排斥的;如果《刑法》认为它不构成单独的违法行为,则在实质性调查中将其视为从重处罚因素。如果立陶宛竞争委员会认为这可能被视为单独的违法行为,竞争委员会将启动单独的程序调查。

挠或企图妨碍司法程序可能被视为从重处罚的因素，也可能被起诉或判刑，严重的可能被单独追究刑事责任。在瑞士，拒绝合作进行调查或阻碍调查都是罚款计算的考虑因素。在韩国，通过辱骂、殴打、阻挠或延迟进入现场等方式拒绝、干扰或逃避调查的人将被处以刑事罚金，而拒绝出席调查面谈或对官方要求提供不完整、虚假或不正确的信息的人则被处以行政罚款。

6.5 无力支付——需要考虑的另一个方面

总体来说，应当强调的是，规定最高罚款金额为营业额的一定百分比的条款应当是一种考虑支付能力的方法。该方法在数个司法辖区被适用。正如匈牙利主管机构在答复中所强调的，立法者认为10%的营业额上限是一种保证，确保设定的罚款不会损害企业的经济生存能力。尽管如此，匈牙利罚款制度考虑到企业的经济困难，允许分期支付罚款甚至减少罚款。

大多数竞争执法机构处以罚款时，会考虑无力支付的情况。只有两个国家（保加利亚和赞比亚）表示它们不可能考虑到这一因素。

竞争执法机构考虑支付能力的方法存在很大差异。一些司法辖区基于一般法律处理该问题，即适用比例原则，而另一些司法辖区则采取经济分析的方法，指出罚款不能导致有关企业被驱逐出市场从而对竞争造成额外损害（在某些情况下，这两种方法也可能是相互融合的）。

瑞士的“法令”明确提到了比例原则的一般规定。根据企业的要求，瑞士当局可以审查对该企业的制裁是否应当继续。根据该机构的说法，“目的不是通过实施严厉的制裁把企业赶出市场。”根据比例原则与合理性原则，立陶宛竞争执法机构可以在实施罚款将不可挽回地损害该企业的经济状况时减少罚款。

另一些司法辖区赋予竞争执法机构的裁量权有限，因此公司的支付能力只在特殊情况下影响罚款数额。根据美国《联邦量刑指南》，最高法院可以减少罚金，避免罚金的实施影响到公司向受害人赔偿的能力。如果公司不能支付罚金，并且使用合理的分期支付也无法支付规定的罚金，法院也可以降低罚金额。无论如何，任何此类罚金额的减少都不应超过必要限度，避免严重损害公司的持续生存能力。

在欧盟，委员会在特殊情况下可应当事方的请求，考虑企业在特定社会和经济背景下无力支付的情况。这意味着只有客观证据显示全额罚款将不可挽回地损害有关企业的经济生存能力，使其资产失去所有价值，并对企业的社会环境造成严重后果时,才可以减少罚款。①

在德国,确定罚款数额的过程要考虑企业支付罚款的能力。德国联邦卡特尔局可以考虑公司的经济生存能力。如果收缴违法利润将威胁到公司的生存,那么当局无权收缴卡特尔获得的违法利润。竞争执法机构考虑到违法者无力支付罚款的情况,还可以给予公司支付款项的便利。匈牙利竞争执法机构有权根据当事方的请求允许其分期支付罚款。

在意大利,当企业证明其无力向 AGCM 支付时,可相应减少罚款数额。要获得这种减轻罚款的待遇,企业必须向竞争执法机构提供客观证据,证明由于企业的财务能力,支付罚款可能导致其退出市场。②

在南非,确定罚款时要考虑公司无力支付罚款的情况。该公司必须向委员会提供财务报表,一旦确定该公司确实无力支付任何行政罚款,委员会可通过法庭的批准达成无罚款和解。

在加拿大,对于通过宽恕制度进行合作的一方,在竞争管理局向加拿大检察署提出减少罚款或调整付款时间表的建议前,申请人的请求必须有强力证据支持。企业将被要求提供有关其资产、负债、收入和权益的财务信息。该局还可要求一名独立的第三方专业会计师审查企业的财务信息,费用由申请人承担。罪犯的支付能力也是加拿大刑法典要求法院在对某企业进行判决时考虑的一个因素。

在韩国,KFTC 会考虑公司的财务状况,如果不能支付罚款,可以从轻处罚。如果公司的资本受损,课征金可以减少 50% 以内。但是,当公司的受损资本超过总资产的 50% 时,课征金可以减少 50% 以上。

澳大利亚、巴西、芬兰、爱尔兰、以色列、西班牙和土耳其的答复表明,可以考虑支付能力,但没有进一步具体说明在什么情况下可以适用这一标准和适用的方法。

6.6 适用从重/从轻处罚因素

33 个答复机构中有 23 个表示,在有些案件中,从重处罚的因素使实际罚款数额增加了。例如,日本过去 10 年在 36 起案件中考虑了从重处罚因素,墨西

---

① European Commission's Guidelines on the Method of Setting Fines, paragraph 35.

② Pursuant to paragraph 31 of the Guidelines issued by the AGCM on the method of Setting Fines Forinfringements of Competition Rules.

哥有25起案件,希腊有4起案件。公司在违法行为中所起到的作用是最常见的从重处罚因素之一。例如,在一起针对14家面粉生产商的案件中,荷兰将对梅内巴(Meneba)和魏尔海恩(Werhahn)的罚款分别提高了50%和20%。

在作出答复的33个机构中,有23个表示,从轻处罚因素使实际罚款数额有所减少。例如,欧盟委员会过去10年在24起案件中考虑了从轻因素,希腊有16起,意大利有14起。因为有效的合作,许多执法机构减少了罚款,意大利在2015年减少了10%的罚款(I780),荷兰在两起案件中也减少了10%,西班牙在运输公司垄断案(S/0120/08 Transitarios)中减少了5%的罚款。

答复还表明,可以同时适用几个因素。例如,保加利亚在第496/2010号决定中减少了罚款,因为涉案企业部分终止了违法行为,进行了有效合作,并采取措施限制违法行为的负面影响。立陶宛减少了电影院经营者卡特尔案件中的罚款,因为在调查过程中企业向竞争执法机构提供了协助,并自行终止了违法行动。

表D　从重因素

根据答复,表D列举了竞争法、罚款指南和既有案例中具体考虑的从重处罚因素。其他从重处罚的因素也可予以考虑,虽然这些因素在本表中没有列出。

持续时间①	澳大利亚、奥地利、哥伦比亚、芬兰、德国、匈牙利、爱尔兰、以色列、韩国、俄罗斯、南非
重复违法	澳大利亚、奥地利、巴西、保加利亚、加拿大、哥伦比亚、欧盟、芬兰、德国、希腊、匈牙利、以色列、意大利、日本、韩国、立陶宛、马来西亚、墨西哥、荷兰、挪威、波兰、俄罗斯、新加坡、南非、西班牙、瑞典、瑞士、土耳其、美国
在违法中的作用	澳大利亚、奥地利、巴西、保加利亚、加拿大、哥伦比亚、欧盟、芬兰、德国、希腊、匈牙利、爱尔兰、以色列、意大利、日本、立陶宛、马来西亚、墨西哥、荷兰、挪威、波兰、俄罗斯、新加坡、西班牙、瑞典、瑞士、土耳其、美国
拒绝合作	澳大利亚、巴西、保加利亚、欧盟、芬兰、希腊、匈牙利、爱尔兰、以色列、立陶宛、马来西亚、墨西哥、荷兰、新加坡、南非、西班牙、土耳其
妨碍调查	巴西、保加利亚、哥伦比亚、欧盟、芬兰、希腊、匈牙利、以色列、意大利、马来西亚、墨西哥、荷兰、新加坡、南非、西班牙、瑞士、土耳其、美国

① 在基础罚款金额中没有考虑持续时间,可参阅第5.4节了解更多细节。

续表

企业规模	澳大利亚、奥地利、巴西、加拿大、芬兰、匈牙利、以色列、意大利、立陶宛、墨西哥、新加坡、西班牙、瑞典、美国
有关人员的级别	澳大利亚、巴西、加拿大、芬兰、以色列、马来西亚、荷兰. 新加坡、美国

表 E　从轻因素

根据答复,表 E 列举了竞争法、罚款指南和既有案例中具体考虑的从轻处罚因素。其他从轻因素可予考虑,虽然这些因素在本表中没有列出。

过失	奥地利、巴西、欧盟、希腊、墨西哥
立即终止违法行为	奥地利、巴西、保加利亚、加拿大、欧盟、德国、希腊、匈牙利、意大利、日本、立陶宛、墨西哥、波兰、新加坡、南非、西班牙、瑞典、瑞士
持续时间短	奥地利、巴西、加拿大、德国、墨西哥、新加坡、南非
国家行动抗辩	巴西、加拿大、欧盟、匈牙利、意大利、立陶宛、荷兰、挪威、瑞典、土耳其
有效合作	澳大利亚、奥地利、巴西、保加利亚、加拿大、哥伦比亚、萨尔瓦多、欧盟、德国、希腊、匈牙利、爱尔兰、意大利、韩国、立陶宛、马来西亚、墨西哥、荷兰、挪威、波兰、俄罗斯、新加坡、南非、西班牙、土耳其、美国
有限参与	奥地利、巴西、保加利亚、加拿大、哥伦比亚、欧盟、德国、希腊、爱尔兰、意大利、立陶宛、马来西亚、墨西哥、挪威、波兰、俄罗斯、新加坡、南非、瑞典、瑞士、土耳其
反垄断合规	澳大利亚、巴西、加拿大、德国、意大利、马来西亚、墨西哥、新加坡、美国
其他竞争执法机构罚款	巴西、加拿大、德国
企业规模	澳大利亚、奥地利、巴西、加拿大、希腊、日本、立陶宛、土耳其
利润率低	奥地利、巴西、加拿大、德国、墨西哥、南非
赔偿受害者	澳大利亚、巴西、加拿大、德国、匈牙利、韩国、马来西亚、荷兰、波兰、俄罗斯、瑞典
承认违法	澳大利亚、奥地利、巴西、保加利亚、加拿大①、德国、匈牙利、立陶宛、荷兰、新加坡、南非、美国

① 承认违法的信用被纳入申请参加宽大处理方案的考虑范围内。

7. 罚款的限额(最大值和最小值)

7.1 对罚款的法定限额、最高/最低罚款额

7.1.1 最高限额

A)参与卡特尔的罚款

所有作出答复的竞争执法机构的立法框架都规定了可对企业处以的最高罚款限额,其中有一半的机构还制定了对个人罚款的政策。

对企业的罚款

对企业处以的最高罚款额主要用两种方式确定。

第一,它可能只是一个特定的数额(加拿大:2500 万加元;日本:5 亿日元的刑事罚金)。

第二,它可以被设置为营业额的一个百分比或类似的衡量标准:挪威、欧盟和许多欧盟成员国(如奥地利、芬兰、希腊、匈牙利、意大利和西班牙),为该公司上一个财政年度全球营业额的 10%;①巴西:为上一个财政年度营业额的 20%;墨西哥:为上一个财政年度公司营业额的 10%;②瑞士:为瑞士企业在过去 3 个营业年度营业额的 10%;土耳其:为企业和企业协会或这类协会成员在处罚决定之前的财政年度结束时产生的年度总收入的 10%(如果无法计算,则计算最接近最后决定之日的财政年度结束时产生的年度总收入)。

在提到营业额时,一些司法辖区使用违法公司的总营业额,通常使用其全球营业额,不论是总额还是净额(瑞士和巴西除外,它们只使用在该管辖区获得的营业额)。③

当以营业额为标准时,大多数竞争执法机构只考虑上一个财政年度或会计期间,或计算某一期间的平均营业额。瑞士使用过去 3 个业务年度的营业额,法国则采用实施政策期间其全球营业额最高的一个财政年度营业额进行计算。

部分司法辖区选择参考相关市场中的卡特尔涉案销售额。俄罗斯采用涉案相关市场销售额/商业额的 1% ~15% 为标准。美国则根据《联邦量刑指

---

① 在欧盟,欧洲法院在最近的一项判决中明确指出,为了计算 10% 的上限,如果一个实体在违法期限之后被另一个实体收购,则必须考虑被收购实体本身的营业额。

② 不包括来自国外的任何收入。

③ 关于全球/相关营业额的概念,见前文 3.1 和 4.1 部分。

南》,以被告参与实施卡特尔期间经济受到影响的数值来计算被告的罚金范围。

在一些司法辖区,罚款的法定限额可能是上述两个或两个以上概念的结合。例如,在德国,根据违法类型,处罚限额为100万欧元,或是企业全球营业额的10%。在韩国,处罚数额最高可达到相关营业额的10%,如果营业额不能使用,限额则为2亿韩元。

当存在可选择的标准时,通常适用较大的数额;在爱尔兰,采取400万欧元或判刑前一年营业额的10%中数额较大者;在荷兰,数额选取90万欧元和违法行为发生期间10%营业额中的较高者。第三种标准在某些司法辖区发挥作用。在美国,可选方案是1亿美元、违法所得的两倍,或造成受害人金钱损失的两倍,以金额较大者为准。

对个人的罚款

一些作出答复的司法辖区只对企业处以罚款。奥地利、萨尔瓦多、欧盟、芬兰、匈牙利、意大利、马来西亚、南非和瑞典都是如此。

如果可以对个人处以罚款,金钱制裁的数额可以相当于对企业处以罚款的1%~20%(巴西),也可以相当于对企业处以的罚款的最高数额(加拿大:2500万加元;爱尔兰:400万欧元)。对个人的最高罚款额也可能是一个具体的金额(德国:100万欧元;韩国:2亿韩元)。

在日本,法律规定只能对个人处以刑事罚金(最高500万日元)。

在美国,与企业的情况一样,个人罚款的最高限额也适用数个标准的最高者:每次违法处罚100万美元,或违法所得的两倍,或受害者金钱总损失的两倍,以数额较大者为准。

B)程序性罚款

在大多数作出答复的司法辖区中,对于不遵守程序性义务的情况,通常作出了法律限制。

其中一些是刑事制裁(加拿大、芬兰、希腊、爱尔兰、以色列、日本、韩国、俄罗斯、瑞士),但绝大多数是行政制裁。所有对违反程序行为实施制裁的司法辖区只规定了制裁的最高限度(罚款额和/或监禁年数)。

最常见的程序性罚款包括:

■ 不完整、虚假或不正确的信息以及延误答复:在巴西出现这种情况,每日罚款最高可达5000雷亚尔,最高可增加20倍;在挪威,最高罚款额为企业全球营业额的1%;在土耳其,竞争管理委员会可处以相当于企业或企业协会或此类协会成员年度总收入1‰的罚款;

■ 妨碍、阻止或阻碍诉讼程序(如询问或检查),以及不遵守命令或执行令:在巴西,任何阻碍检查的行为,视犯罪者的经济状况,可对被检查方处以20,000~400,000雷亚尔的罚款;在加拿大,一经简易程序定罪,最高罚款可达100,000加元,监禁不超过2年,而一经起诉定罪,罚款可由法院斟酌决定,监禁不超过10年;在爱尔兰,这将导致最高罚款3000欧元和最高监禁6个月的刑事处罚;在美国,如果一个组织蓄意阻挠或企图阻挠政府的调查,可能会增加对公司卡特尔犯罪的罚款范围;如果适当,可以对一个公司或个人提出单独的阻挠犯罪的刑事指控,并对公司处以最高50万美元的罚款,对个人处以最高25万美元的罚款和最高5年的监禁;

■ 销毁、更改任何必须出示的记录或其他物品,以及破坏与黎明突袭有关的商业场所的封条:在加拿大,一经简易程序定罪,最高罚款可达100,000加元,监禁不超过2年;而一经起诉定罪,罚款可由法院酌情决定,监禁不超过10年;在挪威,最高罚款额为该公司全球营业额的1%;在美国,公司最高可被罚款50万美元,个人最高可被罚款25万美元,在某些情况下可被判处最高20年监禁;

■ 不出席听证会,拒绝作证:在爱尔兰,这种程序性违法行为可导致最高3000欧元和最高6个月监禁的刑事处罚;在美国,个人或公司可能被指控藐视法庭;

■ 不服从和不履行所规定的措施:在巴西,不服从的最高罚款是每天5000雷亚尔,可根据违法者的经济状况和违法行为的严重程度可增加20倍。

■ 在欧盟,程序性罚款(例如提供不正确或误导性资料,破坏封条①)可达上一营业年度营业总额的1%。此外,如果企业未能遵守欧盟委员会的决定(例如,一项决定迫使一家企业终止违法行为,并提供信息),还可以要求企业每日支付相当于上一个营业年度平均每日营业额5%的罚款。匈牙利采取了类似的做法,对违反程序的行为处以最高为年营业额1%的罚款,并将每日营业额的1%作为定期罚款。

7.1.2 最低限额

在大多数情况下,没有最低限度。

在一些司法辖区,最低限额是作为一个固定数额提供的。德国设定了5欧

① 2008年,欧盟委员会对E. On处以3800万欧元的罚款,原因是在2006年委员会黎明突袭期间,E. On故意篡改了粘贴在其办公室门上的封条。欧盟法院维持了罚款。

元的最低限额。在土耳其，对于提供不正确、误导性信息或文件可处以相当于年度总收入千分之一的程序性罚款，条件是数额不少于10000土耳其里拉。在匈牙利，程序性罚款的最低金额是20万匈牙利福林。

在33个作出答复的机构中，只有5个同时具有最低和最高法定限额：巴西、德国、希腊、日本和俄罗斯。

7.2 其他类型制裁的法律限制

除了罚款，在某些司法辖区，个人还可能受到其他类型的制裁。此类制裁分为两类。

一方面，澳大利亚、奥地利、巴西、加拿大、哥伦比亚、爱沙尼亚、德国（仅限于操纵投标）①、希腊、匈牙利、爱尔兰、以色列、日本、韩国、墨西哥、波兰、俄罗斯、南非、美国和赞比亚等司法辖区都有判处监禁制度。

表F 最长监禁时间

3年	5年	7年	10年	12年	14年
奥地利、爱沙尼亚、韩国、波兰	巴西、德国、希腊、匈牙利、爱尔兰、以色列、日本、赞比亚	俄罗斯	澳大利亚、墨西哥、南非、美国	哥伦比亚	加拿大

另一方面，有些司法辖区实行资格剥夺制度，根据这一制度，被认定犯有参与卡特尔罪的个人可暂时被排除在公司管理层之外。澳大利亚、巴西、爱尔兰、以色列、立陶宛、墨西哥、俄罗斯和瑞典都是如此。以色列、立陶宛、墨西哥和俄罗斯的最长剥夺资格期限分别为5年和3年。在墨西哥，联邦经济竞争委员会可发布资格剥夺令，这意味着任何直接或间接代表或以账户和企业命令参与卡特尔协定的个人最多5年内不得担任企业的董事会成员、经理、董事、执行人、代理人、代表或法定代表。在澳大利亚，资格剥夺的适当期限应由法院决定。

此外，在巴西、哥伦比亚、萨尔瓦多、芬兰、德国、希腊、匈牙利、日本、韩国、墨西哥、挪威、波兰、西班牙、瑞典和美国，公共采购主管单位可将卡特尔参与者

---

① 就个人而言，负责操纵投标案件的主管当局不是联邦卡特尔局，而是检察官。

排除在公开招标/公开招标之外。

巴西针对卡特尔规定了更广泛的制裁措施。这些制裁措施包括:(1)在一份主要报纸上公布决定,费用由违法者承担;(2)无资格参加公共采购程序和从公共银行获得资金;(3)在国家消费者保护登记处登记违法者的姓名(公司、管理人员和个人);(4)向有关公共机构提出建议——a)对参与者持有的专利作出强制许可,b)剥夺卡特尔参与者分期偿还联邦逾期债务的可能性,或下令全部或部分取消税收优惠或公共补贴;(5)剥离公司资产、公司控制权转移、出售资产、中断部分活动;(6)禁止违法者代表他们自己或其他法律实体经营企业长达5年,或停止对竞争产生有害影响所要求的任何其他措施。

对于有效执行竞争执法机构的决定,匈牙利有一种特殊类型的罚款。如果根据执法机构的决定有义务实施某一行为或展示某一行为的一方当事人未能采取相应行动,则可处以此类罚款。执行罚款每天不得超过5万匈牙利福林(200欧元)。逾期不遵守规定的,可以加倍罚款。

7.3 对单个公司和单个案件的最高卡特尔罚款(略)

8. 直接和解的影响

与涉嫌卡特尔行为的公司进行辩诉交易或和解,可能是导致本该施加的罚款减少的另一个因素。[①] 和解对于那些设法建立了打击卡特尔的可靠记录的竞争执法人员特别有用,因此总的来说能够实现有效的制裁。通过这种方式,竞争执法人员也能够利用其调查权力,在卡特尔参与者中制造对被发现的恐惧。最后,他们能够实施有效的宽大处理方案,这些方案有助于破坏卡特尔的稳定,增加发现卡特尔的可能性。这些因素增加了这些竞争执法机构开展调查的次数。然而,竞争执法机构面临的资源限制使及时调查和解决卡特尔案件成为一项越来越大的挑战。对于某些机构来说,这只是其中的一部分,因为它们还必须在法庭上为其案件进行辩护。因此,竞争执法机构对卡特尔和解越来越感兴趣也就不足为奇了。

2008年关于罚款的报告指出,22个作出答复的机构中只有不超过6个表

---

① 本节阐述了与确定罚款有关的主要内容,这些内容可在国际竞争网络卡特尔工作组向2008年国际竞争网络会议提交的关于和解问题的单独报告和该报告2016年更新版中找到。

示其管辖范围内存在某种形式的卡特尔和解，与此相反，2016 年，33 个作出答复的竞争执法机构中有 19 个在卡特尔案件中规定了某种形式的和解程序，而第 20 个——新加坡——目前正在制定直接和解程序。[①] 所有这些司法辖区都表示，在其制度中，当事方有可能在某些条件下受益于和解。几乎所有这些答复都提供了使用和解的案例。在过去 10 年中，竞争执法机构越来越多地运用和解程序，ICN 关于和解工作已出版多部成果，如 2008 年《卡特尔和解指南》和 2008 年《关于罚款的报告》。各司法辖区减少罚款的数额各不相同。[②]

具有类似法律制度的司法辖区往往采用类似的和解办法。在加拿大和美国，辩诉交易制度是刑事司法制度的重要组成部分。在爱尔兰，提议在审判前认罪可能导致检察官减少指控。在澳大利亚，配合调查是作为从轻处罚的因素提交法院的。在加拿大、美国和以色列，以及其他卡特尔罚款由法院而不是竞争执法机构处理的司法辖区，处罚的最终裁决权在法院。

在欧盟委员会引入了和解程序之后，一些欧洲国家近年来也开始制定和解办法。这些竞争执法机构倾向于使用行政系统，也倾向于引入宽恕制度。这些机构中的一些，比如匈牙利，是按照正式的书面规定工作的。德国等一些国家缺乏成文法律框架，但以信息传单的形式为寻求案件和解的公司提供实际指导。其他国家，例如荷兰，正在逐案地发展它们的和解实践。

在巴西，参与和解的卡特尔参与者存入金钱而不是缴付罚款。此缴款额不得低于法律规定的最低罚款额。哥伦比亚竞争执法机构认为和解是一种特殊机制，这意味着只有在包含结构性承诺的情况下才使用和解。尽管哥伦比亚对和解进行了监管，但现行政策认为和解是卡特尔案件中不适当的解决方案。近年来，他们主要侧重于发展宽恕制度，而不是运用和解程序。

---

① 澳大利亚、奥地利、巴西、加拿大、哥伦比亚、爱沙尼亚、欧盟、德国、希腊、匈牙利、以色列、荷兰、挪威、波兰、南非、瑞典、瑞士、美国和赞比亚表示，它们直接或在向法院提交的材料中使用和解程序。

② 在一些司法辖区，某些百分比的减免适用于和解办法，例如，欧盟委员会的 10%，希腊的 15%，匈牙利的 30%。

表 G　和解程序的设置情况

使用和解程序	没有正式的和解程序，但可以非正式和解	可以适用宽恕制度，但没有和解
澳大利亚、奥地利、巴西、加拿大、哥伦比亚、爱沙尼亚、欧盟、德国、希腊、匈牙利、以色列、西班牙、立陶宛、马来西亚、俄罗斯、新加坡、土耳其、荷兰、挪威、波兰、南非、瑞典、瑞士、美国、赞比亚	西班牙、立陶宛、马来西亚、俄罗斯、新加坡、土耳其	保加利亚、萨尔瓦多、芬兰、爱尔兰、意大利、日本、韩国、墨西哥

8.1　和解与罚款的相互影响

在平衡和解制度的利益和风险时，不能忽视的一个关键问题是竞争执法机构准备对公司罚款的减轻比例。当然，这不是唯一的益处，因为和解制度还可能降低公司的程序成本，或减少由于作为卡特尔参与者的“公开谴责”而对声誉造成的损害。然而，与企业界的讨论表明，和解制度所允许的罚款减少程度，对于企业决定是否接受和解提议仍然至关重要。控告方对罚款数额及其确定提供的具体说明越多，和解方就越容易就和解建议作出决定。为了提供最大的透明度，控告方可尽可能列举在确定罚款时所考虑的因素，包括宽恕制度与和解减免的数额。

在对卡特尔行为的最高罚款不是很高的管辖区，除了宽恕制度方案所能提供的以外，提供足够有吸引力的和解奖励的空间相当有限。正如 ICN 2008 年有关卡特尔和解问题的文件所述，可以通过单独或共同采取提高制裁水平和采用其他类型的非金钱激励措施来解决这一问题。同样的措施还将提高宽恕制度方案的效率。这表明，在达到建立可靠的调查记录、设定高额罚款和实施有效的宽恕制度方案的目标之后，各司法辖区可以考虑采用和解制度。

另一个需要考虑的方面是，对于接受和解的所有卡特尔参与方，罚款的减少程度应当相同，还是区别对待。根据竞争执法机构只能奖励第一个成功申请者（宽恕/豁免），或者它们也能奖励随后决定合作的一些成功申请者，可以区分出两种情况。

在加拿大、以色列或美国等司法辖区，卡特尔和解可被视为一种调查工具，其目的是获得无法再享受豁免的公司的合作。从操作角度来看，和解与其他司法辖区在第一个申请人提出宽恕制度申请后对成功申请者减少罚款的做法是等同的。因此,罚款的总体减少还应反映卡特尔参与者提供的合作程度以及其他因素,例如合作的时机和质量。该制度的共通之处是,罚款的减少应对不同公司区别对待。

在欧盟委员会和个别欧洲成员国的和解程序中,卡特尔和解旨在实现其他功能,如通过向与该机构合作的公司以及那些愿意合作但无法向该机构提供有用信息的公司提供进一步的奖励来加快调查。为了解决这一问题,有几种可能的办法:竞争执法机构或法院可以给较早达成和解的卡特尔参与者更高的减轻比例,或者相反,给予最后接受和解的卡特尔参与者更高的减轻比例,以便与所有参与者达成和解。后一种立场似乎不适用于任何司法辖区,因为它将给予那些可能选择等待和观望的公司更多优势。

欧盟委员会的程序旨在向所有愿意接受和解的公司提供同样的减轻比例。首先,这样做的动机是欧盟规定的不歧视义务。结合欧盟委员会保留不用和解处理某些案件的可能性,这也确保了卡特尔参与者将继续申请宽恕制度,以确保罚款因宽恕制度而减少。它还可以防止整个过程被最后达成和解的公司挟持,如果最后达成和解的公司得到比第一家公司更好的待遇,就可能发生这种情况。然而,包括欧盟委员会在内的许多机构确实存在混合型卡特尔案件,其中一些当事方要求并得到了和解,而另一些则没有。虽然在所有当事方都同意和解的情况下审理案件有明显的程序优势,但仅仅因为其他一些当事方不希望和解而拒绝对愿意合作的当事方和解被认为是不公平的。

8.2 宽恕制度与和解对减轻罚款的相互影响

立陶宛、马来西亚、俄罗斯、西班牙、新加坡(只要其和解程序尚未最后确定)和土耳其等一些没有正式和解程序的司法辖区仍然认为,在调查过程中的认罪、合作和对重大情节的承认是罚款的从轻处罚情节。其他司法辖区,例如保加利亚、萨尔瓦多、芬兰、爱尔兰、意大利、日本、韩国和墨西哥,均有宽恕制度的规定,但没有和解的规定。

在实行某种类型宽恕制度方案的司法辖区,大多数调查都是在宽恕/豁免申请的基础上开始的。在竞争执法机构发起第一批调查措施之后,其他一些卡特尔参与者可以表示有兴趣在调查中进行合作。

在除了第一种没有宽恕制度的情况之外,可以为宽恕制度申请人提供罚款减免的司法辖区,和解制度必须在宽恕制度方案规定的奖励之外提供额外的奖励,以促成和解。但是,宽恕制度与和解中可能减少的罚款必须谨慎平衡,以确保这两项制度之间的一致性和相互促进。

很明显,如果和解中罚款的减少与宽恕制度方案下的减少相比过高,卡特尔参与者将不会申请宽恕处理。相反,他们会等待,看竞争执法机构是否能够对他们提起诉讼。在肯定的情况下,他们总是可以及时接受和解提议。当然,在否定的情况下,不会有诉讼发生。从应当发现和制裁卡特尔的政策角度来看,这不是一种好的情况。

8.3　和解与威慑的相互影响

如第二章所述,对大多数作出答复的 ICN 成员实行制裁的一个关键目标是确保适当的威慑。

在考虑采用和解程序时,有必要平衡这些程序在道德正义和威慑方面可能存在的弊端,因为与卡特尔企业和解可能被公众视为帮助企业逃避惩罚,同时帮助企业通过和解得到预期的好处。另一个因素是,在许多已和解的案件中,竞争执法机构或法院的裁决可能不如原来那样详细,因为竞争执法机构没有必要在当事方承认其过错的情况下提供详尽的事实证据。这可能使私人起诉者的后续行动更加困难,也可能被视为道德正义和威慑方面的另一个缺陷。

和解政策和进程的透明度和可预测性对消除公众的这种关切至关重要。特别是,和解中施加的惩罚和制裁应适当反映和解方行为的严重性。应当允许检察机关利用达成和解的卡特尔参与者提供的关键证据来对付那些未达成和解的人。另一种选择是大幅度增加今后对重复这种行为的处罚。最后,如上所述,应当记住和解程序的好处之一也是节省人力和财政资源,否则,检察机关会将这些资源投入到侦查、调查和致力于对所有卡特尔参与者处以罚款的程序中。这些资源将被用于处理其他卡特尔调查,进一步增强威慑力。

9. 调查结果摘要

9.1　罚款的作用

9.1.1　绝大多数答复机构的共同点是罚款被用于威慑,而不是补偿。具体而言,罚款旨在阻止当事人今后从事同样的违法行为(具体威慑),并劝阻其他潜在违法者避免组建或加入反竞争卡特尔(一般威慑)。然而,在一些司法辖区,威慑不是唯一的目标,卡特尔案件中的罚款政策还追求额外的目标(如报应、追回卡特尔超额利润、惩罚)。这些目标并不相互排斥。

9.1.2　在许多司法辖区,对卡特尔的罚款高于对其他反垄断违法行为的罚款。在一些司法辖区,对核心卡特尔的制裁比对其他违反竞争法的行为的制裁更严厉,这反映了一种共识,即核心卡特尔是最有害的反竞争行为,因此应当受到更严厉的制裁。

9.1.3　在罚款是唯一制裁手段的情况下,它们必须承担全部的威慑作用,并且可能需要高于与其他制裁相结合的管辖区的罚款。罚款作为对卡特尔的唯一制裁或一系列制裁之一(连同监禁判决、对个人的其他制裁、民事损害赔偿等),可能会对确定罚款金额的方法产生重要影响。

9.2　确定罚款的主要因素

9.2.1　大多数作出答复的机构都表示,执法机构应有充分的裁量权,以确定适当的罚款数额。

9.2.2　关于对公司的罚款,大多数答复机构援引作为卡特尔案件中确定罚款所依据的数据与营业额/贸易量/受影响的卡特尔产品/服务销售额的概念有关。这种数据的优点是相对容易获得,通常由公司收集、审计并记录在案。

一些辖区使用的替代数据是通过卡特尔行为获得的违法收益。

虽然在某一司法辖区,参与卡特尔活动的个人与公司面临相同的罚款或对公司罚款的一部分,但在大多数情况下,对自然人实施的金钱制裁是不同的,有几个司法辖区将个人的罚款上限定在较低的水平。

如果违法者是企业协会,那么有些司法辖区以协会成员的营业额作为计算罚款的基础,有一半的司法辖区以协会的营业额作为计算基础,如果协会没有自己的营业额,则以其他基数或方法计算罚款。

9.2.3　一般来说,营业额/贸易量/受影响的销售额与卡特尔受影响地理区域的产品/服务的商业价值有关。本报告涵盖的所有系统采用的方法是对参与非法卡特尔行为的具体企业实施制裁。

然而,在半数以上的司法辖区,罚款可延伸至实施违法行为的全资子公司的母公司。这种方法对重复违法的概念有影响,使相关母公司对不同子公司的不同违法行为负责。

9.2.4 在一些司法辖区，不仅可以考虑直接销售卡特尔所涉产品，还可以考虑间接销售（例如，转化产品销售中所含的卡特尔所涉产品的价值），这取决于案件的具体情况。

某些司法辖区答复说，他们考虑卡特尔参与者向同一集团的另一家公司的销售，这家公司改造已售商品并在市场上销售。

大约 1/3 的司法辖区对向其辖区内的另一家公司出售卡特尔所涉产品的公司处以罚款，并以向该公司出售的产品作为罚款的依据，即使该公司生产的制成品在其他管辖范围内销售。卡特尔企业在其他管辖区销售卡特尔所涉产品，然后在其他管辖区将这些产品组装成最终产品，随后在其管辖区进口/销售的情况下，少数回答者答复说，他们在这种情况下对卡特尔企业处以罚款。

9.2.5 罚款一般与卡特尔中每个参与者的具体行为有关，通过使用卡特尔的持续时间和/或可归因于每个参与者的从重和从轻处罚情节等若干因素进行调整。几乎所有机构都答复说，通常使用多种从重和从轻处罚因素来调整基础罚款数额。大部分司法辖区都会考虑重复违法、违法行为中的作用以及拒绝合作/有效合作等因素。

9.2.6 在大多数司法辖区，不遵守程序性义务（例如迟交所要求的资料、提供虚假或不完整的资料、缺乏通知、缺乏披露、妨碍司法、销毁证据、质疑授权调查措施的文件的有效性等），不论是否就实质性违法作出最后决定，均可受到单独制裁。这种情况下，绝大多数司法辖区采用行政制裁的方式。

9.2.7 向主管机关和解的公司也可以减少罚款。过去 10 年，和解实践和程序的存在和使用有稳定的趋势，由 2008 年 22 个司法辖区中的 6 个，增加至 2016 年 33 个司法辖区中的 19 个。这是因为人们越来越担心通过有效的调查行为被发现，这使竞争执法机构能够更迅速地解决卡特尔案件，并节省资源。

9.2.8 公司无力支付罚款似乎是大多数司法辖区普遍考虑的一个因素，无论是明示还是默示。在某些司法辖区，是基于罚款不能过高，以至于将一家公司驱逐出市场，从而对竞争造成额外损害的考虑。在某些司法辖区也可以考虑其他因素，例如罚款将损害公司向受害者赔偿的能力。一些司法辖区认为，规定法定最高罚款额的条款是考虑支付能力的一种方法。

9.3 透明度

就一般原则而言，行为若要被视为违法/犯罪，必须有法律条款予以规定。

还必须有一项法律规定对违法者给予具体惩罚。在确定罚款方面似乎需要有一定程度的透明度,以便为公司与当局合作或达成和解提供适当的激励。为此,几乎所有司法辖区都公布了对个案处以罚款的理由。

9.4　过去10年的发展

与2008年的报告相比,所有作出答复的司法辖区实际上都对卡特尔参与者处以罚款,而2008年共3个司法辖区答复称“尚未处以罚款”。在许多司法辖区,罚款数额在过去几年中一直在显著增加。

过去10年中,在罚款计算方法方面取得了各种进展和改革,包括:(1)采用一定比例的营业额而不是固定数额上限;(2)对实施卡特尔行为的自然人实行监禁;(3)提高对多次实行卡特尔行为的企业或个人以及主要违法者的罚款比例;(4)增加罚款裁量空间以减少达成和解者的罚款;(5)在从重/从轻处罚情节中扩大增加/减少罚款的范围。这清楚地说明,没有单一或简单的方法可以有效地阻止、发现和惩罚卡特尔。

附录(略)

参考文献

一、中文文献

（一）中文著作

[1]最高人民法院知识产权审判庭编：《中国人民法院知识产权司法保护状况（2018）》，人民法院出版社2019年版。

[2]翁岳生编：《行政法》（上册），中国法制出版社2009年版。

[3]王晓晔：《反垄断法》，法律出版社2011年版。

[4][美]赫伯特·霍温坎普：《联邦反托拉斯政策：竞争法律及其实践》（第3版），许光耀、江山、王晨译，法律出版社2009年版。

[5]王先林：《竞争法学》，中国人民大学出版社2009年版。

[6]全国人大常委会法制工作委员会经济法室编：《中华人民共和国反垄断法：条文说明、立法理由及相关规定》，北京大学出版社2007年版。

[7][美]加里·S. 贝克尔：《人类行为的经济分析》，王业宇、陈琪译，上海三联书店出版社1993年版。

[8][美]罗伯特·考特、托马斯·尤伦：《法和经济学》（第6版），张军等译，格致出版社2012年版。

[9][美]理查德·A. 波斯纳：《反托拉斯法》，孙秋宁译，中国政法大学出版社2003年版。

[10]白艳：《美国反托拉斯法/欧盟竞争法平行论：

理论与实践》,法律出版社 2010 年版。

[11]刘岩、于左:《对国际卡特尔的有效威慑机制研究》,中国社会科学出版社 2009 年版。

[12]卢现祥、刘大洪主编:《法经济学》,北京大学出版社 2007 年版。

[13]金美蓉:《核心卡特尔规制制度研究》,对外经济贸易大学出版社 2009 年版。

[14]戴龙:《滥用市场支配地位的规制研究》,中国人民大学出版社 2012 年版。

[15]国务院反垄断委员会编:《〈中华人民共和国反垄断法〉知识读本》,人民出版社 2012 年版。

[16]时建中主编:《反垄断法——法典释评与学理探源》,中国人民大学出版社 2008 年版。

[17]朱宏文、王健:《反垄断法:转变中的法律》,社会科学文献出版社 2006 年版。

[18]林文:《中国反垄断行政执法报告(2008 ~ 2015)》,知识产权出版社 2016 年版。

[19][美]博登海默:《法理学:法律哲学与法律方法》,邓正来译,中国政法大学出版社 2017 年版。

[20]李培传:《论立法》,中国法制出版社 2004 年版。

[21]高重迎:《行业协会的反垄断法规制》,中国政法大学出版社 2016 年版。

[22]鲁篱:《行业协会限制竞争法律规制研究》,北京大学出版社 2009 年版。

[23]万江:《中国反垄断法:理论、实践与国际比较》,中国法制出版社 2015 年版。

[24][日]村上政博:《日本禁止垄断法》,姜珊译,法律出版社 2008 年版。

[25][德]哈特穆特 · 毛雷尔:《行政法学总论》,高家伟译,法律出版社 2000 年版。

[26]廖义男等:《行政罚法》,台北,元照出版有限公司 2007 年版。

[27]郑鹏程:《反垄断法专题研究》,法律出版社 2008 年版。

[28]文学国、孟雁北、高重迎:《反垄断法执行制度研究》,中国社会科学出版社 2011 年版。

[29]王新红:《经济法纠纷司法解决机制研究》,中国法制出版社 2006 年版。

[30][日]根岸哲、舟田正之:《日本禁止垄断法概论》,王为农、陈杰译,中国法制出版社 2007 年版。

[31]胡锦光:《行政处罚研究》,法律出版社 1998 年版。

[32]徐继敏主编:《行政处罚法的理论与实务》,法律出版社 1997 年版。

[33]姜明安主编:《行政法与行政诉讼法》,北京大学出版社、高等教育出版社 1999 年版。

[34]陈清秀:《行政罚法》,法律出版社 2016 年版。

[35]万志鹏:《没收财产刑研究》,法律出版社 2013 年版。

[36]应松年主编:《行政法与行政诉讼法学》,法律出版社 2009 年版。

[37]蔡震荣、郑善印:《行政罚法逐条释义》(第 2 版),台北,新学林出版股份有限公司 2008 年版。

[38]黄俊杰:《行政罚法》,台北,翰芦图书出版有限公司 2006 年版。

[39]李本灿等编译:《合规与刑法:全球视野的考察》,中国政法大学出版社 2018 年版。

[40]林文、甘蜜:《中国反垄断行政执法和司法报告(2016)》,知识产权出版社 2017 年版。

[41]戴龙:《日本反垄断法研究》,中国政法大学出版社 2014 年版。

[42]方小敏主编:《中德法学论坛》(第 14 辑上卷),法律出版社 2017 年版。

[43]王玉辉:《垄断协议规制制度》,法律出版社 2010 年版。

[44]王贵松:《行政裁量的构造与审查》,中国人民大学出版社 2016 年版。

[45]周佑勇:《行政裁量基准研究》,中国人民大学出版社 2015 年版。

[46]李国海:《反垄断法律责任专题研究》,武汉大学出版社 2018 年版。

(二)中文论文

[1]李国海:《反垄断法制裁手段研究》,载漆多俊主编:《经济法论丛》第 10 卷,中国方正出版社 2005 年版。

[2]王韵茹:《行政裁罚裁量基准与司法审查——以“行政罚法”第十八条适用为中心》,载黄丞仪主编:《2010 行政管制与行政争讼》,台湾研究院法律学研究所专书 2011 年版。

[3]颜廷栋:《竞争法宽恕政策之研究》,载漆多俊主编:《经济法论丛》第 15

卷,中国方正出版社 2008 年版。

[4][荷]伍特·威尔思:《欧洲共同体竞争法中的罚款处罚》,李国海译,载漆多俊主编:《经济法论丛》第 5 卷,中国方正出版社 1999 年版。

[5][日]铃木孝之:《独占禁止法上公平交易委员会与法院功能之关系》,载《铭传大学 2014 追求高教卓越国际学术研讨会:法学新知国际学术研讨会论文集》,铭传大学法律学院 2014 年版。

[6]柯耀程:《刑罚裁量的变迁与展望》,载法学丛刊杂志社:《跨世纪法学新思维》,台北,元照出版公司 2006 年版。

[7]徐向华、郭清梅:《行政处罚中罚款数额的设定方式——以上海市地方性法规为例》,载《法学研究》2006 年第 6 期。

[8]郭志远、赵琳琳:《美国联邦量刑指南实施效果——兼论对我国量刑规范化改革的启示》,载《政法论坛》2013 年第 1 期。

[9]王敬波:《行政裁量基准的应用与发展——从郑州市行政罚款裁量阶次制度谈起》,载《行政管理改革》2011 年第 7 期。

[10]王健:《威慑理念下的反垄断法刑事制裁制度——兼评〈中华人民共和国反垄断法(修改稿)〉的相关规定》,载《法商研究》2006 年第 1 期。

[11]袁嘉、郝俊淇:《国际反垄断行政罚款制度评析及其对我国的启示》,载《价格理论与实践》2015 年第 5 期。

[12]陈屹立、陈刚:《威慑效应的理论与实证研究:过去、现在与未来》,载《制度经济学研究》2009 年第 3 期。

[13]陈志民:《"吓阻"概念下之反托拉斯法私人诉讼——"最适损害赔偿"理论之政策启示》,载《人文及社会科学集刊》2002 年第 1 期。

[14]魏建、宋艳锴:《刑罚威慑理论:过去、现在和未来——刑罚的经济学分析》,载《学习与探索》2006 年第 4 期。

[15]陈屹立、张卫国:《惩罚对犯罪的威慑效应:基于中国数据的实证研究》,载《南方经济》2010 年第 8 期。

[16]李国海:《论反垄断法制裁手段及其范围》,载《中南大学学报(社会科学版)》2005 年第 2 期。

[17]杨晓维、张云辉:《从威慑到最优执法理论:经济学的视角》,载《南京社会科学》2010 年第 12 期。

[18]黄勇、刘燕南:《垄断违法行为行政罚款计算标准研究》,载《价格理论与实践》2013 年第 8 期。

[19]颜廷栋:《宽恕政策实施子法之研究》,载《公平交易季刊》2008 年第 4 期。

[20]张丽卿:《公平交易委员会裁处罚款额度之研究》,载《公平交易季刊》2007 年第 2 期。

[21]王铭勇:《联合行为宽恕减免责任条款之研究》,载《公平交易季刊》2006 年第 1 期。

[22]刘武朝:《垄断协议行为罚款规则的适用及审思》,载《中国行政管理》2014 年第 5 期。

[23]蒋岩波、肖秀娟:《别嘌醇片垄断协议案行政处罚的法律适用问题探究——基于〈反垄断法〉第 46 条的规范分析》,载《江西财经大学学报》2017 年第 3 期。

[24]金善明:《反垄断行政解释的反思与完善》,载《法律科学》2014 年第 1 期。

[25]郝俊淇:《垄断协议构成判定中的"达成"与"实施"——由首起纵向价格垄断协议行政处罚司法审查案引发的思考》,载《法律适用(司法案例)》2018 年第 2 期。

[26]国家发展改革委价监局:《国家发展改革委价监局召开"认定垄断行为违法所得和确定罚款的指南"研讨会》,载《中国价格监管与反垄断》2015 年第 12 期。

[27]王健:《反垄断罚款的发展态势》,载《经济法论丛》2017 年第 1 期。

[28]许传玺:《行政罚款的确定标准:寻求一种新的思路》,载《中国法学》2003 年第 4 期。

[29]吴韬:《论行业协会组织经营者从事垄断协议行为的认定及法律责任》,载《中国价格监管与反垄断》2014 年第 5 期。

[30]方翔、王健:《责令停止违法行为在反垄断执法中的理解与适用》,载《工商行政管理》2018 年第 22 期。

[31]孙晋:《我国〈反垄断法〉法律责任制度的缺失及其完善》,载《法律适用》2009 年第 11 期。

[32]王玉辉、雷浩然:《行业协会垄断协议行为的法律责任》,载《公民与法(综合版)》2018 年第 11 期。

[33]魏静:《行业协会卡特尔行为的〈反垄断法〉规制》,载《法治研究》2010 年第 1 期。

[34]綦书纬:《中国与南非垄断行为行政罚款指南比较研究》,载《价格理论与实践》2016 年第 10 期。

[35]王健、方翔:《反垄断没收违法所得处罚适用的现实困境与解决思路》,载《竞争政策研究》2018 年第 1 期。

[36]黄铭辉:《论美国法上法院对行政行为的司法审查密度——以通讯传播行政为中心》,载《台北大学法学论丛》2014 年第 4 期。

[37]余凌云:《现代行政法上的指南、手册和裁量基准》,载《中国法学》2012 年第 4 期。

[38]张丽卿:《公平交易委员裁处罚款额度之研究》,载《公平交易季刊》2007 年第 2 期。

[39]游钰:《论反垄断执法的司法审查》,载《中国法学》2013 年第 6 期。

[40]颜廷栋:《联合行为之执法检讨与展望》,载《公平交易季刊》2012 年第 4 期。

[41]江子浩等:《上海市推动建立行政处罚裁量基准的调研报告》,载《政府法制研究》2013 年第 6 期。

[42]王健、张靖:《威慑理论与我国反垄断罚款制度的完善——法经济学的研究进路》,载《法律科学(西北政法大学学报)》2016 年第 4 期。

[43]李常青、万江、薛强、陈媚:《横向垄断案件的调查处理》,载《中国价格监督检查》2013 年第 9 期。

[44]王健:《追寻反垄断罚款的确定性——基于我国反垄断典型罚款案例的分析》,载《法学》2016 年第 12 期。

[45]王为农、黄芳:《日本禁止垄断法中的征缴“课征金”制度》,载《财经问题研究》2005 年第 5 期。

[46]吴汉洪、权金亮:《日韩对达成垄断协议行为的处罚规定及其对中国的启示》,载《中国物价》2015 年第 3 期。

[47]郭娅丽:《日本课征金制度的重大变革及争议焦点》,载《日本研究》2007 年第 1 期。

[48]陈清秀:《违法所得之课税问题》,载《当代财政》2013 年第 31 期。

[49]蒋岩波:《反垄断没收违法所得处罚问题研究——基于法经济学的视角》,载《经济法论丛》2017 年第 1 期。

[50]许泽天:《没收之估算》,载《月旦法学杂志》2016 年第 5 期。

[51]杨兴:《域外反垄断自由酌处权的考察与借鉴》,载《政治与法律》2015

年第8期。

[52]王贵松:《行政裁量基准的设定与适用》,载《华东政法大学学报》2016年第3期。

[53]周佑勇:《作为行政自制规范的裁量基准及其效力界定》,载《当代法学》2014年第1期。

[54]王鹏翔、张永健:《经验面向的规范意义——论实证研究在法学中的角色》,载《北航法律评论》2016年第0期。

[55]王健、方翔:《威慑理念与我国反垄断制裁的有效协调》,载《经贸法律评论》2019年第2期。

[56]王天华:《从裁量二元论到裁量一元论》,载《行政法学研究》2006年第1期。

[57]王贵松:《行政裁量的内在构造》,载《法学家》2009年第2期。

[58]朱新力、骆梅英:《论裁量基准的制约因素及建构路径》,载《法学论坛》2009年第4期。

[59]杨解君、蒋都都:《〈行政处罚法〉面临的挑战与新发展——特别行政领域行政处罚应用的分析》,载《行政法学研究》2017年第3期。

[60]喻玲:《从威慑到合规指引——反垄断法实施的新趋势》,载《中外法学》2013年第6期。

[61]丁茂中:《英国竞争合规指引机制的考察与思考》,载《价格理论与实践》2014年第9期。

[62]王健:《反垄断法私人执行的优越性及其实现——兼论中国反垄断法引入私人执行制度的必要性和立法建议》,载《法律科学(西北政法大学学报)》2007年第4期。

[63]杨蓉:《垄断致损赔偿责任问题研究》,载《湘潭大学学报(哲学社会科学版)》2017年第3期。

[64]冯博:《没收违法所得与罚款在反垄断执法中的组合适用》,载《法商研究》2018年第3期。

[65]韩志红:《经济法上民事责任的三种实施机制及其完善》,载《经济法研究》2017年第2期。

[66]韩志红、付大学:《没收违法所得返还受害人制度研究》,载《天津师范大学学报(社会科学版)》2012年第5期。

[67]张晨颖:《论反垄断行政决定在民事诉讼中的效力》,载《法律适用》

2017 年第 7 期。

[68]李俊峰:《垄断损害赔偿倍率问题研究——兼论我国反垄断法草案的相关制度选择》,载《比较法研究》2007 年第 4 期。

[69]王健:《德国竞争法的欧洲化改革——〈反限制竞争法〉第 7 次修订述评》,载《时代法学》2006 年第 6 期。

[70]李慧宗:《追缴不法利得作为主要行政罚的法理基础——以公平会处罚民间电厂业者为例》,载《法令月刊》2015 年第 7 期。

[71]黄勇、刘燕南:《垄断违法行为行政罚款计算标准研究》,载《价格理论与实践》2013 年第 8 期。

[72]王先林:《从经济理论、法律制度到国家战略——关于反垄断的三维视角》,载《南京大学学报(哲学·人文科学·社会科学)》2018 年第 3 期。

[73]周万里:《〈德国反限制竞争法〉的第九次修订》,载《德国研究》2018 年第 4 期。

[74]许永钦:《违反公平交易法行为制裁制度之研究》,台北大学 2004 年博士学位论文。

[75]侯璐:《行业协会价格垄断行为法律规制研究》,吉林大学 2017 年博士学位论文。

(三)新闻及网络文献

[1]郎朗:《六年秘密调查突然结案　面板反垄断轻判引争议》,载《21 世纪经济报道》2013 年 7 月 1 日,第 11 版。

[2]周开平:《日本零部件欧美早有案底:中国反垄断要打破“封闭王国”》,载《21 世纪经济报道》2014 年 8 月 13 日,第 21 ~ 22 版。

[3]翟巍:《史上最大反垄断罚单缘何受关注》,载《法制日报》2014 年 8 月 26 日,第 10 版。

[4]《高举反垄断利器维护市场公平竞争秩序》,载《内蒙古法制报》2013 年 8 月 9 日,第 24 版。

[5]陈红霞:《垄断成立:洋镜片被罚 1900 万元》,载《21 世纪经济报道》2014 年 5 月 30 日,第 17 版。

[6]王尔德:《今年的反垄断行动“不是风暴”,而是“新常态”》,载《21 世纪经济报道》2014 年 9 月 17 日,第 2 版。

[7]赵嘉妮:《64 家银行分支乱收费被罚 4 亿》,载《新京报》2014 年 2 月 20 日,B03 版。

[8]孙文晔、李清:《城管开罚单有了统一计算公式》,载《北京日报》2009 年 10 月 22 日,第 7 版。

[9]万静:《从重处罚旨在重整市场秩序》,载《法制日报》2014 年 8 月 21 日,第 6 版。

[10]张渝文:《再插手民告官案,拿行政机关“说事”》,载《大河报》2014 年 11 月 5 日,A11 版。

[11]王晓飞:《上海市政府一年当 200 多回被告　败诉率为零》,载《京华时报》2016 年 1 月 18 日,A10 版。

[12]宋功德:《没收违法所“得”应当缩水》,载《法制日报》2007 年 2 月 25 日,第 5 版。

[13]钱颜:《“反垄断法”将威慑力大增　处罚金额拟涨百倍》,载《中国贸易报》2020 年 3 月 5 日,第 3 版。

[14]倪泰、李春喜:《磨砺精兵护公平——河南省工商机关查处全国首起二手车市场垄断案纪实》,载《中国工商报》2012 年 8 月 30 日,A1 版。

[15]李晶:《市场监管总局晒出反垄断十一年成绩单》,载中国市场监管报,http://www.cicn.com.cn/2019-09/04/cms120444article.shtml。

[16]《最高人民法院召开纪念反垄断法实施十周年座谈会》,载中国法院网,https://www.chinacourt.org/article/detail/2018/11/id/3577622.shtml。

[17]《全球反垄断罚单排行榜:欧盟最高罚 142 亿元》,载人民网,http://it.people.com.cn/n/2014/0801/c1009-25383840.html。

[18]刘武:《全球反垄断罚单屡创新高　中国手段仍有欠缺》,载新浪财经,http://finance.sina.com.cn/review/jcgc/20140818/111120042252.shtml。

[19]Michelle Price:《2014 年亚洲反垄断罚单金额创历史新高》,载新浪财经,http://finance.sina.com.cn/world/yzjj/20150109/174521263943.shtml。

[20]《韩国反垄断机构重罚高通 8.54 亿美元　刷新该国历史记录》,载新浪财经,http://finance.sina.com.cn/roll/2016-12-28/doc-ifxyxvcr7839802.shtml。

[21]承天蒙:《两年内三张罚单,罚金 82 亿欧元! 欧盟为什么追着谷歌反垄断》,载澎湃新闻 2019 年 3 月 21 日,https://m.thepaper.cn/newsDetail_forward_3171287。

[22]《两日系轴承企业涉垄断罚 2.9 亿　客户几乎囊括所有日本车企》,载人民网,http://japan.people.com.cn/n/2014/0821/c35463-25508333-2.html。

[23]《中国反垄断扩围开6张上亿罚单 专家:会更频繁》,载腾讯新闻,http://news.qq.com/a/20140911/000156.htm? tu_biz=1.114.1.0。

[24]周锐:《中国国内企业最大反垄断罚单出炉 18家PVC企业遭罚4.57亿元》,载央广网,http://finance.cnr.cn/gundong/20170927/t20170927_523967734.shtml。

[25]《广东查处海砂价格垄断案件 确保国家重点工程建设顺利进行》,载国家发改委网,http://jjs.ndrc.gov.cn/gzdt/201210/t20121026_510834.html。

[26]《发改委6.7亿大罚单背后的逻辑》,载腾讯网2013年8月8日,http://finance.qq.com/zt2013/focus/fgw.htm? pgv_ref=aio2012&ptlang=2052。

[27]许浩:《发改委加码反垄断执法 企业态度影响处罚力度》,载新浪财经,http://finance.sina.com.cn/china/20140607/030719341736.shtml。

[28]时建中:《反垄断法草案应进一步完善法律责任规定》,载新浪财经,http://finance.sina.com.cn/economist/jingjixueren/20070819/00393896088.shtml。

[29]刘晓林:《奥迪反垄断罚单或达18亿 将创反垄断罚金纪录》,载经济观察网,http://www.eeo.com.cn/2014/0812/264845.shtml。

[30]《查办连云港混凝土行业垄断协议案的做法及经验》,载国家工商总局网站,http://www.saic.gov.cn/fldyfbzdjz/dxal/201302/t20130219_133370.html。

[31]大成反垄断团队:《欧盟发布最新卡特尔案件执法数据,29年开出288亿欧元反垄断罚单》,载微信公众号"反垄断实务评论"2019年4月2日,https://mp.weixin.qq.com/s/5-8T1r2yGsTrQ3MHzgthsw。

[32]日经新闻:《日本竞争监管机构将对配合调查企业降低罚款》,载微信公众号"反垄断实务评论"2016年1月6日,http://mp.weixin.qq.com/s?__biz=MzA3NTMwMTkxNA==&mid=406319287&idx=3&sn=04a1a9ff3c77b39247aa499556aa6275&scene=23&srcid=0107Zj4HQDcr9zrI6Mq NpLv1#rd。

[33]刘旭:《反垄断罚款的多与不多》,载澎湃新闻2015年12月31日,http://www.thepaper.cn/newsDetail_forward_1414999_1。

[34]《发改委官员要外企坦白垄断行为:若对抗罚金翻倍》,载新浪财经,http://finance.sina.com.cn/china/20130821/172816520055.shtml。

[35]刘旭:《中国的竞争政策,要直面问题,不能再做表面文章》,载知乎

2014 年 8 月 21 日,http://zhuanlan. zhihu. com/competitionlaw/19830959。

[36]《中国“十二五”查处垄断案近百件　高通等遭制裁》,载中国新闻网,http://www. chinanews. com/cj/2016/03 - 04/7783655. shtml。

[37]《专访国家发展和改革委员会价格监督检查与反垄断局局长——许昆林》,载微信公众号“反垄断实务评论”2014 年 9 月 4 日,https://mp. weixin. qq. com/s/48Zc75aolUW4b2sVleYvkA。

[38]刘岚:《最高人民法院行政庭负责人谈反垄断法适用问题》,载中国网,http://www. china. com. cn/law/txt/2008 - 11/03/content_16703983. htm。

[39]ABA:《美国律师协会对我国〈关于认定经营者垄断行为违法所得和确定罚款的指南(征求意见稿)〉提供意见》,载微信公众号“反垄断实务评论”2016 年 8 月 5 日,https://mp. weixin. qq. com/s/dmEjHXlkAh__K43ZGwV9Cw。

[40]朱理:《民事诉讼已成为中国反垄断工作重要组成部分》,载中国竞争法律与政策网 2018 年 8 月 4 日,https://cclp. sjtu. edu. cn/Show. aspx? info_lb = 672&info_id = 4391&flag = 648。

[41]孟雁北:《广西米粉涨价案并不典型“反垄断首例说”不准确》,载新浪网,http://news. sina. com. cn/o/2010 - 04 - 08/083617339975s. shtml。

[42]《以更高水平开放推动高质量发展》,载央视网,http://news. cctv. com/2018/12/21/ARTIabqAWABBVUx1CuhOwFJy181221. shtml。

[43]安蓓等:《日企罚单:三问汽车零部件反垄断大案》,载腾讯网,https://auto. qq. com/a/20140821/021490. htm。

二、英文文献

(一)英文著作

[1]Elizabeth O'Neill, *UK Competition Procedure: The Modernised Regime*, Oxford University Press, 2007.

[2]Richard A. Posner, *Antitrust Law: an Economic Perspective*, University of Chicago press, 2001.

[3]Wouter P. J. Wils, *Efficiency and Justice in European Antitrust Enforcement*, Hart Publishing, 2008.

[4]F. M. Scherer & D. Ross, *Industrial Market Structure and Economic Performance*, Houghton Mifflin, 1990.

[5]Alison Jones & Brenda Sufrin, *EU Competition Law Text, Cases and Materials*, Oxford University Press, 2010.

[6]Mario Siragusa & Cesare Rizza, *EU Competition Law Volume Ⅲ, Cartels and Collusive Behaviour: Restrictive Agre*, Claeys & Casteels, 2007.

[7]Jose Maria Beneyto & Jeronimo Maillo, *The Fight against Hard Core Cartels in Europe: Trends, Challenges and Best International Practices*, Bruylant, 2016.

[8]Andreas Scordamaglia-Tousis, *EU Cartel Enforcement: Reconciling Effective Public Enforcement with Fundamental Rights*, Wolters Kluwer Law & Business, 2013.

(二)英文论文

[1]Donald C. Klawiter, *The Powerful Effect of Substantial Criminal Fines, Imprisonment, and Other Penalties in the Age of International Cartel Enforcement*, 69 George Washington Law Review 745(2001).

[2]John M. Connor & Douglas J. Miller, *The Predictability of Global Cartel Fines*, 2 Review of Competition Law 2(2010).

[3]ÉricBarbier de La Serre & CharlotteWinckler, *A Landmark Year for the Law on Fines Imposed in EU Competition Proceedings*, 3 Journal of European Competition Law & Practice 357(2012).

[4]Jeremy Wes, *Are We Winning the Fight Against Cartels?* CPI Antitrust Chronicle, 2(2012).

[5]Keith N. Hylton, *Deterrence and Antitrust Punishment: Firms Versus Agents*, 100 Iowa Law Review 2069(2015).

[6]Becker & Stigler, *Law Enforcement Malfeasance, and Compensation of Enforcers*, 3 Journal of Legal Studies 1(1974).

[7]William M. Landes, *Optimal Sanctions for Antitrust Violations*, 50 University of Chicago Law Review 652(1983).

[8]A. M. Polinsky & S. Shavell, *Should Liability Be Based on the Harm to the Victim or the Gain to the Injure?* 10 Journal of Law, Economics and Organization 427(1994).

[9]John M. Connor & Robert H. Lande, *The Size of Cartel Overcharges: Implications for U. S. and EU Fining Policies*, 51 The Antitrust Bulletin 987(2006).

[10]Emmanuel Combe & Constance Monnier, *Fines against Hard Core Cartels in Europe*: *The Myth of Overenforcement*, 56 The Antitrust Bulletin 246 (2011).

[11]Simon J. Evenett, Margaret C. Levenstein & Valerie Y. Suslow, *International Cartel Enforcement*:*Lessons from the* 1990*s*, 24 The World Economy 1221 (2001).

[12]Mariusz Baran & Adam Doniec,*EU Courts' Jurisdiction over and Review of Decisions Imposing Fines in EU Competiton Law*, 3 Yearbook of Antitrust and Regulatory Studies 242(2010).

[13]Alberto Heimler & Kirtikumar Mehta,*Violations of Antitrust Provisions*: *The Optimal Level of Fines for Achieving Deterrence*, 35 World Competition 103 (2012).

[14]Ted Banks & Joe Murphy, *The International Law of Antitrust Compliance*, 40 Denver Journal of International Law & Policy 368 (2012).

[15]Charles J. Walsh & Alissa Pyrich,*Corporate Compliance Programs as a Defense to Criminal Liability*: *Can a Corporation Save Its Soul*, 47 Rutgers University Law Review 605(1995).

[16]Eva Lachnit,*Compliance Programmes in Competton Law*: *Improving the Approach of Competton Authorites*, 10 Utrecht Law Review,31 (2014).

[17]Molly E. Joseph,*Organizational Sentencing*, 35 American Criminal Law Review 1017(1998).

[18]Harvey L. Pitt & Karl A. Groskaufmanis,*Minimizing Corporate Civil and Criminal Liability*: *A Second Look at Corporate Codes of Conduct*, 78 The Georgetown Law Journal 1559(1990).

[19]Lynn Sharp Paine, *Managing for Organizational Integrity*, 72 Harvard Business Review 106(1994).

[20]Thomas W. Duneff,*The Case for Professional Norms of Business Ethics*, 25 American Business Law Journal 385(1987).

[21]May P.J., *Compliance Motivations*: *Affirmative and Negative Bases*, 38 Law & Society Review 41(2004).

[22]Douglas Ginsburg & Joshua Wright,*Antitrust Sanctions*, 6 Competition Policy International 4(2010).

[23] Gregory Werden, *Sanctioning Cartel Activity: Let the Punishment Fit the Crime*, 5 European Competition Journal 1(2009).

[24] Anzhela Korzhevskaya, *Achieving a Competition Compliance Culture in Russia: Assessing the UK Experience in Compliance Programmes to Deter Cartels*, 3 Russian Law Journal 62(2015).

[25] Richard J. MacLaury, *Compliance Programs under the Robinson-Patman Act and Other Antitrust Laws-The Practical Effect of Such Programs or the Absence There of*, 37 Antitrust Law Journal 96(1967).

[26] Richard A. Whiting, *Antitrust and the Corporate Excutive* Ⅱ, 48 Virginia Law Review 1(1962).

[27] Beckenstein & Gabel, *Antitrust Compliance: Results of a Survey of Legal Opinion*, 51 Antitrust Law Journal 459(1982).

[28] Jesse W. Jr. Markham, *The Failure of Corporate Governance Standards and Antitrust Compliance*, 58 University of San Francisco School of Law 499 (2013).

[29] Anzhela Korzhevskaya, *Achieving a Competition Compliance Culture in Russia: Assessing the UK Experience in Compliance Programmes to Deter Cartels*, 3 Russian Law Journal 62(2015).

[30] James R. Jr. Withrow, *Compliance with the Antitrust Laws*, 9 New York Law Forum 187(1963).

[31] Ryan D. McConnell, *Plan Now or Pay latter: The Role of Compliance in Crimininal Cases*, 33 Houston Journal of International Law 509(2011).

[32] Andras Toth, *Framework for the Recognition of Competition Compliance Programs and Dilemmas Faced by Competition Authorities*, 30 Loy. Consumer Law Review 95(2018).

[33] Andras Toth, *How Could Competition Authorities Reward Competition Compliance Programmes*, 1 European Competition & Regulation Law Review 4 (2017).

[34] Wouter P. J. Wils, *Antitrust Compliance Programmes & Optimal Antitrust Enforcement*, 1 Journal of Antitrust Enforcement 52(2013).

[35] A. Riley & M. Bloom, *Antitrust Compliance Programmes-Can Companies and Antitrust Agencies Do More?* 21 Journal of Competition Law 21(2011).

[36]Damien Geradin, *Antitrust Compliance Programmes and Optimal Antitrust Enforcement a Reply to Wouter Wils*, 1 Journal of Antitrust Enforcement 325 (2013).

[37]Karl Hofstetter & Melanie Ludescher, *Fines against Parent Companies in EU Antitrust Law: Setting Incentives for "Best Practice Compliance"*, 33 World Competition 55(2010).

[38]Waller & Spencer Weber, *Towards a Constructive Public-Private Partnership to Enforce Competition Law*, 29 World Competition Law & Economic Review 367(2006).

[39]Alberto Heimler & Kirtikumar Mehta, *Violations of Antitrust Provisions: The Optimal Level of Fines for Achieving Deterrence*, 1 World Competition 35 (2012).

[40]Catherine Craycraft, Joseph L. Craycraft & Joseph C. Gallo, *Antitrust Sanctions and a Firm's Ability to Pay*, 12 Review of Industrial Organization 171 (1997).

[41]Spencer Weber Waller, *The Incoherence of Punishment in Antitrust*, 78 Chicago-Kent Law Review 207(2003).

[42]Mariusa Baran & Adam Doniec, *EU Courts' Jurisdiction over and Review of Decisions Imposing Fines in EU Competition Law*, 3 Yearbook of Antitrust and Regulatory Studies 235(2010).

[43]Okeoghene Odudu & David Bailey, *The Single Economic Entity Doctrine in EU Competition Law*, 51 Common Market Law Review 1721(2014).

(三)英文报告及网络文献

[1]See International Competition Network Cartels Working Group Subgroup 1, Setting of Finesfor Cartels in ICN Jurisdictions, ICN(May 2017), https://www.internationalcompetitionnetwork.org/portfolio/setting-fines/.

[2]Veronica Pinotti & Martino Sforza, *Italian Competition Authority Issues Guidelines on Antitrust Infringement Fines*, McDermott Will & Emery (Nov. 4, 2014), https://s3.amazonaws.com/documents.lexology.com/834d3415-f3dd-425f-a435-87e995a17493.pdf? AWSAccessKeyId=AKIAVYILUYJ754JTDY6T&Expires=1643791717&Signature=1E%2BPRT5rtf%2BBTeWRW GEHlytgwac%3D.

[3] *Sherman Act Violations Yielding a Corporate Fine of $10 MILLION OR MORE*, U. S. DOJ (Jul. 16, 2021), https://www.justice.gov/atr/sherman-act-violations-yielding-corporate-fine-10-million-or-more.

[4] *Antitrust Division Workload Statistics fy* 2010 – 2019, U. S. DOJ (Nov. 16, 2021), https://www.justice.gov/atr/file/788426/download.

[5] *Antitrust: Commission Fines Truck Producers € 2.93 Billion for Participating in a cartel*, http://europa.eu/rapid/press-release_IP-16-2582_en.htm.

[6] EU Cartel Statistics Since 1969, EU (Dec. 10, 2021), https://ec.europa.eu/competition-policy/system/files/2021-12/cartels_cases_statistics_0.pdf.

[7] Organisation for Economic Co-operation and Development, *Report on the Nature and Impact of Hard Core Cartels and Sanctions against Cartels under National Competition Laws*, OECD (Apr. 9, 2002), http://www.oecd.org/competition/cartels/2081831.pdf.

[8] Gary R. Spratling, *The Corporate Leniency Policy: Answers to Recurring Question, Remarks at the ABA Antitrust Section* 1998 *Spring Meeting*, U. S. DOJ (Apr. 1, 1998), http://www.justice.gov/atr/speech/corporate-leniency-policy-answers-recurring-questions.

[9] Organisation for Economic Co-operation and Development, *Using Leniency to Fight Hard Core Cartels*, OECD (Sept. 2001), http://www.oecd.org/daf/ca/1890449.pdf.

[10] *Explanatory notes on the Guidelines for the Setting of Fines in Cartel Administrative Offence Proceedings*, Bundeskartellamt (June 25, 2013), http://www.bundeskartellamt.de/SharedDocs/Publikation/EN/Leitlinien/Guidelines%20for%20the%20setting%20of%20fines.pdf? __blob=publicationFile&v=3.

[11] *Fines for Breaking EU Competition Law*, EU (Nov., 2011), http://ec.europa.eu/competition/cartels/overview/factsheet_fines_en.pdf.

[12] OFT, *Drivers of Compliance and Non-Compliance with Competition Law* (*OFT*1227), OFT (May, 2010), https://assets.publishing.service.gov.uk/government/uploads/system/uploads/attachment_data/file/284405/oft1227.pdf.

[13] OECD Competition Policy Roundtables, *Promoting Compliance with*

Competition Law, OECD(June 1,2011), https://ssrn. com/abstract = 2139358.

[14] International Chamber Commerce, *Promoting Antitrust Compliance: The Various Approaches of National Antitrust Authorities*, *EU* (April 2011), https://ec. europa. eu/competition/antitrust/compliance/icc_comparative_study_en. pdf.

[15] Andreas Stephan, *Why the U. K. 's New Approach to Competition Compliance Makes for Good Enforcement*, CPI(Feb. 1,2012), https://ueaeprints. uea. ac. uk/39112/1/Compliance_14. pdf.

[16] Luis Blanquez, *Antitrust Compliance Programs in the US and the European Union*, The Antitrust Attorney Blog (May 26, 2019), https://www. theantitrustattorney. com/antitrust-compliance-programs-us-european-union/.

[17] *OFT's Guidance as to the Appropriate Amount of a Penalty* (2012), OFT 423, Gov. UK (Apr. 18, 2018), https://www. gov. uk/government/publications/appropriate-ca98 – penalty-calculation.

[18] Stefan Weber, Tatiana Dovgan & Artem Kara, "*Discount*" *for Antitrust Compliance: Proposed Reduction in Fines Based on Effective Compliance Systems in Russia*, Mondaq (Oct. 25, 2017), http://www. mondaq. com/russianfederation/x/640376/Antitrust + Competition/Discount + For + Antitrust + Compliance + Proposed + Reduction + In + Fines + Based + On + Effective + Compliance + Systems + In + Russia.

[19] Conselho Administrativo de Defese Economica (CADE), *CADE Publishes the English Version for the Compliance Guidelines*, CADE's official website (18 February 2016), http://en. cade. gov. br/press-releases/cade-publishes-the-english-version-for-the-compliance-guidelines.

[20] European Commission, "*Compliance Matters*", European Commission (November 2011), http://ec. europa. eu/competition/antitrust/compliance/index_en. html.

[21] Emilio De Giorgi, *The Italian Antitrust Authority Has Published the Guidelines on Compliance Programmes*, ACLEN & OVERY (Oct. 9,2018), http://www. allenovery. com/publications/en-gb/Pages/The-Italian-Antitrust-Authority-has-published-the-guidelines-on-compliance-programmes. aspx.

[22] Andreas Stephan & Ali Nikpay, *Leniency Theory and Complex Realities* (2014), SSRN(Dec. 14,2014), https://ssrn. com/abstract = 2537470.

[23] *Autorità Garante della Concorrenza e del Mercato*, *Linee Guida Sulla Compliance Antitrust*, AGCM (Setp. 25, 2018), https://en. agcm. it/dotcmsdoc/guidelines-compliance/guidelines_compliance. pdf.

[24] Directive 2014/104/EU on antitrust damages actions, https://eur-lex. europa. eu/legal-content/EN/TXT/? uri = uriserv: OJ. L_. 2014. 349. 01. 0001. 01. ENG.

[25] Organisation for Economic Co-operation and Development, *Relationship Between Public and Private Antitrust Enforcement*, OECD (June 15, 2015), http://www. oecd. org/officialdocuments/publicdisplaydocumentpdf/? cote = DAF/COMP/WP3(2015)14&docLanguage = En.

[26] Maureen K. Ohlhausen, *Dollars, Doctrine, and Damage Control: How Disgorgement Affects the FTC's Antitrust Mission*, Federal Tracle Commission (Apr. 20, 2016), https://www. ftc. gov/public-statements/2016/04/dollars-doctrine-damage-control-how-disgorgement-affects-ftcs-antitrust.

[27] Rod Sims, *Release of the OECD's Pecuniary Penalties for Competition Law Infringements in Australia Report*, Australian Competition & Consumer Commission (Mar. 26, 2018), https://www. accc. gov. au/speech/release-of-the-oecd% E2% 80% 99s-pecuniary-penalties-for-competition-law-infringements-in-australia-report.

[28] OECD, *Pecuniary Penalties for Competition Law Infringements in Australia* 2018, OECD (Mar. 26, 2018), http://www. oecd. org/daf/competition/Australia-Pecuniary-Penalties-OECD-Report – 2018. pdf.

[29] Tarek Teras, *The Economic Analysis of Interaction of Fines and Damages under European and American Antitrust Laws*, https://www. law. uchicago. edu/files/file/125. _teras_tarek_the_economic_analysis_of_interaction_of_fines_and_damages_0. pdf.

[30] Miguel Odriozola, *the Supreme Court Clarifies the Criteria to Calculate Fines for Antitrust Infringements*, Clifford Chance (Feb. 27, 2015), https://www. cliffordchance. com/briefings/2015/02/the _ supreme _ courtclarifiesthecriteriat. html.

[31] *Cartels* 2020 | *Switzerland*, Global Iegal Iusights (Feb. 28, 2020), https://www. globallegalinsights. com/practice-areas/cartels-laws-and-regulations/

switzerland.

[32]Det juridiske fakultet, EU Antitrust Fines and the Single Economic Entity, master's thesis of Universitetet i Oslo, 2012.

[33]Almos Papp, *New Antitrust Fine Guidelines: Competition Office Targets Foreign Turnover*, Lexology (Mar. 8,2012), https://www.internationallawoffice.com/Newsletters/Competition-Antitrust/Hungary/Bn-S-Szab-Partners/New-antitrust-fine-guidelines-Competition-Office-targets-foreign-turnover#.

[34]Francesca Ammassari, Guidelines on the Method of Setting Fines for Infringements of Competition Rules: Key Issues, http://a-p-p-review.com/article/viewFile/11065/10258.

[35]Chris Mayock, *Liability of Parents and Subsidiaries in EU Competition Law*, EU (Mar. 14,2016), http://www.euchinacomp.org/attachments/article/492/Day_3_Session%202_MAYOCK_Liability_of_parents_and_subsidiaries.pdf.

[36]Andras Horvath, *Parental, Successive and Passed-on Liability of Undertakings for Antitrust Fines*, https://www.law.muni.cz/sborniky/cofola2011/files/odpovednost/Horvath_Andras_5782.pdf.

[37]Matthew Readings & Ruba Noorali, *Parental Liability for EU Antitrust Infringements: New and Broad Frontiers*, Lexology (Aug. 20,2019), https://www.lexology.com/library/detail.aspx? g = 9fbff439 – d3f5 – 44ef-b00c-a8cf6f8c5f0f.

[38]Simon Harms & Stephen C. Tupper, *Antitrust Fines-the Inevitability of Parental Liability Revisited*, Lexology (Oct. 19,2011), https://www.lexology.com/library/detail.aspx? g = 6a1ee7a3 – fb24 – 4b00 – 8c3b-b55bb9eb41a0.

[39]Shearman & sterling, *Key Antitrust Enforcement Trends*, *Antitrust Annual Report* 2019, Shearman & Sterling (July. 23,2019), https://www.shearman.com/perspectives/2019/07/key-antitrust-enforcement-trends---shearman – 2019 – antitrust-annual-report.

[40]Andreas Grünwald, Jens Hackl & Julia Schwalm, *Germany: Significant Competition Law Changes In Germany*, Mondaq (Mar. 20,2017), https://www.mondaq.com/germany/Anti-trustCompetition-Law/578358/Significant-Competition-Law-Changes-In-Germany.

[41]Sven B. Völcker, Marc Hansen, Luca Crocco & Andreas Scordamaglia-

Tousis, *The European Court of Justice Caps Liability for Acquired Companies' Cartel Infringements*, Lexology (Sept. 9, 2014), https://www. lexology. com/library/detail. aspx? g = 3d2553b4 - 2a19 - 442d - 9d2b-d8d4317ad26f.

[42] Johanna Brock-Wenzek, *Closing the So Called "Sausage gap"—Cartel Fine Procedures after the 9th Amendment of the German Act against Restraints of Competition (GWB)*, Hogan Lovells (Jun, 23, 2017), https://www. hlregulation. com/2017/06/23/closing-the-so-called-sausage-gap-cartel-fine-procedures-after-the - 9th-amendment-of-the-german-act-against-restraints-of-competition-gwb/.

[43] *Fines Guidelines 2006 - Fines as Percentage of Global Turnover*, EU (Jan. 9, 2006), http://ec. europa. eu/competition/cartels/statistics/statistics. pdf.

后　记

反垄断法对于强化竞争政策基础地位至关重要。随着新时代中国特色社会主义市场经济体制改革的逐步深入,反垄断法的重要性愈加凸显。从某种程度上来说,反垄断法是检验改革成效的"试金石"之一,也是企业公平竞争的"压舱石"。

我对于反垄断法的研究兴趣始于1995～1998年硕士阶段的学习。当时在学习经济法基础理论的时候,阅读了一些反垄断法文献资料,对反垄断法产生了浓厚的兴趣,最终以"企业经济力集中与反垄断法"为题完成了硕士学位论文。自此,我走上了反垄断法的学习和研究之路,迄今已经出版3本反垄断法专著,发表了70多篇以反垄断法为主题的学术论文。其中有20余篇论文为《新华文摘》、《中国社会科学文摘》、《高等学校文科学术文摘》和中国人民大学书报资料中心《复印报刊资料》转载。

10多年前,我开始专注于反垄断法私人执行制度的研究,出版了专著《反垄断法的私人执行——基本原理与外国法制》,发表了《反垄断法私人执行制度初探》、《反垄断法私人执行的优越性及其实现——兼论中国反垄断法引入私人执行制度的必要性和立法建议》、《反垄断法私人执行的局限性及其克服》、《关于推进我国反垄断私人诉讼的思考》《反垄断法私人执行程序的优化》《浅议欧盟竞争法的私人执行》《德国竞争法的私人执行——历史局限和最新发展》《日本反垄断法的私人执行制度——历史演进和最新发展》等系列论文。上述论著打开了我国反垄断法私人执行制度研究的大门,也对我国反垄断法私人执行(反垄断民事诉讼)实践的有效开展提供了理论支撑。

5 年前,我逐渐将研究重心转向反垄断法公共执行制度。对于这方面的思考实际上由来已久,早在 2006 年我就发表了《威慑理念下的反垄断法刑事制裁制度——兼评〈中华人民共和国反垄断法(修改稿)〉的相关规定》,而后又发表了《从"二权合一"走向"三权合一"——我国反垄断执法机关导入准司法权的理论、路径和内容》和《权力共享制抑或权力独享制——我国反垄断执法机关权力配置模式及解决方案》,只不过最近 5 年更加集中,特别是围绕威慑理论与反垄断制裁之间的关系发表了一系列论文,主要有《以威慑理念优化反垄断法的实施》《威慑理论与我国反垄断罚款制度的完善——法经济学的研究进路》《威慑理念与我国反垄断制裁的有效协调》《追寻反垄断罚款的确定性》《我国反垄断罚款威慑不足的制度成因及破解思路》等。

本书实际上是上述研究的延续。罚款是反垄断法最常用的制裁方式。我国《反垄断法》自 2008 年开始实施以来,相关的研究样本已经越来越多,反映的问题也越来越多,需要基于全球视野,在理论层面展开较为系统的研究,以回应实践的挑战和提出可行的解决方案。本书的部分内容已经在《法学》《法律科学》《法学评论》《法商研究》《交大法学》《社会科学战线》《经贸法律评论》《竞争政策研究》《经济法论丛》《安徽师范大学学报(人文社会科学版)》等学术刊物上发表,此次写作过程中我结合最新进展作了相应修改。

本书的另一位作者方翔在本科和研究生阶段是我指导的学生,后师从王先林教授攻读经济法专业博士学位,现在苏州大学法学院工作,他对本作品部分内容的研究作出了实质性的贡献。方翔博士善于思考,勤奋刻苦,学习专注,科研能力强。我看着他的成长和进步,对其义无反顾走上艰辛的学术研究之路感到十分欣慰,希望他在苏州大学能开拓一片新的研究天地。

这部作品的写作持续了数年时间,但肯定仍有很多不足之处,请各位专家学者和读者多提宝贵意见！让我们共同努力，为促进我国反垄断法制裁的现代化和我国反垄断罚款制度的改革和完善作出贡献。

王　健

2022 年 2 月 1 日于杭州